철학으로 경영하라

WISDOM LEADERSHIP INSIGHT

인문학에서 배우는 성공 경영의 길

철학으로 경영하라

 산티아고 이녜스 지음 | 박선령 옮김

VISION HONESTY OPTIMISM

프롬북스
frombooks

경영은 행동하는 철학이다

철학이라는 말을 들으면 불행한 추억이 떠오를지도 모르겠다. 도대체 무슨 말인지, 나와 무슨 상관이 있는지 이해할 수 없을 나이에 억지로 배워야 했던 탓이다. 철학을 하려면 어느 정도 나이가 들고 경험이 쌓여야 하는데 말이다.

이 책은 경영자로서 더 나은 결정을 내리려면 철학을 어떻게 활용하는지, 또 어떻게 해야 더 행복해질 수 있는지 알려주려고 쓴 것이다. 이 책의 목표는 누구나 철학에 쉽게 접근할 수 있게 하는 것이다.

철학은 우리가 직면한 문제에 단정적이고 일괄적인 해결책을 제공하지는 않는다. 하지만 우리가 자신의 생각을 잘 표현하고, 직관을 이해하고, 결정을 정당화할 논거를 찾는 데 도움이 될 수 있다.

당신은 회사에서 관련 문제나 중요한 딜레마를 해결하려면 성찰이 필요하고 장단점을 따져보면서 실질적인 정보를 수집해야 한다는 걸 경험을 통해 알고 있을 것이다. 권위자의 주장("사장이 그렇게 말했으니까")이나 논쟁거리, 다양한 방법으로 해석 가능한 데이터, 단편적인 경험에 호소할 수는 없고 그래서도 안 된다. 알다시피 중요한 질문에는 정답이 없다.

철학은 제대로 생각하고, 자신 있게 주장하고, 본인의 결정에 의미와 일관성을 부여하는 데 도움이 된다. 이 책은 그 길을 따라가는 데 도움이 되도록 구성되었다.

이 책은 총 6장으로 구성되어 있으며 각 장의 내용과 범위를 설명하는 서론으로 시작한다. 각 장은 독립적으로 또는 순서대로 읽을 수 있다. 어떤 장에는 구체적인 상황에서 논의된 아이디어를 적용하는 데 도움이 되는 결론이나 요점 정리가 있다.

이 책의 내용 중 일부는 내가 링크드인에서 활동하면서 팔로워들과 소통하려고 쓴 것이고 《컨버세이션》이나 《IE 인사이트》 같은 매체에 기고했던 내용도 있지만, 이 책을 위해 특별히 준비한 부분도 많다.

책에 담긴 성찰이 내게 유용했던 것처럼 당신에게도 유용하기를 바란다. 내가 여러 곳에서 말했듯이 "경영은 행동하는 철학"이다. 당신이 자신을 이끄는 철학, 가치관, 원칙을 잘 이해한다면 더 뛰어난 경영자가 될 것이라고 믿는다.

1장

지혜

–

왜 철학을
실천해야 하는가?

철학의 목적은 세상을 이해하는 데 도움이 되는 통찰, 정체성과 관련된 의문에 대한 답, 우리 행동을 정당화하는 추론 등을 제공하는 것이다. 철학은 여러 학문 분야에 걸쳐 있으며, 사실상 모든 중요한 질문에는 철학적 배경이 존재한다.

초기 철학자들은 세상, 자연, 제도, 인간의 행동을 설명하려고 했다. 그들은 다른 이들과 대화를 나누면서 논쟁을 벌이는 방법을 자주 썼고, 본인 의견을 옹호하려고 다양한 이유나 증거를 제시했다.

그러나 시간이 지나면서 철학은 점점 전문화되어 주로 학계에서만 다루게 되었다. 세상에는 훌륭한 사상가와 전문가가 많지만 인생의 중요한 문제를 놓고 통찰을 발휘하던 고전철학자들의 정신은 영원히 사라진 듯하다.

하지만 여전히 철학을 이용해서 우리는 인생과 중요한 삶의 이정표, 핵심적인 결정 등을 설명할 수 있고, 기업이나 조직의 활동도 철학을 기반으로 분석할 수 있다. 그러므로 철학을 탐구하는 첫 번째 이유는 다른 사람의 힘을 빌리지 않고 자신의 존재나 자기가 운영하는 회사를 직접 이해하려는 것이다.

철학은 우리의 활동에 깊이와 의미를 부여하기도 한다. 이 책의 첫 장에서는 개인적 성찰과 직업적 실천에 관한 몇 가지 핵심 질문에 대한 철학적 분석을 소개한다. 철학이 뛰어난 지성인들만을 위한 활동이 아니라 자신의 삶과 행동의 의미를 성찰하려는 모든 사람을 위한 활동인 이유도 설명한다.

또 많은 정치인과 사업가에게 지침 역할을 하는 발타사르 그라시안

Baltasar Gracián으로 대표되는 철학의 실용적 차원에 대한 예시도 제공한다. 대부분의 국가와 기업에서 인정과 자원 분배를 위해 사용하는 능력주의 시스템의 몇 가지 시사점을 살펴보고. 능력주의의 엘리트적 편향에 대한 최근 비판에 대해서도 얘기할 것이다. 그리고 마지막으로 교육에 관한 존 로크의 조언도 공유할 생각이다.

1

철학은 비즈니스에 대해 무엇을 말해야 하는가

'서양철학의 아버지' 소크라테스는 "반성하지 않는 삶은 살 가치가 없다"[1]라고 했다. 그는 자기 성찰과 내가 누구이고 무엇을 해야 하고 무엇을 알 수 있는지 같은 심오한 질문을 스스로 던지는 능력이 인간과 다른 종을 구별하는 특징이라고 주장했다.

세상에 대한, 그리고 우리가 세상과 상호작용하는 방식에 대한 이런 기본적인 의문이 철학을 구성하는 요소다.

실제로 원래 철학자의 임무는 모든 인간이 인생의 중요한 순간에 직면하는 핵심적인 문제, 즉 우리의 존재나 열망, 성취에 의미를 안겨줄 수 있는 질문과 관련이 있다.

어떤 답을 내놓든 간에 자신에게 이런 질문을 던지는 것 자체가 의미

있는 행동인데, 때로는 인생을 다 살고 난 뒤에야 답을 얻거나 영영 답을 얻지 못할 수도 있다.[2] 최고의 코치는 신속한 해결책이나 미리 준비된 조언을 제공하는 사람이 아니라 스스로 성찰할 수 있는 질문을 던지는 사람이라고들 한다. 소크라테스도 제자들에게 급진적이고 체계적인 질문을 던진 것으로 유명하다. 그러나, 다른 이들도 마찬가지만, 소크라테스와 많은 철학자들은 인생의 의미에 대한 결정적인 논거를 제시하는 데 항상 성공하지는 못했다.

철학자들이 인류 역사 내내 비슷한 기본 질문을 제기했다는 것은 사회적, 문화적, 지리적 다양성에도 불구하고 인간은 모두 유사하다는 사실, 우리의 관심사가 세대와 시대를 넘어 늘 비슷하다는 사실을 증명한다.

당연한 얘기지만 이런 질문에 대한 답변이 모두 똑같지는 않으며 다양한 사상가의 다채로운 신념, 가치관, 방법론에 따라 다른 대답이 나왔다. 그러나 철학 탐구는 원래 지적인 노력으로 의도된 정신적, 사색적 훈련이 전부가 아니다. 이상적으로는 철학적 담론을 통한 발견과 결론이 우리가 살면서 하는 행동에 영향을 미치거나 그 길잡이가 되어야 한다.

고전철학자들은 좋든 나쁘든 자기 신념에 따라 살려고 노력했다. "공식적인 설명으로 내 견해를 밝히지 않을 때는 행동을 통해 그렇게 한다. 행동이 말보다 더 신뢰할 수 있는 증거라고 생각지 않는가?"[3] 소크라테스의 이 말은 본인의 신념을 삶의 방식과 일치시킨 완벽한 본보기다. 그는 권위에 순종하는 모습을 보여주기 위해 부당한 사형선고를 받아들였고, 추방령으로 형을 줄여달라고 부탁하지도 않았으며 도피 권유나 고발자들에게 이의를 제기하라는 제안도 거절했다. 그의 제자 플라톤이 전한 바에 따르면, 소크라테스는 독배를 마시기 전까지 남은 시간 동안 친구들과 함께 영혼의 불멸성, 인간의 삶과 죽음, 법을 준수해야 하는 의무에 대해 토론하면서 보냈다고 한다.[4]

후대의 철학자들도 자신의 신념에 따라 살려고 노력했다. 모험심이 많은 몽테뉴는 경험을 중시했으며, 루소는 자기 작품 때문에 추방당했고, 니체가 말년에 겪은 광기는 아마 그의 열정적이고 격동적인 생각의 흐름과 관련이 있을 것이다. "갈등은 영혼의 영원한 양식이다."[5]

요컨대 3세기 전기작가 디오게네스 라에르티오스Diogenes Laertius와 플루타르코스[6] 같은 이들이 쓴 칭송 일색의 전기에 나오는 것처럼, 고대 철학자들은 본인의 신념에 따라 행동하고 모범적인 삶을 살면서 불멸의 존재가 되었다.

오늘날에는 개인의 신념과 행동의 일관성, 생각과 행동의 통일성을 '진정성' 혹은 '진실성'이라고 부른다. 이는 우리 사회에서 매우 높게 평가하는 미덕으로 철학자와 사상가뿐만 아니라 전반적으로 모든 직업인에게 이런 미덕을 기대한다.

일례로 신뢰가 기반이 되어야만 성공할 수 있는 사업을 할 때는 진실성이 꼭 필요하다. 어떤 사람이 진실하다는 평가를 받으면 우리는 그가 어떻게 행동할지 어느 정도 예측할 수 있다. 진실성의 반대는 위선과 모순이다. 기업가들은 가치관과 원칙이 불확실한 호사나 변덕스러운 이들을 피하는 경향이 있다. 예측 가능성은 사업을 할 때 필수적인 속성 중 하나다.

채용 담당자가 면접을 할 때 진실성을 고려하는 방식도 흥미롭다. 구직자가 본인의 가치관이나 원칙과 관련해 일관성 없는 답변을 하지는 않는지 비교적 정확하게 평가할 수 있는 테스트도 있다.

진실성이 폐쇄적인 사고방식이나 비타협적인 태도를 의미하는 건 아니다. 그보다는 자기 성찰의 결과물이라고 할 수 있다. 남에게 받은 지혜를 그대로 흡수한 게 아니라 스스로 던진 질문의 답을 찾으려는 노력이다. 다시 말해 답을 찾는 과정은 우리가 살아가는 동안 다른 이들과의 관계 속에서 지속되는 반복적인 연습이며, 경험과 지식이 늘어나면 우리의 원칙과 가치관도 변하면서 더욱 명확해진다. 융통성과 개방성은 진실성의 특징이다. 우리의 지식은 제한적이고 과학과 집단지식의 발전에 따라 함께 발전하기 때문에 진실한 사람은 본인의 가치관과 원칙을 어떻게 적응시켜야 하는지 안다.

열린 마음, 다양한 생각을 고려하는 유연성, 문제에 대한 체계적인 의문 제기는 철학적 사고의 핵심적인 특징이다. 이렇게 탐구적으로 의문을 제기하는 태도가 철학을 공부하는 사람들과 종교나 신학 분야에서 일하는 사람들을 구별 짓는다. 종교나 신학을 지지하는 이들은 진리나 교리가 존재한다고 추정하며 그것을 아무 의심 없이 받아들이기 때문이다.

앞서 언급했듯이 위대한 철학자들의 제안은 단순한 개념이 아니라 우리 삶을 위한 본보기다. 그래서 경영자들이 특히 철학을 중요하다고 여기는 것이다. 경영은 곧 철학의 실천이라는 것이 이 책의 기본적인 논지다. 모든 경영 개념, 기업의 사명과 관련 이론, 사업에 대한 구체적인 비전은 특정한 철학을 구체적으로 적용한 것이다. 본인에게는 특정한 철학적 개념이 없다고 부정하는 것 자체가 철학적인 행동이다.

어떤 사상가들은 철학의 위대한 질문에 대한 답을 찾는 것이 불가능하다거나 그런 질문을 하는 게 의미가 없다고 주장하기도 한다. 이들은 크게 두 부류로 나눌 수 있다.

첫 번째는 회의론을 옹호하는 이들이다.[7] 그들은 대개 방법론적으로 접근하여 중요한 철학적 문제에 답할 수 있는 절차나 지적 자원이 있는지에 의문을 제기한다. 이들의 의견에 따르면 무엇이 진실이고 거짓인지, 무엇이 좋고 나쁜지에 대한 명제는 입증할 수 없다. 이런 접근 방식으로는 뇌물을 주는 게 부도덕한 일인지 아닌지 밝히는 게 불가능하다. 이를 알아낼 믿을 만한 방법이 없기 때문이다. 회의론자가 아니었던 아리스토텔레스의 말처럼, "헬라스에서도 페르시아에서도 불은 타오르지만, 옳고 그름에 대한 생각은 전부 다 다르다."[8] 그러나 회의론은 스스로 반박한다는 말을 자주 듣는다. 진실성에 의문을 제기할 수 있는 첫 번째 명제가 바로 회의론의 주된 논거인 '세상에 입증 가능하거나 합리적인 건 없다'라는 주장이기 때문이다.

두 번째 비판자 그룹은 실존주의자들이다. 이 세계관의 으뜸가는 지지자인 쇠렌 키르케고르는 현실과 이성의 관계, 즉 존재하는 모든 것에는 이유가 있다는 철학의 기본적인 접근 방식에 의문을 제기했다. 그는 엄밀한 의미의 고통은 존재하지 않는다고 믿었다. 사람들은 자기가 고통을 겪는다고 생각하지만 그 의미를 설명할 논거가 부족해서 존재의 본질적인 상태가 고뇌라는 사실을 이해하지 못하는 것뿐이다. 고뇌는 우리를 움직이는 원동력이며 인간의 삶에 부여할 수 있는 의미를 정한다. 이런 키르케고르의 사상이 정신분석의 토대가 되었다는 건 흥미로운 사실이다.[9]

"타인은 지옥"이라고 주장한 20세기의 장 폴 사르트르는 이 운동에 자신의 이름을 붙인 가장 유명한 실존주의자 중 한 명이다.[10] 사르트르는 "인간 존재는 부조리한 열정이며, 다른 사람들 눈에 확실하게 드러나는 정도까지만 충족된다"라는 의미심장한 말도 남겼다.[11]

실존주의는 삶이란 계속해서 전개되는 비극이라고 여기는 사람들의 관심을 끈다. 그래서 기업가 정신이 충만한 이들, 즉 사회를 변화시키거나 가치를 창출하거나 회사를 성장시키려는 의지를 가진 이들은 이런 철학을 받아들이지 않는다. 그러니 실존주의 옹호자들에 대한 이야기는 여기까지만 하겠다. 불황이 닥치거나 회사를 처음 상장할 때 등 인생의 어느 시점에서 실존적인 의심을 품는 기업가들이 많기는 하지만, 그래도 그들은 계속 낙관적인 태도를 유지하면서 성장 기회를 모색하고 사업의 원천이 될 다른 이들과의 관계를 키워가는 경향이 있다. 요컨대 실존주의 기업가라는 말은 모순된 표현이다.

실존주의를 배제했으니 이제 일관성을 지키면서 생각을 행동과 일치시키고 진실성을 유지하는 이상적인 상태에 대해 다시 얘기해보자. 이는 특히 CEO에게 칭찬할 만한 미덕이며, 여러 비즈니스 리더들의 전기를 읽어보면 그들의 가치관과 원칙이 어떻게 회사를 세우고 발전시키는 데 도움이 되었는지를 강조하곤 한다.

원래 철학자들은 이 장 초반에서 얘기한 중대한 질문과 함께 여러 가지 광범위한 문제를 다루었다. 하지만 지난 몇 세기 사이에 철학은 직업적으로 변하면서 철학적 탐구가 전보다 더 집중적이고 전문적이며 이론적으로 변했다. 이런 전문화에 대한 변곡점은 아마 임마누엘 칸트 때문에 생겼을 것이다.[12] 칸트는 매우 질서정연한 일과를 유지했기 때문에 동네 주민들이 이 사상가의 루틴에 맞춰서 시간을 확인할 정도였다고 한다. 이런 칸트의 삶을 자기 스승이 죽은 뒤 이탈리아, 시칠리아, 이집트, 키레네 등지를 여행한 플라톤의 대담한 삶과 비교해보라. 25세기 전에 살았던 그리스인 기준으로 보면 그야말로 서사시적인 대항해였다.[13] 철학에 몰두했던 사상가들은 이성적인 토론과 아이디어 교환에 의존해서 중요한 질문에 답하려고 했다.

지금까지 살펴본 서론에서는 여러 가지 결론을 도출할 수 있다.

- 철학의 기본적인 역할은 과거와 미래를 모두 살피면서 우리 삶에 의미를 안겨주는 질문을 제시하는 것이다. 과학이 발전하고 철학이 전문화되어도 인생에 중요한 결정을 내릴 때 지침 역할을 하는 철학의 기능을 훼손하거나 거기에 의문을 제기하지 않는다. 철학은 인문학에 속하며 인문학은 STEM(과학, 기술, 경제, 수학) 학문에 꼭 필요한 상호 보완적인 역할을 한다.

- 우리 사회는 생각과 행동이 일치되는 진실성을 매우 중요하게 여기고 철학자들은 오래전부터 이를 장려해왔다. 이는 성공한 경영자가 추구하는 이상이자 기업이 채용이나 승진과 관련해 중요하게 고려하

는 개인적 특성이기도 하다.

- 진실성은 비타협적인 태도나 보수주의, 폐쇄적인 사고 등과 같은 의미가 아니다. 정말 진실한 사람은 융통성이 있어서 상황이 변하거나 사고가 발전하면 그에 맞춰서 본인의 가치관과 원칙을 적응시킨다.

- 철학과 사상의 역사를 이해하면 서로 다른 배경, 습관, 사고방식을 지닌 사람들이 역사 내내 벌여온 논쟁에 참여할 수 있다. 이를 통해 다른 세대나 문화와 연결되고, 그곳에서 우리와 똑같은 관심사와 의문을 지닌 이들을 찾을 수 있다.

소크라테스는 예언을 들을 수 있는 신성한 델포이의 신탁소에 가서 그리스에서 가장 현명한 사람이 누구인지 물었다. 신탁은 바로 당신이라고 답했다. 이 답변에 놀란 소크라테스는 사실 여부를 확인하기 위해 자기가 아는 가장 현명한 사람들을 만나 이야기를 나눴다. 그리고 이런 질의 과정을 통해 가장 저명한 인물들도 본인의 직업에 대한 기본적인 질문에 답하지 못하고, 본인이 일을 하는 목적이나 그 결과를 알지 못하며, 관련된 질문을 하는 것조차 거부한다는 사실을 깨달았다. 결국 소크라테스는 그 신탁의 의미는 스스로 무지하다는 사실을 아는 자신이 그나마 남들보다 현명하다는 뜻이라고 결론지었다. 따라서 그가 남긴 가장 유명한 명언 중 하나인 "나는 내가 아무것도 모른다는 사실만 안다"라는 심오한 말이 곧 모든 지식 경험의 시작점이 된다.[14] 배워야 할 것이 많다는 사실을 아는 겸손함과 겸허한 태도는 꾸준한 배움을 통해 더 현명해지기 위한 필요조건이다.

2

스스로를 돌아보는 습관을 가져야 하는 이유

철학적인 관점에서 볼 때 경영은 이론 활용과 관련이 깊다. 훌륭한 경영자는 신속하게 결정을 내리고, 효율적으로 회의를 처리하며, 조직의 생산성을 전반적으로 개선하는 능력을 지녔다. 시간은 경영에 있어서 가장 귀중한 자원이므로 효율적으로 관리해야 한다. 또한 회의 의제에 오른 사안을 모두 적시에 처리해야 한다.

또 혁신적인 기업은 '타임 투 마켓time to market(제품을 개발해서 시장에 출시할 때까지 걸리는 시간)', 즉 고객에게 새로운 서비스나 제품을 제공하는 데 초점을 맞춘다. 대부분의 기업 리더들은 시간을 최대한 잘 활용해서 경쟁사가 자사 제품이나 서비스를 모방할 수밖에 없도록 하는 것이 혁신을 보장하는 최선의 방법이라는 데 동의할 것이다. 유연성과 속도는 성공적인 기업을 떠받치는 두 개의 기둥이다.

그렇다면 의견을 정하고 결정을 내려야 하는 비즈니스 세계에서, 어떻게 해야 철학에 관심을 갖고 다음 행보를 고민할 시간을 낼 수 있을까? 철학은 근본 질문을 고민하고 삶의 모델을 제시하는 동시에 자유, 정의, 평등, 자유민주주의, 법, 경제 같은 이상을 이해하도록 이끈다.

오늘날의 기업 리더들은 자신의 가치관을 되돌아보면서 이를 목표 설정에 적용하는 방법을 찾아야 한다. 장거리 비행, 여행, 수련회, 마음챙김 등 다양한 방법을 이용해 균형을 되찾아야 한다. 아이리스 머독 Iris Murdoch이 『선의 주권The Sovereignty of Good』에서 지적한 것처럼 행동과 생각은 동전의 양면과도 같다. "우리가 그냥 무심하게 '보고 넘기는' 공허하고 일상적인 순간에도 항상 관심을 기울이면서 상상력을 발휘해야 한다."[15]

이 책에서 얘기하고자 하는 바는 철학은 우리 삶의 근본적인 부분이므로 경영 실무에서도 특정한 역할을 한다는 것이다. 우리가 의식하든 의식하지 못하든, 비즈니스와 관련된 모든 결정은 해당 비즈니스의 의미와 관련된 가정에 기반하므로 결국 우리의 세계관이 반영된다.

여기서 더 나아가, 경영과 원칙 사이의 연관성을 부인하는 것은 허무주의나 냉소주의, 상대주의 같은 극단적인 철학의 표현이라고 주장하고 싶은데, 이런 철학은 본질적으로 모순되는 관점을 드러낸다.[16]

다행스럽게도 오늘날 경영학계와 기업은 핵심가치와 원칙에 기반한 경영의 중요성을 인정하며, 이를 위해 인문학에 의지하고 있다.

이와 관련해 미국 작가인 아인 랜드Ayn Rand는 1974년에 웨스트포인트 졸업생들을 상대로 '철학: 누구에게 필요한가?'라는 제목의 연설을 하면서 이렇게 말했다. "추상적인 아이디어가 없다면 구체적이고 특정한 실제 문제를 다룰 수 없습니다. 여러분은 모든 사물이 독특하고 전례 없는 현상으로 다가오는 신생아와 같은 입장입니다. 신생아의 정신 상태와 여러분의 정신 상태의 다른 점은 지금까지 수행해온 개념적인 통합의 수입니다. 여러분은 관찰, 경험, 지식을 원칙이라는 추상적인 아이디어로 통합할 수밖에 없습니다."[17]

여기서 더 나아가 그는 철학 체계란 존재에 대한 통합된 관점임을 강조했다. "인간에게 철학이 필요하다는 건 분명한 사실입니다. 우리에게 남은 유일한 선택은 의식적이고 합리적이면서 절제된 사고와 철저한 논리적 숙고 과정을 거쳐 철학을 정의할 것인지, 아니면 잠재의식이 부적절한 결론을 쓰레기처럼 쌓도록 내버려둘 것인지 정하는 것뿐입니다."[18]

다시 말해 우리가 하는 모든 일이 특정한 가치관과 원칙을 반영하므로 시간을 들여 이를 파악하고 이해해야 한다.

앞으로 살펴보겠지만 경영자가 자신이 내린 결정을 주주들에게 정당화해야 하는 경우가 점점 늘어나고 있다. 철학은 경영진이 내린 결정을 특정한 세계관이나 공통의 가치관 및 원칙과 연결시켜서 의미를 부여하고 사람들이 이를 쉽게 받아들이는 데 필요한 논거를 제공한다.

이런 전략적인 목표 외에도 철학은 경영자의 개별적, 직업적, 개인적 궤적에 사적인 의미를 부여한다. 이를 통해 경영자의 자신감이 높아지고 더 높은 수준의 안녕과 행복을 누릴 수 있다.

3
철학과 상식

경영은 곧 철학을 실행하는 것이라는 이 간단한 이론은 오랫동안 경영학을 가르치는 이들에게 생각할 거리를 제공했다. 그러나 기업 영역에서 생각과 행동이 어떤 식으로 상호작용해야 하는지와 관련해 균형 잡히고 마음에 드는 지침을 찾는 건 여전히 쉬운 일이 아니다.

정치가들이 쓴 철학 문헌이 실용적인 매뉴얼의 좋은 예인데, 이는 특히 리더십을 발휘할 때 활용 가능한 참고서나 조언 또는 생각 모음집 역할을 하도록 작성되었다. 때로는 도덕적인 요소가 빠진 전술적, 실행적인 격언서이기도 하다. 다들 못마땅하게 여기겠지만 철학에는 이렇게 윤리적인 요소가 빠져 있기도 하다. 그런가 하면 가치관, 원칙, 건설적인 의도가 분명한 경우도 있다. 이 장르에서 가장 인기 있는 책은 마르쿠스 아우렐리우스 황제의 『명상록』, 마자랭Mazarin 추기경의 『정치인의 기도문Politician's Breviary』, 프랑수아 드 라루슈푸코François de La Rouchefoucauld의 『잠언집Reflections』 또는 『잠언과 성찰Sentences and Moral Maxims』 등이다. [19]

이들과 비슷한 부류인 17세기 스페인 사상가 발타사르 그라시안을 소개하고자 한다. 그는 문학계 인물들만큼 널리 알려지지는 않았지만 유럽 계몽주의에 영향력을 발휘했다.

니체는 그라시안을 세계에서 가장 위대한 실용철학 작품을 쓴 저자라고 극찬했다. 그라시안이 쓴 『세상의 지혜The Art of Worldly Wisdom: a Pocket Oracle』[20]에 담긴 300개의 격언은 300년 전의 스페인 사회뿐만 아니라 21세기 글로벌 기업 운영에도 놀랍도록 적절하다. 편집자가 이메일이나 노트북, 휴대폰에 대한 언급만 슬쩍 끼워 넣는다면 수 세기 전에 쓴 글을 읽고 있다는 사실을 거의 알아차리지 못할 것이다.

윤리적인 행동과 세속적인 성공을 확실하게 조화시키라는 그라시안의 권고안은 실용적일 뿐 아니라 읽기 쉽고 유익하다.

사제이자 고해신부, 설교자, 학술 행정가이기도 한 그의 영리한 관찰과 인문주의적 접근 방식은 이 장르의 다른 고전들에 배어 있는 노골적인 냉소주의와 전혀 다르고, 오늘날 우리가 갈망하는 기업 환경에 훨씬 적합하다.

기업 경영과 관련해 사고와 행동을 적절히 조화시키는 방법을 알려주는 것이 그가 쓴 글의 장점이라고 할 수 있다. 일례로 그라시안의 글은 런던 경영대학원의 고故 수만트라 고샬Sumantra Ghoshal 교수가 사후에 발표한 논문에서 경영 교육자들이 '호모 에코노미쿠스homo economicus이론'을 경영학의 초석으로 지나치게 강조한 것을 한탄하면서 촉발된 논쟁에 해답을 제시할 수 있다.[21] 이 논문에서 경제 주체는 전략적으로 행동하면서 다른 경제 주체가 자신의 결정에 대해 보일 수 있는 반응을 예측하려고 하는 합리적인 부의 극대화자라고 말할 수 있다. 사회적 행복은 이 등식에 포함되지 않는다.

이 모델은 마키아벨리의『군주론』같은 고전에도 나오는 전통적인 모델이다. 『군주론』은 리더들을 위한 실용적인 조언으로 가득한 또 하나의 매뉴얼로, 수 세기 동안 베스트셀러 목록 정상을 차지했고 일부 경영대학원에서는 지금도 전략경영 과목에 포함시키고 있다.[22] 하지만 많은 이들이 보기에 이것은 인간의 본성은 본질적으로 공격적이고 사람들은 항상 자기 이익을 우선시한다는 생각에 기반한 '악몽' 모델이다. 그러나 악몽 모델은 부인할 수 없는 사실을 기반으로 하며, 우리는 이런 사실이 좋은지 나쁜지를 논하려는 게 아니라는 것을 기억해야 한다.

요컨대 이는 그런 사실을 묵인하는 게 아니라 그것의 본질을 설명하려는 시도지만, 실제 현실을 정확하게 묘사하지 못할 수도 있는 기반 때문에 비판받을 가능성도 있다.

이런 비판, 즉 호모 에코노미쿠스 이론은 이타주의 같은 다른 행동 패턴을 고려할 여지를 남겨두지 않는다는 게 고샬의 주된 공격 노선인 듯하다. 게다가 고샬은 사회과학 분야에서 경영학을 하나의 학문으로 포함시키는 것에도 동의하지 않았다. "우리 이론과 아이디어는 지금 다들 큰소리로 비난하고 있는 경영 관행을 강화하는 데 많은 기여를 했다."[23] 그는 사회과학의 가정, 모델, 결론은 인과적 패러다임의 지배를 받지 않기 때문에 이른바 '물리학 선망physics envy'이라고 하는 열등감을 품고 있다고 주장했다. 사실 사회과학의 지배적인 모델은 기능적이며 개인의 행동을 설명하려고 한다. 게다가 그가 지적한 것처럼, 우리 행동을 기능적인 패러다임에 맞추는 데는 환원적인 측면이 있다. [그 어떤 과학 이론도] …… "[기업의] 조직적인 복잡성 현상을 설명할 수 없다……. 이는 아마도 기업이 화산이나 동물처럼 경험적으로 관찰 가능한 자연현상이 아니고 미리 결정된 패턴을 따르지 않기 때문일 것이다."[24] 경영학을 과학만능주의에 맞춰 연구할 경우 인간을 경제적 극대화자로 격하시킬 위험이 발생한다.

지속 가능한 사업을 지지하는 수많은 사람이 주장하는 고귀한 꿈을 살펴보자. 이 모델에 따르면 정치인과 경영자는 본인의 행동에 윤리적인 책임을 져야 하는데, 그 밑바탕에는 경영자는 본질적으로 부를 창출하는 동시에 환경을 개선하고 빈곤을 근절하며 사회 전반을 개선하도록 도와야 할 의무가 있다는 생각이 깔려 있다.

사실 정치인, 경영자, 경영 교육자는 천사도 아니고 악마도 아니지만 이 두 극단을 모두 포괄하는 경향이 있다. 오늘날의 저자들은 이런 역설에 대처하는 방법을 다양하게 추천해줄 수 있지만 현대 사상의 구성요소인 고전은 슬프게도 침묵을 지키고 있다.

그런데 발타사르 그라시안만은 우리에게 절실히 필요한 예외를 제공한다. 악몽과 고귀한 꿈의 논쟁과 관련해 그는 이 문제에 대한 현실적인 접근 방안을 알려준다. 그가 쓴 작품의 가장 큰 매력은 인간 본성에 대한 관찰 내용을 모든 관점에서 실행에 옮길 수 있다는 것이다.

예를 들어, 독자는 "지식과 명예로운 의도는 성공의 결실을 보장하고", "인격과 지성은 재능의 중심축을 이루지만 총명한 것만으로는 충분치 않으므로 올바른 인격도 갖춰야 한다"는 사실을 알게 된다.[25]

그라시안이 보기에 진실성은 미덕일 뿐만 아니라 순전히 실용적인 측면에서도 높은 점수를 받을 만하다.

"훌륭한 사람들하고만 어울리면", 성공적인 결과를 얻을 가능성이 대폭 증가한다.[26] "그들은 항상 자기 성격에 따라 행동하므로 훌륭한 성품은 곧 행동에 대한 최고의 보장이다."

그라시안이 독자들을 처음 접하는 기업 상어의 먹이가 되도록 함정에 빠뜨린 것처럼 보일 수도 있지만, 사실은 비즈니스계의 어두운 면에 대비할 수 있도록 준비시킨 것이라고 확신해도 된다. 그는 "너무 순진한 비둘기처럼 굴어서는 안 된다"고 경고한다. "하지만 교활함도 적당히 '활용'하는 정도여야지 '남용'해선 안 된다는 걸 기억하자."[27]

작지만 완벽하게 구성된 이 책에는 시대를 초월하는 조언이 가득하다. 그라시안은 인맥 형성도 중요하다고 강조한다. "영웅의 타고난 재능 중 하나는 다른 영웅들과 더불어 사는 능력이다. 이 능력은 매우 신비롭고 유익해서 자연의 경이로움과 비슷하다."[28]

그는 또 혁신처럼 지금 "반드시 해야 하는 일"을 열렬히 옹호했다. 그라시안의 유창한 설명에 따르면, "자신의 탁월한 능력을 계속 새롭게 갈고닦아야 한다. 세월의 흐름에 따라 탁월함도 늙어가고 명성도 마찬가지이기 때문이다." 이 말은 "혁신하지 않으면 죽는다"라는 말보다 훨

씬 기분 좋게 들린다.[29]

"독창적이고 색다른 관점을 지녀라"라든가 "사람들이 어떤 것을 얼마나 잘 받아들이는지 확인하기 위해 반응을 시험해봐라" 같은 지적은 오늘날 선도적인 기업들의 관행과 크게 다르지 않다.[30]

그라시안은 세계화에 대해서도 언급한다. "자국에 내재된 결함을 피해야 한다. 아무리 세련된 국가라도 선천적인 결함이나 다른 결함이 있게 마련이며, 주변 국가들은 이런 약점을 자신들의 방어 수단으로 이용하거나 거기에서 위안을 얻는다."[31]

그는 국제적으로 존경받는 위상을 정립하려면 틀에 박힌 인식을 없애는 것이 중요하고, 이것이 다문화 팀을 이끌 때도 필수적인 기술이라는 사실을 이미 알고 있었다.

진정한 비전을 소유한 사람을 찾는 건 어렵지만, 그런 사람이 나타나면 정신과 사업적 두뇌가 모두 올바르게 작동하고 순진하지 않으면서도 낙관적일 수 있다는 사실을 알게 되기에 매우 고무적이다. 그라시안은 이렇게 말한다. "지혜에는 한 가지 장점이 있는데 바로 불멸의 존재라는 것이다. 지금이 지혜에 적합한 시기가 아니더라도 앞으로 그런 시기가 많이 찾아올 것이다."[32]

내게 발타사르 그라시안은 철학을 경영적 사고의 일부로 삼아 매우 실용적으로 활용할 수 있음을 증명한 선구자이자 척도이기도 하다. 하지만 이제 경영의 어두운 부분을 들여다보면서 마키아벨리의 사고방식과 그가 국가나 조직을 이끄는 이들에게 전달하고 싶었던 내용을 잘 이해해야 할 때다.

능력주의는 비즈니스에 적용될 수 있는가

최고의 정부나 최고의 회사를 구축하려면 사회에서 가장 똑똑한 사람이 그것을 이끌어야 한다고 생각하는가? 플라톤은 그렇게 생각한 게 분명하다. 그는 『국가』라는 책에서 통치에 관한 생각을 얘기하면서, 최고의 교육을 받은 사람은 가장 공정하고 따라서 일을 처리하는 데 가장 적합하다고 주장했다.[33] 깊이 있고 세련된 현실 지식을 갖춘 지성인은 개념을 빨리 이해하고 문제를 잘 파악해서 더욱 효과적인 해결책을 제공하는 능력이 뛰어나다. 반면, 무지와 문화적 결핍은 야만성과 무질서로 이어진다고 플라톤은 생각했다.

플라톤이 생각한 사회구조는 피라미드형이었다. 맨 위에 현명한 사람들이 자리하고 그다음 단계는 군인이며 맨 아래에 노동자들이 있다.

게다가 여성에게는 아무 권리도 없고 노예는 경제에서 필수적인 부분이었다.

플라톤이 주장한 사회의 전제적인 성격을 무시한다면, 오늘날에도 가장 지적인 사람이 통치자가 되어야 한다고 생각하는가? 선거 전 토론에 지능 테스트, 일반 지식 테스트, 후보자의 지적 능력과 경영 능력까지 보여주는 다른 과제가 포함된다고 상상해보자. 이런 정보를 이용해서 누구에게 투표할지 결정하겠는가?

사실 지금까지의 경험에 따르면, 이런 정보가 있든 없든 간에 사람들은 합리적인 기준에 따라 투표하지 않고 후보자의 지능과 무관한 다른 요인에 흥미를 느낀다.[34]

대개 지능이 높을수록 추론 능력도 뛰어나므로 더 전문적이고 성공 가능성이 높은 결정을 내릴 수 있다고 여길 것이다. 그리고 예로부터 높은 평가를 받은 정치인들 대부분은 뛰어난 의사소통 능력, 선견지명, 사리분별, 진지함 같은 지능과 관련된 속성을 지니고 있었다. 이와 관련된 몇몇 연구에 따르면 대부분의 미국 대통령은 IQ가 평균 이상이었고 특히 존 퀸시 애덤스와 토머스 제퍼슨이 가장 뛰어났다고 한다.[35] 논리상 대통령 선거에서는 지혜와 관련된 모든 속성을 시험하게 된다.

현명한 사람이 정부를 이끌어야 한다는 생각은 지적인 능력을 발휘해 최고의 성과를 거둘 수 있는 사람들을 인정하는 것이므로 능력주의적인 개념처럼 보인다. 능력주의는 1789년 프랑스 혁명 이후 출신 성분에 따라 재화 분배가 결정되는 귀족 정권을 대신해서 민주사회를 조직하고 시민의 기여를 인정하고 보상하는 대안이 되었다. 저널리스트이자 작가인 에이드리언 울드리지Adrian Wooldridge는 2021년에 출간한 『재능의 귀족제The Aristocracy of Talent』에서 능력주의는 많은 비판의 대상이 되고는 있지만 그래도 여전히 가능한 대안 가운데 최고라고 주장한다.[36]

능력주의에 대한 울드리지의 정의는 플라톤이 만든 권위적인 접근 방식을 넘어서며 계몽주의 이후 자유주의 철학이 통합시킨 가장 유의미한 기여를 포함한다. "능력주의 사회는 그 자체로 감탄스러운 네 가지 자질을 결합시킨다. 첫째, 사람들이 타고난 재능을 바탕으로 인생에서 얼마나 앞서나갈 수 있는지 자랑한다. 둘째, 모든 사람에게 교육을 제공해 균등한 기회를 보장한다. 셋째, 인종과 성별, 기타 직무와 무관한 특성을 이유로 차별하는 것을 금지한다. 넷째, 정실주의나 연고주의가 아닌 공개적인 경쟁을 통해 일자리를 제공한다."[37]

최근에 이런 능력주의의 자유주의적 이상에 대해 두 가지 측면에서 의문이 제기되었다.

첫째, 급진적인 자유주의자들은 사회적 불평등, 특히 인종차별(사회제도에 내재된 구조적 차별로 여겨지는)이 증가하고 있는 현 상황에서는 능력주의가 부유한 계층의 특권을 영속시킨다고 주장한다. 이 운동가들 가운데 가장 유명한 인물 중 한 명인 마이클 샌델이 2020년에 펴낸 베스트셀러 『공정하다는 착각The Tyranny of Merit』에서는 미국 명문 대학이 졸업생이나 기부자의 자녀처럼 '유산'과 관련 있는 지원자에게 입학 우선권을 부여해 입학 기회를 왜곡시킨다고 주장한다. 또한 샌델은 자원에 쉽게 접근할 수 있는 유복한 환경에서 성장한 것과 고등교육을 받거나 재능을 키우는 것 사이에는 불가분의 관계가 있다고 생각한다. 그의 의견에 따르면 현행 시스템보다 차라리 추첨을 통해 학생을 선발하는 편이 더 공정할 것이다.[38]

대니얼 마코비츠Daniel Markovits가 공동체적인 관점에서 쓴 『엘리트 세습The Meritocracy Trap』도 명문 대학과 노동시장에 대한 접근성이 부유층 자제에게 유리하다고 비판한다. 그의 주장과 제안 중 일부는 샌델과 유사하다. 마코비츠는 다양한 배경에서 성장한 젊은이들이 일류 대학에 입학할 수 있도록 기회를 넓히고 중간 숙련 노동자를 위한 노동시장을 강화해야 한다고 생각한다.[39]

흥미롭게도 능력주의를 반대하는 또 다른 그룹인 보수적 포퓰리스트도 세계화와 중간 숙련 일자리 대체로 가장 큰 영향을 받는 노동계층을 지원하는 계획을 옹호한다. 그 진영의 대표들이 제기한 주장은 논리적으로 맞지 않을 수도 있지만 이제는 공적 담론의 일부가 되었다. 그들이 주로 공격하는 대상은 지적 엘리트, 기존 정당, 그리고 진보, 세계화, 지속 가능성 등을 옹호하는 이들이다. 이 포퓰리스트들은 능력주의가 기술 관료와 기업가, 그리고 결과적으로 세계화의 상승에 찬성하는 바람에 일자리가 개발도상국으로 옮겨갔다고 비난한다.

울드리지는 변증법 기술을 이용해 다양한 주장을 펼치면서 능력주의에 대한 양측의 공격을 막아낸다.[40] 그는 능력주의는 쇄신이 필요하고 무엇보다 공동체주의에 기반한 비판에 대응해야 한다는 사실을 알고 있다. 울드리지가 펼친 정교한 주장을 요약하면 내용이 단순해질 위험이 있지만, 그래도 독자들이 이해하기 쉽게 이를 요약해보았다.

첫째, 유치원 단계부터 보편적인 양질의 교육을 실시해야 한다. 울드리지가 설명한 것처럼, 유아기부터 이루어지는 성격 발달의 초기 단계는 기술 습득, 행동습관 육성, 미덕 주입, 지식에 대한 관심 일깨우기 등에 매우 중요하다. 국민 교육의 초기 단계에 각별한 주의를 기울이는 국가는 그 뒤의 모든 단계에서 종합적으로 나은 결과를 얻는다는 사실이 입증되었다. 교육은 평등을 위한 최고의 도구이며 일찍 시행할수록 더 효과적이다.

둘째, 사회적 배경에 상관없이 장학금과 학업 보조금을 받을 사람을 선발하려고 IQ 관련 테스트를 이용해 최대한 많은 사람을 포함시킨다. 이런 혜택을 받는 사람은 그 대가로 직무 경력 중 일정 기간 동안 국가를 위해 일하기로 약속하고 공공부문 개선에 기여한다. 여기서 울드리지와 플라톤의 연관성을 확인할 수 있다.

그러나 지능을 분석하고 측정하려고 처음 시도한 이래로 높은 IQ를 결정하는 요소가 무엇인지(유전이나 환경 혹은 교육의 결과인지)에 대한 추측이 분분했다. 지금도 '유전이냐 환경이냐'에 관한 논쟁이 활발하지만 결정적인 것은 위에 언급한 요소들이 전부 다양한 정도로 지능 발달에 기여한다는 것이다.[41] 반면 인지심리학은 지능의 형태는 다양하고 때로는 분석지능보다 감정지능이 개인의 성공에 결정적인 영향을 미치며, 지능을 정의하는 것은 사실상 논란의 여지가 있는 활동임을 입증했다.[42]

• 울드리지는 정치계부터 비즈니스계, 학계에 이르기까지 모든 사

회제도에서 리더의 도덕적 재생을 촉구한다. 하지만 스티븐 핑커 같은 능력주의 지지자들은 도덕적 진보라는 개념도 믿기 때문에 울드리지의 제안은 다소 불가사의하다.[43] 나는 그가 직업 도덕학과 선량한 시민성 원칙, 그리고 특히 밀레니얼 세대에게 널리 퍼져 있는 지속 가능성 문화의 이상적인 원칙을 장려한 것으로 이해했다.

• 또 울드리지는 디지털 경제에 뒤처진 근로자들에게 더 많은 기회를 제공하기 위해 직업 훈련을 강화해야 한다고 제안한다. 그러려면 지속적인 훈련과 학습이 필요한데, 이는 능력주의적 접근 방식과 직무 경력 내내 개인의 꾸준한 노력이 필요하다는 주장과 일치한다.

능력주의를 옹호하고 비판에 맞서는 가장 좋은 방법은 사회에서 능력주의 제도를 강화하는 것이라는 게 울드리지의 결론이다. 이 상황에 특히 적합한 괴테의 격언이 있다. "자신의 능력에 만족감을 느끼고 싶다면 세상을 위해 그 능력을 발휘해야 한다."[44]

5
달란트와 자격

성경을 읽어본 사람이라면 여기에 나오는 가장 유명한 비유 두 가지를 알고 있을 것이다. 바로 포도원 일꾼[45]과 달란트의 비유인데 둘 다 『마태복음』[46]에 나온다. 첫 번째 비유는 예수의 메시지와 일치하지 않는 것처럼 보일 수도 있지만 두 번째 비유는 대부분 잘 이해하고 받아들인다.

포도원 일꾼의 비유를 보면, 포도주 양조업자가 일꾼 여러 명을 고용해 하루 종일 자기 농장에서 포도를 따게 한다. 그는 이른 아침에 마을로 가서 일당으로 1데나리온을 주겠다고 제안하면서 일꾼들을 고용한다. 그리고 정오에 다시 가서 다른 일꾼들을 데려오고, 오후 늦게까지 이런 식으로 세 번 더 마을에 가서 매번 다른 사람들을 고용한다. 하루 일이 끝나고 임금을 정산할 때가 되자 주인은 모든 일꾼에게 똑같이 1 데나리온씩 준다. 그걸 보고 이른 아침에 가장 먼저 고용된 일꾼들이 자기들은 일을 더 많이 하지 않았느냐고 항의하자, 주인은 자기 행동이 공정하다고 대답한다. 고용할 때 했던 약속을 지키기만 하면 일꾼들에게 돈을 얼마를 주든 자기 마음이라는 것이다.

신학자들은 이 우화를 마지막 순간에 회개하는 사람도 영생을 얻을 수 있다는 뜻으로 해석했다. 또 보상이 합리적이기만 하다면 개인의 노력과 아무 상관 없는 차별이 평등한 공동체를 만드는 데 도움이 될 수도 있다는 이상적인 상황을 그려낸다. 결국 나중에 채용된 사람들의 경우, 처음에는 아무도 자신을 고용하지 않을까 봐 걱정하지 않았던가.

마찬가지로, 누진 세제는 남들보다 많이 버는 사람은 세금을 더 많이 내야 한다는 사실을 인정한다. 그들이 남보다 더 열심히, 더 장시간 일했더라도 말이다.

요컨대 이 우화는 우리가 자신의 행동을 통해 보상이나 처벌을 받게 된다는 성과 개념을 별로 중요시하지 않는다. 포도원 주인의 의견에 따르면, 먼저 고용한 일꾼이 더 오래 일했거나 더 많은 노력을 기울였거나 작업 결과물이 더 가치 있다고 해도 늦게 온 일꾼보다 큰 보상을 받을 자격이 없다. 성과와 무관하게 통치되는 공동체를 상상해보자. 이곳에서는 업무 내용이나 유형, 근무시간에 관계없이 모든 사람의 급여가 동일하다. 그렇다면 그중에서 가장 공이 큰 사람, 즉 평균보다 열심히 일하거나 생산성이 높은 이들 가운데 이런 공동체에 남으려고 하는 사람이 얼마나 될까 하는 문제가 생긴다.

만약 포도원 주인이 처음부터 일한 시간에 상관없이 급여가 동일하다고 얘기했다면 어떤 이들은 마지막 채용 때까지 기다렸을 것이다. 일반적으로 우리는 보상이 없으면 노력을 기울이려고 하지 않는다.

달란트 우화에서는 여행을 떠나야 하는 사업가가 세 명의 일꾼에게 자기 돈을 나눠준다. 첫 번째 일꾼에게는 5달란트(당시의 로마 화폐 단위)를 주고 두 번째 일꾼에게는 2달란트, 세 번째 일꾼에게는 1달란트만 줬다. 그리고 여행에서 돌아온 뒤 일꾼들에게 그 돈을 어떻게 썼는지 물었다. 첫 번째와 두 번째 일꾼은 받은 돈을 투자해서 두 배로 늘렸다. 주인은 그들을 "착하고 충직한 종"이라고 칭찬했다.[47] 하지만 세 번째 종은 달란트를 잃을까 봐 두려워서 그냥 땅에 묻어두었다. 주인은 그가 게으르다고 비난하면서 동전을 빼앗았다. 이 우화는 "누구든지 가진 사람은 더 받을 것이며, 가지지 못한 사람은 그 가진 것마저 빼앗길 것이다"[48]라는 수수께끼 같은 구절로 끝난다.

이 우화는 능력주의의 이상인 자유주의적인 정서를 반영한다. 본인의 노력과 능력, 헌신, 독창성에 따라 보상을 받고 재능을 제대로 활용하지 못하는 사람은 벌을 받는다. 여기에서는 능력이 보상의 기준이 되는데, 능력은 곧 보상이나 처벌을 받을 만한 결정 또는 행동으로 이해하면 된다. 이 에피소드는 기업가의 우화라고 할 수도 있다. 절약이나 루틴, 무기력함이 아니라 위험 감수, 자유 기업, 성장 추구를 강조하기 때문이다. 흥미롭게도 가톨릭교회는 더없이 행복한 사람들을 지칭할 때 이 우화에서 따온 '착하고 충직한 종'이라는 표현을 사용한다. 하지만 달란트를 투자한 사람이 잘못된 결정이나 외부 요인으로 인해 그 달란트를 잃었다면 어떻게 되었을까? 아마 달란트를 땅에 묻어둔 하인이 그렇게 엄한 질책을 듣지 않았을 것이다.

요컨대 많은 사회제도와 관행에는 능력, 개인적 보상 또는 개인적 인정 메커니즘이라는 개념이 녹아들어 있다. 아주 어릴 때부터 가정이나 학교에서 노력과 행동의 가치를 보상받고 우수한 부분은 칭찬받으며 완벽함은 극찬을 받는다. 우리는 승리한 운동선수에게 감탄하고 뛰어난 작가를 칭송하며 성공적인 기업가를 연구한다.

하지만 때로는 가정이나 교육기관에서 개인 간의 차이를 상쇄시키기도 하는데 이는 무리에서 가장 뒤처지는 이들에게 도움이 된다. 막내 증후군처럼 이들에게 더 많은 관심을 기울이고 요구 수준을 낮추고 자극을 촉진하는 것이다.

재능의 관점에서 볼 때 이 두 가지 우화는 자원 분배 방법이나 세금 책정 기준, 집단에 대한 개인의 기여를 인정하고 보상하는 방법 등 사회에 대한 근본적이고 철학적인 질문에 대한 대안적인 답변으로 해석될 수 있다. 포도밭 일꾼의 우화는 공산사회주의를 표현한 것으로, 이것의 논리적 결론은 공산주의 체제다. 반면 달란트 우화는 자유주의적 이상을 나타내며, 이것이 최대치까지 발달하면 자유지상주의가 된다. 자주 충돌하는 가치관인 자유와 평등으로 대표되는 이 양극단 사이의 연속선상에는 온건한 선택의 여지가 있다. 어쩌면 이것이 지속 가능하고 응집력 있고 보다 공정한 사회를 만들기 위한 균형 잡힌 접근법일지도 모른다. 하지만 어떻게 해야 이 두 가지 가치관 사이의 긴장 상태를 완화시킬 수 있을까?

최신 기술을 활용한 연습이 해결책을 찾는 데 도움이 될 수 있다. 메타버스에서 만난 사람들에게 리더로 선출되어 사회에서 재화를 분배하고 의무를 정하는 데 필요한 원칙을 논의한 뒤 승인했다고 상상해보자. 메타버스의 목적은 참가자들을 현재 상황과 분리시켜서 가족, 직업, 관심사 같은 지금 처한 환경에 구애받지 않고 인류 전체를 고려하면서 일반적으로 사고할 수 있게 하는 것이다. 이는 독일 계몽주의 철학자인 임마누엘 칸트가 정언명령으로 제안한 것과 비슷한 관점이다. 특정 상황에서의 행동이 보편적인 기준이 되게끔 해서 동일한 상황에 처한 모든 사람이 참조할 수 있게 하는 것이다.[49] 그리고 우리의 특정한 메타버스 참가자들은 그런 보편적인 관점을 받아들일 것이다.

실험을 계속 진행하면서 아바타를 무작위로 배포해 참가자들이 원래의 정체성에서 멀어져 다른 성별, 성적 지향, 인종 같은 대안적 세계관을 가질 수 있게 한다.

이 실험적 메타버스는 가장 영향력 있는 현대 철학자 가운데 한 명인 존 롤스가 1971년에 『정의론A Theory of Justice』이라는 책에서 민주사회를 지배하는 기본적인 원칙을 확립하는 절차라고 설명한 내용과 매우 유사하다.[50] 롤스는 참가자들이 자기가 어떤 삶을 살게 될지, 얼마나 재능이 있을지, 미래에 어떤 한계와 질병, 부, 행운, 불운을 겪게 될지 모르는 '원초적 입장original position'을 제안했다. 그들은 롤스가 '무지의 베일'이라고 부른 것 뒤에 가려져 있어서 본인이 처한 상황을 전혀 모르므로 재화와 책임 분배를 정할 때 더 신중해지고 모두에게 유리한 결정을 지지하게 된다. 앞으로 다른 이들보다 상대적으로 더 나쁜 경험

(질병, 가난, 불행 등)을 하게 될 확률이 높기 때문이다.

롤스는 이런 상황에 놓인 참가자들은 최대한 공정한 시스템을 고안할 것이라고 주장했다. 아무도 자기 인생이 어떻게 펼쳐질지 모르지만 적어도 행복하길 원하기 때문이다. 이 과정에서 사회 제도를 좌우하는 세 가지 원칙이 생겨날 것이다.

(1) 개인의 자유를 극대화하는 것은 오직 그 자유를 지켜야 하는 경우에만 국한된다. 예를 들어, 기본적인 자유를 부정하거나 무력으로 정치 체제를 없애자고 제안하는 정당에게 금지 조치를 취할 수 있다.

(2) 모든 사람을 평등하게 대하고, 사회에서 가장 불우한 처지에 있는 이들에게 이로운 차별만 허용한다. 롤스는 이를 '차등 원칙'이라고 부르는데 부의 재분배를 위한 누진세 부과가 그 예이다.

(3) 평등한 기회를 보장하고 집안이나 부와 관련된 요인으로 발생하는 기회 불균등을 없앤다. 일례로 롤스는 미국 대학에서 동문 자녀나 기부자 자녀에게 입학 특혜를 주는 레거시legacy 제도에 반대할 것이다.[51]

흔히 '적격한 평등주의'[52]라고 부르는 롤스의 제안은 최근 수십 년 사이에 발생한 가장 격렬한 철학적 논쟁 중 하나를 불러일으켰다. 이는 완전성을 지닌 자율적인 체계로, 그것 자체가 하나의 완전한 정의론으로 자리매김할 수 있다. 게다가 학문의 영역을 넘어 관련 분야에까지

영향력을 행사했고, 미국뿐 아니라 다른 나라의 입법 및 사법 영역에서도 파급 효과를 발휘했다.[53]

그런가 하면 정의론을 비판하는 이들도 많다.[54] 그중 가장 효과적인 비판은 이 결정에 참여하지 않은 사람이 왜 '원초적 입장'에 있던 사람들끼리 합의한 내용을 받아들여야 하느냐며 의문을 제기하는 목소리다. 또 그 결정에 참여한 사람도 결정된 내용에 이의를 제기할 수 있고, 결정 이후의 현실과 경험 때문에 전체적인 절차에 이의를 제기할 수도 있다. 종신 계약으로 간주되는 계약에서도 비슷한 일이 벌어진다. 예를 들어, 결혼은 영원히 지속되는 관계라고 가정하지만 실제 이혼이 얼마나 잦은지 생각해보라. 마찬가지로, 우리 세계관을 바꾸는 결정적인 상황이 발생하면 상황을 전부 파악하지 못한 상태에서 이루어진 합의를 부정할 수 있다. 젊을 때 관대했더라도 나이가 든 뒤에는 이기적으로 행동할 권리가 있을까?

토머스 네이글Thomas Nagel의 의견에 따르면, 전반적인 사회적 합의를 그렇게 소수의 간결한 원칙으로 축소해버리면 롤스의 제안은 '얄팍한 정의론'으로 바뀐다.[55] 그 기본 원칙은 너무 일반적이어서 구체적인 결정에 적용하려면 추가적인 발전이 필요한데, 이때 생기는 세부적인 문제가 모순과 불일치를 낳는다. 반면 사회 정의와 관련해 그런 원칙으로는 결정할 수 없는 다른 실질적인 문제도 많다. 민주주의 국가의 헌법은 대개 훨씬 광범위한 내용을 서술하고 있지만, 이것도 많은 사회적 딜레마를 해결하기에는 여전히 부족하므로 추가 설명이 필요하다.

롤스의 『정의론』은 우리 미래를 결정하는 개인적, 환경적 조건을 바로잡으려고 시도하는데 거기에는 운과 부, 출신 배경 덕에 얻는 이득, 타고난 재능이나 지능도 포함된다. 그는 더 재능 있는 사람이 재분배 없이 자산을 축적하게 하면 개인의 성공에 기여하는 요소인 뛰어난 지능, 외향성, 외모 같은 '자연적 사고'의 효과가 두 배로 늘어난다고 했다. 따라서 가장 혜택받지 못한 계층이 누릴 수 있는 실질적 평등을 늘리려면 자유와 기회 균등의 여지를 조정해야 한다.

롤스의 의견은 지금도 개인주의와 개인의 가치보다는 공공의 이익과 국가 및 제도의 재분배 기능을 우선시하는 많은 공동체주의 사상의 원천이다. 롤스의 지지자 중 한 명인 마이클 샌델은 아이비리그 대학의 현행 입학 시스템을 바꿔야 하고 합격자들이 우수한 성적을 내는 것은 사실상 특권의 결과라고 주장한다.[56]

롤스는 아마 포도원 일꾼의 우화에 더 공감하고, 달란트 우화의 교훈에는 의문을 제기했을 것이다. 롤스의 '원초적 입장'이 그렇듯이 우리에게는 두둔할 수 있는 논거가 부족하며 살아가는 동안 계속해서 무엇이 정의롭고 합당한가에 대한 개념을 조정해나간다.

6
마태 효과: 마이클 샌델의 공로

　우리 사회의 제도는 대부분 재능, 노력, 업적에 따라 보상을 결정하는 시스템인 능력주의에 기반을 두고 있다. 일반적으로 대학 입학, 보조금 또는 장학금 수여, 직원 채용, 업무 평가, 전문가 승진, 대부분의 공적인 구분은 능력주의를 바탕으로 한다.

　능력 개념에 관한 최초의 설명 중 하나는 앞서 얘기한 달란트 우화[57]에서 찾아볼 수 있다. 자기 재산을 일꾼 세 명에게 나눠준 농부가 얼마 뒤 돌아와 세 사람에게 받은 돈을 어떻게 했는지 설명해보라고 한다. 처음 두 사람은 받은 돈을 투자해 두 배로 늘렸지만 세 번째 사람은 손해를 볼까 두려워 돈을 땅에 묻어뒀다. 주인은 세 번째 사람은 게으르다고 비난하고 앞의 두 사람의 근면함을 칭찬한다.

미국의 사회학자 로버트 머튼Robert Merton은 이를 가리켜 '마태 효과'라고 한다. 일반적으로 성공이 더 큰 성공으로 이어지고 부의 창출이 재화 집중으로 연결되듯이 권력도 행사할수록 더 큰 권력이 생기고 명예나 명성도 비슷한 방식으로 작동한다는 것이다. 요컨대 부자는 더 부유해지고 가난한 사람은 더 가난해진다.[58]

마이클 샌델은 그의 저서 『공정하다는 착각』에서 능력주의를 시의적절하게 비판하면서 능력주의가 불평등과 사회 불안을 초래한다고 강하게 주장한다.[59] 하버드대 교수인 샌델은 공동체주의 철학을 지지하곤 하는데, 공동체주의는 개인주의를 강조하는 자유주의와 다르게 전체에 속해 있어야 우리의 정체성이 생긴다고 믿는다.

샌델은 최근 수십 년간의 미국 사회와 어느 당이 집권하든 상관없이 정치와 경제를 특징 지은 기본적인 철학을 분석했다.

그의 견해에 따르면 포퓰리즘이 부상한 건 두 가지 요인 때문인데, 첫 번째는 기술관료적 모델을 채택한 것이고 두 번째는 승자와 패자를 정의하는 능력주의 시스템을 신성시한 것이다.

샌델은 고등교육과 업무 환경이라는 두 가지 사회활동 영역에 초점을 맞춰서 자신의 주장을 설명한다. 두 가지 영역 모두 능력 개념이 결정적인 역할을 한다. 예컨대 대학의 입학 및 평가 시스템이나 직원 채용, 비즈니스 세계에서의 직업적인 승진이나 인정 등이 그렇다. 샌델은 또 미국 최고 명문대학의 입학 기회가 시간이 지나면서 엘리트주의와 불평등을 강화했다고 강조한다. 예를 들어, 아이비리그 대학에 입학한 학생 중 상당수는 대학 동문 또는 기부자의 자녀이거나 운동 특기자 장학금을 받는다. 이것이 엘리트주의를 강화하고 다른 사람들이 교육을 받을 기회를 방해했다.

샌델은 이런 상황에 대응하기 위해 다음과 같은 방법을 제안했다. 입학 정원이 2,000명인 하버드 대학이 매년 약 4만 건의 입학지원서를 받는데 입학하는 학생의 절반 이상이 이 대학과 관계 있는 가족 출신이라고 가정해보겠다. 이 연구에 따르면 지원자 가운데 약 2만 명은 합격 가능한 프로필을 보유하고 있다고 한다. 엘리트주의와 마태 효과를 피하는 이상적인 방법은 추첨을 통해서 2만 명 중 누가 입학할지 결정하는 것이다. 성별 다양성과 기타 범주를 보장하는 몇몇 계수 덕에 제한이 생기기는 하겠지만, 이렇게 운에 맡기는 편이 더 공정한 결과가 나올 것이다.

샌델이 제안한 방법이 입학처가 결정하는 것보다 더 나은 방법인지는 얘기하지 않겠다. 우리 삶에는 운 때문에 생긴 불평등이 이미 충분하다면서 이 제안을 기각할 이들이 많을 것이다.

샌델의 제안에서 주로 비판하고 싶은 부분은, 그가 기존과 다른 선발 메커니즘을 활용하긴 했지만 그래봤자 또 하나의 배타적인 대학 입학 모델을 제시한 것뿐이라는 점이다. 대학 입학 기회를 평생 단 한 번만 쓸 수 있는 한 장의 카드로 축소하기보다 교육 기회의 창을 넓히는 편이 어떨까?

그래야 경력 전반에 걸쳐 계속 교육을 받는 것이 의미가 있고 대학이 제 역할을 할 수 있다. 샌델이 논하는 포퓰리즘은 오늘날의 노동시장에 필요한 기술이 부족한 노년층 유권자들에 의해 주도되었다. 가장 좋은 해결책은 이런 전문가들이 취업 능력을 회복하거나 기업가 정신을 탐구할 수 있도록 더 많은 교육 옵션을 제공하는 것이지, 샌델이 우연히 도널드 트럼프와 비슷한 기조로 제안한 것처럼 신흥국가로 이전된 일자리를 되찾기 위해 세계화와 맞서 싸우는 것이 아니다.[60]

팬데믹 기간 동안에 에드엑스edx, 코세라Coursera, 오픈클래스룸Openclassrooms 같은 플랫폼 덕에 온라인 교육의 잠재력이 증명되었다.[61] 불과 2년 전까지의 생각과 다르게, 양질의 온라인 교육은 보편적인 교육 접근성을 크게 확대할 수 있다. 일례로 하버드 대학에서 마이클 샌델이 직접 강의한 '정의Justice' 강좌는 학생들이 가장 많이 수강한 강좌 중 하나이며, 에드엑스를 통해 누구나 수강 가능하다.[62] 이는 엘리트주의에 맞서는 매우 효과적인 방법이다.

수많은 제도의 기능에 능력주의 개념이 내재되어 있다는 사실을 감안하면, 교육자는 학생들에게 자신감을 심어주는 데 집중하면서 사회에 대한 헌신과 겸손의 미덕을 주입해야 한다. 또 경영대학원에서도 학교에 다니고 직업을 갖는 데 따르는 책임을 강조해야 한다.

대학은 학생들에게 상황을 분석하고 목표를 정하고 위험을 감수할 수 있는 자신감을 심어주려고 노력한다. 교육자와 학생의 과제는 사람들을 이끌고 결정을 내리는 데 필요한 자신감과 과신 또는 현실감각 상실을 피하는 데 필요한 겸손함 사이에서 균형을 맞추는 방법을 익히는 것이다. 학습을 시작할 때는 개방성과 겸손한 태도를 갖춰야 한다. 이는 MBA 프로그램을 이수하는 사람들에게도 매우 중요하다. 학습 대부분이 동료 참여자들을 통해 이루어지기 때문이다. 나는 학교에서

MBA 과정 학생들에게 처음 연설을 할 때 소크라테스가 새로운 제자들에게 했던 말을 그대로 사용한다. "단 하나의 진정한 지혜는 자기가 아무것도 모른다는 사실을 아는 것이다."[63] 때로 이 말을 듣고 화를 내는 이들도 있다. MBA 과정 학생들은 대부분 자신을 매우 높게 평가하고, 본인이 그 자리에 있는 것은 능력이 출중한 덕분이라고 생각하기 때문이다.

다양한 문화권에서 성장해 다양한 세계관을 지닌 학생들이 다니는 경영대학원에서는 새로운 아이디어에 대한 관용과 개방적인 태도를 장려하고 학생들에게 다양한 현실을 직면하게 하므로 본인이 단일한 엘리트 집단에 속해 있다고 여기기가 힘들어진다.

마지막으로, 샌델이 자기 책에서 암시한 능력 개념을 다시 살펴보자. 가능성 있는 방법 중 하나는 인생에서의 성공을 전통적인 능력 개념에만 의지하지 말고, 증거와 경험을 통해 성공 기회를 더 많이 제공한다는 사실이 밝혀진 다른 다양한 형태의 지능으로 확장하는 것이다.

7
젊은 세대에 지식 전수하기

"유아기에 발생한 사소한 혹은 거의 의식하지 못했던 영향은 매우 중요하고 지속적인 결과를 초래한다."[64] 오늘날 널리 알려진 이 주장은 300여 년 전 존 로크가 『교육론Some Thoughts Concerning Education』이라는 논문에 쓴 내용이다.

교육이나 개인적, 직업적 발전에서 인본주의의 가치에 의문을 제기하는 사람도 있지만, 나는 고전을 통해 내 토대를 다시 살펴보는 것이 매우 유용하다고 생각한다. 물론 다양한 이유가 있겠지만, 어린 자녀들이 몇 시간씩 스마트폰이나 비디오 게임을 하도록 내버려두는 부모들이 늘어나고 있다. 어린 나이부터 이런 기술을 통제 없이 사용하면 중독될 위험이 있는데도 말이다. 일각에서는 맞벌이 부모가 보모를 고용할 수 없는 상황일 때 아이를 돌보도록 설계된 로봇의 실용성 문제를 논하고 있지만, 비평가들은 AI가 과거 부모, 교사, 코치가 수행하던 일을 대신하는 비인간적인 세상이 초래될 위험이 있다고 말한다.

나는 기술이 성인과 아동의 학습을 개인화하고 강화할 수 있는 자원을 많이 제공한다고 생각하지만 동시에 인문학과 고전이 교육에 기여할 수 있다는 믿음도 여전히 품고 있다.

로크는 자녀 교육과 관련해 두 가지 핵심 원칙을 주장했다. 첫째, 자녀 교육은 주로 부모의 책임이지만 때로는 가족의 다른 구성원이나 교사, 심지어 국가에 위임해야 할 때도 있다. 이런 생각은 대부분의 사람들이 미리 가족 계획을 세우고 파트너끼리 상호 동의가 있어야만 아이를 낳겠다고 결정할 수 있는 오늘날 더욱 의미가 크다.

그리고 국민의 교육권을 보장해야 할 책임이 있는 국가와 기타 공공기관은 부모의 노력을 도울 의무가 있다. 유년기가 성격과 가치관 형성, 기술 개발에 매우 중요하다는 사실을 감안하면 특히 선진국에서는 양질의 보육 서비스를 무료로 제공해야 한다. 어린아이들은 새로운 언어를 훨씬 쉽게 배울 수 있고 새로운 정보에 훨씬 개방적이며 이 시기에 인성을 형성하는 기본적인 특성이 발달된다.

로크의 두 번째 원칙은 교육은 어떤 물질적 자산보다 좋은, 자녀를 위한 최고의 투자라는 것이다. 그는 훌륭한 교사의 가치를 명확하게 언급한다. 우리는 소설이나 실제 생활 속에서 자녀를 위한 제국을 건설하려고 노력하는 부모의 예를 많이 보았다. 사유재산을 적극적으로 지지하는 로크였지만 그래도 물질적 재화보다 교육이 더 가치 있다는 사실을 알고 있었다. "…… 사람들의 매너와 능력에서 드러나는 차이는 다른 무엇보다 교육 덕분인 경우가 많다."[65]

로크는 최종 분석에서 말하길, 우리 인간은 교육을 통해 축적된 것들의 합이라고 한다. 그는 우리가 타고난 사유 때문에 지금의 모습으로 존재한다는 생각(오늘날 유전학이라고 부르는 것), 혹은 오로지 환경이나 물질적 자산의 결과물이라는 생각을 거부한다. 로크의 설명에 따르면 인간은 태어날 때 아무것도 적혀 있지 않은 타불라 라사tabula rasa(빈 서판)다. 이 개념은 경험이 인간 지식의 유일한 원천이고 우리가 하는 모든 말은 감각과 경험이 제공하는 정보에 따라야 한다고 주장하는 경험주의의 핵심이다. 로크는 버클리, 흄과 함께 경험주의의 주요 주창자 중 한 명이었다.[66] 경험주의는 지금도 영어권의 중요한 사고 양상인 분석철학과 실증주의의 발전에 지대한 영향을 미쳤다.

로크는 또 단순히 자녀와 시간을 보낸다고 해서 자녀 교육이 제대로 이루어지는 것이 아니라고 주장한다. 그는 자녀를 버릇없이 키우는 부모를 비판하면서 이 때문에 아이들의 성격이 비뚤어져서 고집 세고 신뢰할 수 없는 성인으로 자란다고 했다. 그리고 고전을 예로 들면서 『오디세이The Odyssey』에 나오는 스킬라와 카리브디스 사이에 끼어 오도 가도 못하는 여정과 교육이 비슷하다고 말했다.[67] 율리시즈 시대에는 숙련된 선원들만이 메시나 해협을 통과하는 항로를 알고 있었는데, 이 해협 한쪽에는 카리브디스가 만들어낸 소용돌이가 배를 집어삼켰고 다른 한쪽에는 스킬라의 바위가 있었다. 부모도 애정과 훈육 사이에서 적절한 균형을 찾아내 노련한 선원처럼 잘 헤쳐나가야 한다. 로크는 자녀와 친구가 되려고 하는 실수를 저지르는 부모가 많다고 말한다. 부모가 자녀와 이런 관계를 맺는 것은 자녀가 성인이 되어 이성적으로 사고하고 우정의 가치를 이해하게 된 뒤에야 가능하다.

로크는 그의 생전에 널리 퍼져 있었고 불과 수십 년 전까지도 계속되었던 아동에 대한 체벌을 비판했다. 그는 체벌은 아이가 극단적으로 고집을 부리는 경우에만 사용해야 한다고 말한다.

당근과 채찍 전략보다는 아이들이 잘했을 때는 공개적으로 칭찬해주고 비판(표정이나 눈길을 통한 비판이라도)은 사람들이 없는 곳에서 해야 한다고 로크는 말한다. 나는 사회생활을 하는 동안 이런 방식이 어른들에게도 잘 통한다는 것을 알게 되었다.

로크는 교육의 다른 측면에서도 선구자였다. 고대 로마 시인인 유베날리스의 명언 "멘스 사나 인 코포레 사노mens sana in corpore sano(건강한 신체에 건강한 정신이 깃든다)"[68]를 인용해 규칙적인 스포츠, 야외 활동, 균형 잡힌 식단을 권장했고, 특히 수영에 관심이 많아서 가정 교육을 잘못 받은 사람에게 적용되는 "네크 리테라스 네크 라타레nec literas nec natare(그는 독서도 수영도 하지 않는다)"라는 로마 격언도 인용했다. 로크는 또 찬물 샤워와 가벼운 옷이 젊은이들을 강하게 만든다면서 열렬히 지지했다. 신체 운동과 지적 발달을 결합시켜야 한다는 생각이 모든 현대 교육 방식의 핵심이 된 것을 보면 그가 후대에 미친 영향은 명확하다.

영양에 관한 로크의 생각은 옥스퍼드에 다닐 때 의학 공부를 한 결과를 반영한다. 그는 특정한 음식을 섭취하거나 건강한 습관을 유지했을 때 생기는 이점을 알고 있었으며, 이 모든 내용이 『교육론』에 요약되어 있다. 로크는 적절한 식습관을 유지하고 음식을 잘 씹고 고기를 너무 많이 먹지 말고 금욕하라고 권유하면서 "로마인들은 평소 저녁까지 금식했다"라고 말했다.[69]

로크는 또 인문학과 교양 과목을 공부하면서 동시에 사업을 배우거나 직업 교육을 받는 것이 중요하다고 강조했다. 그의 권고가 당시 직업을 가지지 않았던 귀족 계층을 향한 것이었다는 사실을 감안하면 이는 상당히 의미심장한 말이다. 이런 의미에서 로크는 훗날 많은 대학에서 채택한 교육 모델(일반 학문과 졸업 후 직업 세계에서 활용 가능한 전문 과목을 결합시킨)의 선구자로 여길 수 있다.

전반적으로 로크는 아동을 교육할 때 미덕과 습관 개발에 집중하는 고전적인 전통을 따랐다. 다시 말하지만 미덕은 타고난 자질이 아니라 후천적으로 습득하는 것이다. 로크는 미덕을 배울 때 "아이들은 대부분 남의 본보기를 보고 따라한다"라고 설명하는데 특히 부모의 영향을 많이 받는다. "우리는 모두 카멜레온과 비슷하다."[70]

로크가 살던 시대에는 아동문학이라는 장르가 존재하지 않았지만 그는 아이들에게 이솝우화를 추천했고 나도 이 선택에 동의한다. 또 한스 크리스티안 안데르센의 이야기처럼 나중에 출간되어 아동교육에서 중요한 역할을 한 책들도 좋다.[71]

요약하자면 『교육론』은 놀라울 정도로 현대적인 책이며 모든 부모에게 이 책을 추천하고 싶다. 로크에게 자녀가 없었다는 점을 감안하면 그의 지식과 직관, 지혜는 더욱 놀랍다. 현대적이고 독창적이면서 여전히 많은 의미를 안겨주는 작가다.

2장

리더십

–

어떤 사람이
되고 싶은가?

19세기 독일 철학자 프리드리히 니체의 사상은 지난 세기에 서구의 경영 이론에 영향을 미쳤다. 니체는 『차라투스트라는 이렇게 말했다』에서 세상을 지배할 운명을 지닌 초인, 즉 위버멘쉬übermensch를 찬양한다.

당신에게 [위버멘쉬]에 대해 가르쳐주겠다. 인간은 극복해야 하는 대상이다. …… 지금까지 모든 존재는 자신을 넘어선 무언가를 창조했다……. 인간에게 유인원은 무엇인가? 웃음거리인가 아니면 고통스러울 만큼 당혹스러운 존재인가. [위버멘쉬]에게는 인간이 바로 그런 존재다. 웃음거리 혹은 고통스러운 당혹감. …… [위버멘쉬]는 대지의 의미다. …… 형제들이여, 간청하건대 대지에 충실하고 다른 세상의 희망을 말하는 사람들을 믿지 마십시오![1]

미국에서는 20세기 초에 니체의 작품이 영어로 번역되면서 그의 영향력이 눈에 띄게 커졌는데, 이 시기는 최초의 실업계 거물과 대기업이 부상하면서 경제의 핵심 부문을 과점하게 된 시기와 일치한다.[2] 니체는 미국 사상가 랄프 왈도 에머슨을 존경했고, 윌리엄 제임스William James 같은 미국 작가들도 니체의 작품을 논하고 비평했다.[3]

니체는 두 유형의 도덕이 존재한다고 생각했는데 바로 주인 도덕과 노예 도덕이다. 주인 도덕은 자기만의 가치관과 규칙을 확립한 사회 지도자들에게 적용되는 도덕이고 노예 도덕은 대중의 도덕인데 이들은 주인의 행동을 악으로 여긴다. 하지만 상관없다. 주인은 "선과 악을 초월"해서 자신의 규칙을 정하는 반면 대중은 평범함을 받아들이고 진정한 리더를 저지하려고 한다. 1980년대 리더십에 관한 경영서에도 니체의 주장이 가득 배어 있다. "자신의 성격에 스타일을 부여하는 것은 위대하고 희귀한 예술이다! 그는 자기 본성이 지닌 강점과 약점을 모두 조망하면서 그것을 하나의 예술적 계획에 맞춰 빚어내서 모든 것이 예술과 사유인 것처럼 보이게 한다. 그러면 심지어 약점을 봐도 눈이 즐겁다. …… 강하고 권위적인 본성은 제약이 많은 상황에서 통제권을 발휘하면서 자신만의 법칙에 따라 완벽함을 추구하는 데서 미묘한 기쁨을 느낄 것이다."[4]

니체는 1990년대의 분위기를 정당화하는 것처럼 보이기도 한다.

…… 인간 존재의 가장 큰 결실과 가장 큰 즐거움을 실현하는 비결은 위험하게 사는 것이다! 베수비오산의 경사면에 도시를 건설하자! 미지의 바다로 배를 띄워 보내자! 동료나 자기 자신과 갈등을 빚으면서 살자! 지식을 가진 사람이 통치자나 소유주가 될 수 없다면 강도나 약탈자가 되자! 소심한 사슴처럼 숲속에 숨어 사는 것에 만족할 수 있는 시대는 곧 지나갈 것이다![5]

다행히 경영대학원에서는 니체와 그의 추종자들이 감탄했던 보편적 정신의 대가들 대신 목적과 사회적 헌신에 집중하는 경향을 보인다. 하버드의 짐 콜린스가 제안한 '레벨 5 리더'[6]라는 아이디어는 새로운 리더십 이론의 예시로서 이것은 끈기 같은 전통적인 리더십 특성과 겸손 같은 속성을 결합시킨 것이다.

1

카리스마를 조심하라

회사에서 많은 구직자들을 상대로 면접을 봤는데, 개중에는 내 밑에서 일할 사람을 뽑기 위한 면접도 있었고 다른 부서 직원을 채용하기 위한 면접도 있었다. 또 IE 경영대학원에서 MBA와 최고경영자 MBA 프로그램의 부책임자로 처음 근무할 때도 많은 지원자를 면접했다.

이런 경험을 통해 경청 능력을 연마했어도 타고난 산만함과 세월이 흐르면서 말이 너무 많아진 탓에(관리자로서 당연한 일인 듯하다) 다른 이점이 무력화되었을 가능성이 높다. 그리고 지원자의 성격과 이력을 평가하는 방법은 배웠지만, 그가 미래에 성과를 올릴 수 있을지 예측하기는커녕 특이한 부분이 있는지조차 파악하지 못하는 경우가 많다. 그래서 통찰력이 뛰어난 이들의 의견을 구하려고 눈치가 빠르고 직관력 있고 사교성이 좋고 선의를 품은 동료들과 상의한다.

그렇게 수년간 사람들을 대하면서 얻은 교훈 중 하나는 가장 주관적인 자질인 카리스마를 너무 중요시하지 말라는 것이다. 내 경험상 카리스마 있는 사람이 반드시 최고의 리더나 가장 유능한 경영자는 아니다. 이런 개인적인 지식을 바탕으로 이 장에서 가장 중요한 권고사항을 하나 말하자면, 지원자의 카리스마에 속지 말라는 것이다. 물론 카리스마를 완전히 무시해서도 안 되겠지만 적합한 인재를 선택할 때는 다른 자질도 살펴봐야 한다.

우리가 리더십과 자주 연관시키는 이 카리스마라는 속성은 대체 무엇일까? 일반적으로는 '어떤 사람이 다른 사람들의 관심을 끌거나 깊은 인상을 심어주는 강력한 개인적 자질'로 이해한다.[7] 정치, 무대, 예술, 물론 비즈니스 분야의 저명한 인물과 자주 연관되는 특성이다.

카리스마 현상을 분석하고 그 특성을 해부하려고 시도한 최초의 사상가는 독일의 사회학자이자 정치학자인 막스 베버라고 한다. 베버는 유럽에서 전제군주제가 부활하던 시기에 살았는데, 독일 통일의 아버지인 오토 폰 비스마르크 같은 인물이 이 체제의 상징이다. "카리스마는 개인 성격의 한 특성인데 이를 통해 평범한 사람들과 구별되는 초자연적이거나 초인적인 능력, 혹은 적어도 특별한 능력과 자질을 지니고 있다고 믿게 된다. 이는 평범한 사람은 접근할 수 없는 신성한 기원을 통해서 얻은 자질이거나 모범적인 자질로 간주되며, 그 사람은 이를 기반으로 리더 대우를 받는다." 베버는 『경제와 사회The Theory of Social and Economic Organization』에 이렇게 썼다.[8]

베버는 카리스마를 타고난 재능이라고 여겼지만, 경험과 연구에 따르면 경영 리더십 기술처럼 나이가 든 뒤에도 얼마든지 키우고 발전시킬 수 있음이 밝혀졌다. 카리스마를 외향성과 연관시키는 사람도 있지만[9] 내향적인 사람이라도 리더십이 없지는 않다는 사실을 기억해야 한다. 애덤 그랜트Adam Grant의 연구에 따르면 일반적으로 외향적인 리더는 주변에 수동적인 팀이 있을 때 더 좋은 성과를 내는 반면, 내향적인 리더는 적극적인 직원들과 함께할 때 성과가 좋다. 다시 말해, 혁신이 목표일 때는 후자가 더 나은 성과를 올린다.[10]

내향적인 사람이 카리스마를 키우고 싶을 때는 습관과 연습을 통해 타인에게 영향을 미치는 능력을 향상시킬 수 있는 카리스마 리더십 전술CLT을 이용하면 좋다.[11] 생체 리듬이 사람들에게 어떤 영향을 미칠 수 있는지 보여주는 증거도 있다.[12] 이는 우리의 생물학적 기능이 정점에 달하는 시간대를 가리키는데, 어떤 사람은 아침에 성과가 더 좋은 종달새족이고 어떤 사람은 올빼미족이다.

존 안토나키스, 마리카 펜리, 수 리히티가 쓴 「카리스마 학습Learning Charisma」에서는 카리스마를 강화하는 12가지 전술을 제시한다.[13] 그중 9가지는 비교, 은유, 유사어와 유추 사용, 이야기와 일화 언급, 대조적인 표현, 수사적인 질문, 세 가지(마법의 숫자 3) 요점으로 주장 정리, 도덕적 신념 강조, 집단이 공유하는 감정 반영, 공감 촉진, 야심 찬 목표 제안, 달성 가능하다는 자신감 전달처럼 구어적 언어와 관련이 있다.

그리고 이 전술 중 세 가지는 억양, 표정(사람들이 거울 앞에서 연설 연습을 하는 이유다), 손짓과 몸짓 사용 같은 비언어적 의사소통과 관련이 있다. 또 긴박감 조성, 역사 환기, 희생에 대한 이야기(처칠의 "국민들에게 약속할 수 있는 것은 피와 땀, 눈물뿐이다"[14]를 상기해보라), 유머 활용 같은 다른 효과적인 수단도 제시한다.

인정하고 싶지 않을 수도 있지만 외모가 카리스마를 투영하는 데 중요한 역할을 하는 경우가 많다. 고든 L. 패처의 『룩스: 외모, 상상 이상의 힘Looks: Why They Matter More Than You Ever Imagined』에서는 개인적인 매력PA이 여러 사회적 상황에서 결정적으로 유리한 요소로 작용한다고 설명한다. 예를 들어, PA가 높은 사람은 직장에 채용되거나, 회사 내에서 승진하거나, 정치 또는 대중에게 노출되는 직업에서 성공하거나, 교사에게 더 많은 관심과 좋은 성적을 받을 가능성이 높다. 패처의 설명처럼, "공통된 가치관과 삶의 목표도 중요하지만 가장 중요한 요소는 그 사람의 온라인 프로필에 첨부된 사진에서 얻을 수 있는 것이다. …… 하지만 온라인에서 데이트 상대를 찾는 사람들은 종종 자기가 사랑에 빠진 사진이 거기에 첨부된 신중하게 작성된 프로필과 마찬가지로 모든 이야기를 다 전해주지 않는다는 것을 깨닫게 된다."[15]

학생들에게 카리스마에 대한 질문을 던지자, 그 용어는 도덕적으로 수용 가능한 리더십을 발휘한 인물들에게만 써야 하고 따라서 히틀러나 스탈린 같은 인물은 제외되어야 한다고 말한 학생들이 많았다. 이런 제한이 생기는 문제는 행동에 의문을 제기할 수 있는 카리스마적 리더가 매우 많기 때문이다. 그리고 아직 자기 사명을 완수하지 못한 카리스마 있는 젊은 남녀의 경우 그들의 특성 인식과 업적 평가는 무관하다. 개념적으로는 고귀한 목적을 위해 카리스마를 발휘하든 아니면 순전히 본인의 이익이나 악을 추구하려고 발휘하든 상관없이 다른 개인적 미덕과 비교 평가하는 것이 맞다.

이를 명심하면서 반인륜적 범죄자에게 카리스마 같은 자질을 부여하는 것에 신중해야 한다. 최종 해결책(유대인 학살)을 주도한 아이히만은 2차 세계대전이 끝난 뒤 아르헨티나에서 이스라엘 요원들에게 납치되어 예루살렘으로 끌려가 1961년에 반인륜 범죄 혐의로 재판을 받았다.[16] 이 재판을 방청한 한나 아렌트는 아이히만의 태도에 충격을 받고 그의 침착해 보이는 모습을 악의 평범함이라고 묘사했다. 아렌트는 정신에 문제가 있는 사람만이 그런 끔찍한 짓을 저지를 수 있다고 생각하는 악의 신화성을 무너뜨리려고 시도했다. 그리고 평범한 사람들도 매우 잔인한 행동을 할 수 있다는 결론을 내렸다. 아이히만은 자신의 행동을 책임지지 않는 사이코패스가 아니라 멀쩡한 정신으로 수백만 명을 학살하는 정책을 실행하고는 개인적으로 아무도 죽인 적이 없다고 주장하는 사람이었다. 아렌트의 통찰은 겉보기에 정상적으로 보이는 사람도 때때로 끔찍한 범죄를 저지를 수 있다는 증거이며 따라서 사람들의 도덕성을 평가할 때 카리스마라는 개념을 분리해야 한다.

연구에 따르면 조직에 카리스마 있는 리더를 두는 것이 좋은지 아닌지는 다양한 요인에 따라 달라진다. 베버는 카리스마 있는 사람과 그룹의 관계는 역설적이라고 설명했다. 위기 상황이 닥쳐서 명확한 방향성과 확고한 리더십이 필요해진 그룹은 무비판적으로 리더를 따르려고 한다.[17] 고대 로마의 독재자들은 원래 야만족의 침략 같은 중대한 위기에 대처하면서 권력을 잡았고, 우리는 팬데믹 기간 동안 리더의

역할과 권한이 어떻게 강화되는지 확인했다.[18]

하지만 카리스마 있는 사람이 반드시 유능한 경영자가 되는 것은 아니다. 존 P. 코터John P. Kotter는 경영은 복잡한 상황의 균형을 맞추고 자원과 인력을 잘 조직해서 배분하는 등 통제와 계획이 중요한 반면, 리더십은 변화에 대처하고 비전을 개발하며 동기를 부여하거나 영감을 주고 무엇보다 팀 전체가 임무에 집중하도록 지휘하는 것이라고 설명했다. 경영이 리더십보다 합리적인 관행인 듯하고 조직 공학과 비슷해 보이기도 하지만 그렇다고 리더십을 신비롭고 불가사의한 특성으로 인식해서는 안 된다. "이는 '카리스마'나 다른 특이한 성격적 특성과 아무 상관도 없다. 또 소수의 선택받은 사람들의 영역도 아니다"라고 코터는 설명한다. 그보다는 시간이 지나면서 발전하는 기술이라고 할 수 있으며, 관련 당사자들과 함께 경영자에게 필요한 것보다 훨씬 깊은 심층적 소통을 나눠야 하는 일련의 특성으로 이루어져 있다.[19]

카리스마가 리더의 자질에 대한 비판적 판단을 흐리게 하는 경향이 있다는 점을 감안할 때, 이를 피하기 위해 무엇을 할 수 있을까? 다음은 내 경험을 바탕으로 한 조언이다.

- 다른 사람, 특히 전임자나 동료 또는 후임자를 날카롭게 비판하는 카리스마적 리더를 경계해야 한다. 가짜 리더는 자신의 장점을 발휘하기보다 다른 사람의 신용을 해쳐서 신뢰를 얻는다. 반대로 체계적이고 진심이 담긴 칭찬은 겸손과 정직의 표시다.
- 칭찬과 아첨은 다르므로 아첨이나 지나친 칭찬은 자제하는 것이

좋다. 그래야 아무것도 내세울 게 없는 카리스마적인 사람의 정체를 폭로할 수 있을 뿐만 아니라 개인적인 겸손을 발휘하는 데도 좋다.

• 카리스마 있는 리더의 경우 그를 아는 외부인의 추천은 그의 경영 능력을 입증하는 정보를 제공할 수 있다. 그 사람에 대해 물어봐도 다들 입을 다문다면 의심이 타당하다는 사실을 확인할 수 있다.

• 자발적인 이직이나 다양한 직책에서의 단기간 근무, 타인에 대한 비난이나 예전 직원들을 비하하는 것도 진정성 없는 카리스마의 징후일 수 있다. 겉보기에 인상적일지 몰라도 이런 사람과는 아무도 함께 일하고 싶어 하지 않는다. 당신도 비슷한 사례를 접해봤을 것이다.

양질의 온라인 교육과 대면 모듈을 결합한 하이브리드 프로그램을 가르친 경험 덕분에 학생들의 지적인 측면과 리더십 기술을 잘 파악할 수 있게 되었다. 이런 하이브리드 형식은 경영자의 다양한 역량을 테스트하고 여러 자질 사이의 균형을 확인하는 좋은 시험대가 될 수 있다.

나폴레옹 보나파르트가 공부했던 프랑스 포병 아카데미의 보고서에는 "코르시카 출신으로 그쪽 성향이 강한 이 젊은이는 상황만 받쳐준다면 장차 큰 인물이 될 것이다"라고 적혀 있다.[20] 대머리에 키가 작고 이탈리아식 악센트가 섞인 프랑스어를 구사하고 반에서 중간 등수로 졸업했으며 내성적인 성격인 나폴레옹은 원래 카리스마의 전형 같은 사람은 아니었다. 때로는 운이나 우연, 또는 상황이 우리의 숨겨진 카리스마를 드러내기도 한다.

2
겸손이 힘이다

겸손은 일반적으로 정치인, 기업 리더, 지식인 등 힘 있는 자들을 특징짓는 미덕이 아니다. 그들은 오히려 겸손을 세상의 낙오자들과 연관시키는 경향이 있다. 앞서 살펴본 것처럼, 현대의 카리스마적 리더십 개념과 '초인' 아이디어에 영감을 주었던 프리드리히 니체는 겸손은 약자가 권력자의 분노를 피하기 위한 대응 방법이라고 여겼다.[21]

겸손과 대조되는 오만함은 대부분의 종교에서 여전히 대죄로 간주한다. 시인 존 밀턴의 말을 빌리자면 루시퍼가 타락한 것은 신에게 도전한 오만함 때문인데 그는 자신에게 내려진 처벌을 반항적으로 받아들이면서 천국에서 하인으로 사는 것보다 지옥에서 주인으로 사는 것이 낫다고 선언한다.[22]

마찬가지로, 『창세기』에서 신은 하늘에 오르기를 열망하며 탑을 쌓아 올린 바벨탑 건설자들의 오만함을 벌하기 위해 서로 다른 언어로 말하게 한다. 이것이 성경에 나오는 언어적 다양성의 기원이다.[23] 이 두 가지 경우를 좀 더 자비롭게 해석하면 그들은 오만했다기보다 지나치게 야심적이었다.

그리스 신화에서는 이카루스와 그의 아버지 다이달로스가 깃털과 밀랍으로 만든 날개를 달고 크레타 섬에 위치한 미노타우로스의 미궁에서 야심차게 날아올랐다. 날고 있다는 사실이 자랑스러웠던 이카루스는 아버지의 지시를 무시하고 태양에 너무 가깝게 다가가는 바람에 밀랍이 녹아 사모스 섬 인근 바다로 떨어졌다.[24] 지금 같으면 이카루스의 행동을 와해적, 혁신적이라고 표현하면서 일론 머스크나 리처드 브랜슨이 우주 사업을 위해 그를 고용했을지도 모른다.

앞서 말한 것처럼 겸손과 관련된 전통적인 개념은 신중함, 순응주의, 복종과 연관이 있어 리더들이 거부하는 경향이 있다. 하지만 겸손은 맹목적인 복종과는 다르다. 겸손은 자신의 한계를 인식하는 것이며 자기계발로 이어진다. 본인의 범위를 제한하는 것이 아니라 목표 달성에 도움이 된다. 스페인 황금기의 종교적 신비주의자인 테레사 데 헤수스는 "겸손은 진리"라고 생각했다.[25]

아리스토텔레스는 미덕은 양극단의 중간에 위치한다고 여겼다. 한쪽 끝에는 불안과 열등감, 다른 쪽 끝에는 오만과 허영심과 거만이 존재하는 양극단 사이의 중간 지점에 겸손이 자리한다.[26] 이 스펙트럼에서 오만한 사람은 자의식 강한 사람보다 더 성가시다. 그들은 더 눈에 잘

띄고 목소리도 커서 존재감을 견디기가 힘들기 때문이다.

경영대학원은 MBA 학생들의 오만을 조장한다는 비판을 받기도 한다. 이런 말을 들으면 모든 경영대학원이 똑같은 가치관을 공유하는 것은 아니며 학생들을 똑같은 방식으로 선발하거나 가르치지도 않는다고 대답한다. 하지만 어쨌든 이런 비판이 존재한다는 건 학습 모델과 교육 내용을 재검토하고 헌신적이고 겸손한 기업가를 양성하려고 노력하기에 충분한 이유가 된다. 사업에는 봉사적인 요소가 존재하는데 이를 이해하지 못하면 대개 실패로 이어진다.

기업가와 사업가에게 겸손의 근본적인 가치는 세상에 대한 객관적이고 현실적인 관점을 제공한다는 것이다. 오만한 사람은 다른 사람의 아이디어를 받아들이지 못해서 혁신과 자기비판을 거부하므로 성공하면 교만함을 얻고 실패하면 현 상태에 안주하게 된다.[27]

몇 년 전 유럽에서 경영대학원 교수들을 위해 진행한 매우 성공적인 교육 과정인 국제 교사 프로그램에 참여한 적이 있다. 그중 가장 생생하게 기억하는 세션 하나는 당시 런던 경영대학원에서 가르치던 훌륭한 전략가 수만트라 고샬과의 만남이었다. 고샬은 상황이 좋지 않을 때 대기업이 택하는 전형적인 대응 방식을 분석했다. 매출 수준은 동일한데 수익이 감소하면 실적이 저조하게 나오는 경우가 많다. 이런 상황은 해당 기업뿐만 아니라 경쟁사나 고객과의 상호작용과도 관련이 있기 때문에 대개의 경우 이 추세가 계속 유지되면서 되돌리기 어려운 미끄러운 경사로가 시작된다. 이럴 때 고위 경영진은 외부 요인에 비난을 돌리면서 안일하게 책임을 회피하는 경향이 있다고 고샬은 설명했다. 제품이나 시장의 성숙도에 대한 진부한 주장도 동원된다. 고샬은 이 과정을 설명하기 위해 '만족스러운 목표 미달'이라는 용어를 사용했는데, 이는 많은 CEO와 이사들의 오만함을 포착한 멋진 아이러니다.[28]

오늘의 성공이 내일의 승리를 보장하지 않는다는 사실은 다들 알고는 있지만 완전히 이해하지 못하는 진리다. 나는 가끔 내 경력을 돌아보면서 지금까지의 업적이 명성을 유지하고 미래를 보장하기에 충분한지 자문해보고, 경력은 장거리 경주라서 결코 끝나지 않는다는 사실을 되새긴다. 『이상한 나라의 앨리스』에 나오는 붉은 여왕이 지적했듯이, 같은 자리에 머물기 위해서도 계속 움직여야 한다.[29] 때로는 경력의 상대적 임의성을 표현하기 위해 롤러코스터의 비유를 떠올린다. 경력도 롤러코스터처럼 올라갔다 내려갔다 하지만 그게 반드시 개인적인 노력이나 일과 관련된 것은 아니며 운도 중요한 역할을 한다.

요컨대 어느 정도의 겸손과 겸허는 오랫동안 평정심을 유지하는 데 필수적이다. 애초에 우리가 계획하거나 상상한 대로 일이 진행되는 경우가 드문데 겸손은 상황을 다른 관점과 다른 각도에서 바라볼 수 있게 해주기 때문이다. 특히 적절한 경청 습관을 발휘하면 더욱 그렇다.

내가 이 일을 하면서 운 좋게 만난 훌륭한 교사들 중에는 진정한 겸손의 표시인 경청 재능을 지닌 이들이 있었다. 그중 내게 큰 영향을 미친 두 가지 에피소드가 기억난다. 첫 번째는 유니버시티 칼리지 법학 교수이자 내 지도교수였던 허버트 L. A. 하트 Herbert L. A. Hart와 함께 옥스퍼드셔 시골길을 운전했을 때의 일이다. 하트 교수는 당시 80대였지만 여전히 뛰어난 지성을 유지하고 있는 다정하고 꼼꼼한 사람이었다. 우리는 그전에도 여러 번 함께 점심을 먹었는데, 교수는 스페인과 스페인의 문화, 내 박사 과정, 미래 계획 등에 대해 질문했다. 일반적으로 그런 현명하고 경험 많은 사람은 말하는 걸 좋아하기 때문에 젊은 학생에게 질문을 던지거나 경청하는 일이 거의 없다. 내가 옥스퍼드에서 만난 사람들은 대부분 심술궂은 경향이 있었다. 하지만 하트는 스페인 역사에 정통했고 스페인 내전 때 공화군을 도운 이력이 있으며 스페인의 정치와 경제에 대한 최신 정보도 알고 있었다. 그의 관대함과 배려심 많은 스타일, 우아한 매너를 통해 지금까지도 소중히 여기는 교훈을 얻었다.[30]

또 다른 에피소드는 건축가이자 프리츠커상 수상자인 노먼 포스터 Norman Foster 경과의 첫 만남 때 있었던 일이다. 당시 우리는 IE 건축 디자인 전문대학원을 만들면서 이 학교의 사명, 프로그램, 교수진과 관련해 전문가의 조언을 구하고 있었다. 포스터 경은 거의 40분간 내 말을 경청하면서 중간에 말을 끊거나 질문을 던지지 않았고 시선을 계속 내게 고정한 채 주의를 기울였다. 그리고 마침내 입을 열고는 거의 비슷한 시간 동안 자기 의견을 얘기했다. 그가 해준 조언을 지금도 기억하는데 그중 몇몇 문구는 한 글자도 빠짐없이 생각난다. 그 만남에서 얻은 교훈 하나를 그 이후로 계속 실천하려고 노력하고 있는데, 바로 첫 만남에서 너무 오래 이야기하지 말라는 것이다(최대 2~3분 이하). 그보다 오래 이야기하다 보면 잡담으로 전락하게 되고 허영심이나 오만함의 표현으로 여겨질 수도 있다. 반면 경청은 겸손한 태도를 반영하고 지성을 드러낸다.

누군가가 당신이 이미 알고 있는 인물이나 장소, 업무 분야에 대해 이야기하기 시작하면 어떤 반응을 보이는가? 상대방 말을 끊고 "당신이 얘기하는 내용은 이미 알고 있다"라고 말하는가? 난 이런 상황에서 조용히 경청하는 것이 겸손함과 세련됨의 표시라고 생각한다. 그래서 상대가 하는 이야기를 잘 알고 있거나 심지어 그 에피소드의 주인공이 나라고 하더라도 보통은 자제하려고 노력한다. 나이와 경험이 쌓일수록 이런 일은 더 자주 일어나고 우리는 계속 데자뷰 상황에 처하게 된다. 이는 겸손함을 발휘할 수 있는 좋은 기회다.

최근 IE 대학의 한 교수가 내게 학생들에게 오만함이 아닌 자신감을 심어주려면 어떤 조언을 해야 하느냐고 물었다. 요컨대 바람직하지 않은 양극단 사이에서 아리스토텔레스적인 균형을 유지하는 방법을 물어본 것이다. 이에 알맞은 방법을 몇 가지 추천하면서 마무리하겠다.

• 준비. 자기가 얘기할 주제를 잘 알면 안정감이 생기고 당면한 문제를 통달할 수 있다. 해본 적이 있는 일이라고 하더라도 앞날에 대비해 회의나 프레젠테이션을 제대로 준비하지 않는 것은 오만함의 표현이며 종종 실패로 이어진다. 즉석에서 뭔가를 하는 것도 노력이 필요한 재능이다. "즉흥연기를 잘 하려면 적어도 2주는 준비해야 한다"던 마크 트웨인의 명언이 자주 떠오른다.[31]

• 스포츠맨십. 일이 뜻대로 되지 않아서 기분이 상하면 교훈을 받아들이지 못할 수도 있다. 평생 계속 배우는 견습생의 자세를 유지하면

서 실패와 실수를 학습 기회로 여기는 것이 좋다.

• 회의, 인터뷰, 사교모임 등에 참석해 목소리를 높이자. 겸손은 현재 상태를 묵묵히 받아들이는 것이 아니다. 조용한 자신감은 우리가 주도적인 역할을 할 수 있도록 힘을 실어준다.

• 다른 사람들을 대할 때 다양성을 장려하고 업무에 최대한 다양한 관점과 의견을 포함시킬 방법을 생각해보자. 그러면 혼자만의 관점에서 벗어나 문제를 다각도로 살펴보면서 겸손한 태도를 기르는 데 도움이 된다.

• 마지막으로 조직 행동 전문가인 로자베스 모스 캔터Rosabeth Moss Kanter의 팁을 알려주겠다. 모든 걸 혼자 하려고 하지 말자. 특히 경영을 책임진 사람의 경우 업무를 위임하고 다른 사람을 신뢰하는 법을 배워야 한다.[32]

현실은 우리를 항상 무대 중심이 아닌 자기 자리에 올려놓는다.

3
조연 배우가 없다면

영화 팬들이 오스카상 시상식에서 간절히 기다리는 상 중에 여우조연상과 남우조연상이 있다. 재미있거나 성공한 영화 가운데 주인공이 한 명뿐인 영화는 거의 없다. 긴 독백은 단조로울 수 있고 사람들은 대부분 그런 독백에 별로 집중하지 않으므로 출연진이 적으면 색채, 뉘앙스, 톤이 줄어든다. 결국 영화는 사회 속에서 살아가는 우리 삶을 반영하는 것 아니겠는가.

드라마든 코미디든 텔레비전과 영화에 나오는 캐릭터들 사이에는 연결이 존재해야 한다. 조연 배우는 주인공의 연기를 뒷받침해서 더 돋보이게 한다. 행동을 주도하거나 대화를 통해 상황을 설명하는 조연은 극을 이끄는 스타의 위치를 뒷받침한다. 실제로 실력이 더 뛰어난

조연이 평범한 주연 배우를 돕거나 영화를 살리는 데 필요한 진지함을
부여하는 일도 많다.

1950년에 개봉된 영화 〈이브의 모든 것All About Eve〉[33]에 나온 영국 배
우 조지 샌더스George Sanders의 연기가 자주 생각난다. 그는 순진한 앤
백스터Anne Baxter의 경력을 이끌어주는 냉소적인 연극 평론가를 연기
한다. 이 영화에서 그와 대조를 이루는 여성 연기자는 나이 든 스타 베
티 데이비스Bette Davis의 헌신적인 조수 역할을 훌륭하게 해낸 셀마 리
터Thelma Ritter다. 사실 리터는 할리우드 역사상 가장 많은 영화상 후보
에 오른 여배우 중 한 명이지만 오스카상을 수상한 적은 없다. 아마 이
것이 조연 배우의 운명일 것이다. 그들의 역할은 핵심적이지만 마땅히
받아야 할 인정을 받지 못한다.

하지만 조연 부문에서 오스카상을 받은 수상자 중 일부는 주연상도
받았는데 대표적인 예로 메릴 스트립, 제시카 랭, 덴젤 워싱턴, 잭 니
콜슨 등이 있다. 실제로 일부 평론가들은 조연으로서 빛나는 연기를
펼쳐 등장 시간이 더 긴 스타보다 많은 관심을 받을 수 있는 능력이야
말로 연기의 시금석이라고 주장한다.

영화가 등장하기 전에는 소설가들이 보조 캐릭터를 만들어서 이야기
의 깊이와 균형감을 조성했다. 레오 톨스토이나 찰스 디킨스[34]처럼 소
설을 연재물 형식으로 출판한 19세기의 위대한 작가 중 일부는 주인
공과 보조 캐릭터의 이야기를 번갈아 쓰면서 서로 대조를 이루도록 하
는 데 능했는데, 이런 두 갈래의 이야기는 대개 공통된 결말로 수렴되
었다. 보조 캐릭터는 주인공을 뒷받침하는 것 외에 줄거리에 신뢰성과

사실성을 더하는 역할도 했다. 왓슨 박사가 없다면 셜록 홈즈는 아마 현학적인 독선가에 불과할 것이다. 또 산초 판자는 돈키호테의 말도 안 되는 생각을 붙들어 매는 닻과 같은 역할을 한다.

영화와 문학에 등장하는 인물이나 조연 캐릭터의 비유는 조직에서 우리가 하는 역할을 설명하는 데 도움이 된다. 나는 경영 전략을 가르치는 수업 첫 시간에 학생들(평균 나이가 30세 정도 되는 젊은 관리자들)에게 그들 모두가 CEO가 되는 것은 아니라고 조언한다. 그 자리에 오르려면 기술이나 노력과는 상관없이 운이 항상 중요한 역할을 한다.

기업의 성공이 전적으로 혹은 주로 CEO에게만 달려 있는 것이 아니라 회사를 구성하는 근로자와 경영자의 조합에 달려 있다는 사실은 다들 인정한다. 하지만 경영 관련 서적들은 CEO의 관점에서 리더십을 분석하는 데만 초점을 맞추고 실제로 조직에서 대부분의 가치를 창출하는 다른 팀원들에게는 별로 관심을 기울이지 않았다. 여론과 경제 분석가들도 고위 경영진만 중요하게 여기고, 상장 기업의 CEO가 떠나면 주식시장에 패닉이 발생하기도 한다.[35]

실제로 대기업이나 잘 경영되는 기업은 견제와 균형이 존재하는 거버넌스 시스템과 권력 분배 및 승계를 관리하는 시스템을 기반으로 하므로 개인의 의사에 관계없이 연속성이 보장된다. 결국 정부부터 다국적 기업에 이르기까지 모든 기관은 그곳의 리더가 어떤 사람이냐에 따라 인상이 달라지는 경향이 있긴 하지만, 그래도 기업의 이해 당사자들은 한 사람에게 과도하게 권한이 집중되는 것을 막아야 한다.[36]

경영학 문헌에서는 실무팀을 기업 성공의 원동력으로 언급하곤 하지만, 나는 공유 리더십이나 리더와 그를 따르는 이들에 대해 얘기하고 싶다. 어떤 팀이든 다양한 의견이 나오고 논쟁이 벌어지기도 하지만 결국 결정을 내리는 리더와 그 결정을 실행에 옮기는 사람들이 존재하기 때문이다. 집단을 강조하다 보면 다양하고 종종 불평등한 방식으로 기여하는 사람들의 실체를 신비화하게 된다. 팀을 아이디어를 창출하는 주체라고 칭찬하면 '집단 순응 사고'가 생겨나 비판적 역량이나 혁신, 개선 능력이 저하될 수 있다.[37]

조직에서 일하는 사람들은 대부분 알고 있겠지만 우리는 조직이 일원이자 동조자, 직원이다. 가장 높은 자리에 오르더라도 보통 제한된 기간 동안만 그 자리에 머문다. 게다가 다른 사람에게 종속되는 것은 그자체로 부정적인 일은 아니다. 조직에서 우리에게 주어지거나 직접 선택한 역할을 승격시키는 것은 우리 자신에게 달려 있다. 그 기회를 어떻게 활용해서 최고의 조연 역할로 전환하느냐가 중요하다는 얘기다.

우리는 훌륭한 조연 배우의 자세에서 많은 것을 배운다. 젊을 때는 여전히 배울 것이 많고, 습득해야 할 전문성과 강화해야 할 지성, 갖춰야 할 상식이 있다는 사실을 받아들이는 것이 좋다. 이는 나이가 들수록 소중히 여기게 될 선물이다. 성급함은 좋지 못한 멘토이며 중요한 임무를 수행하도록 이끌어주는 건전하고 신중한 야망과 아무 상관도 없다.

그래서 3년 안에 승진하지 못하면 다른 회사로 옮겨가는 젊은이들의 생각에 의문을 제기하고 싶다. 그들이 단순히 일부 전문가와 코치의 잘못된 조언을 따른 것이라도 말이다. 연구에 따르면 같은 회사에 머무르는 것이 계속 옮겨 다니는 것보다 승진이나 최고위직에 오를 가능성이 높다. 이 연구 결과를 뒷받침하는 데이터도 많아서, 나는 학생들에게 이런 패턴에서 벗어나 새로운 방식으로 생각하고 행동하거나 처음부터 고정관념에 갇히지 말라고 조언한다.[38]

하지만 최고위직을 맡았던 이들의 경우 조연 배우의 태도에서 가장 많은 걸 배울 수 있는 시기는 경력 후반부다. 직업이 무엇이든 간에 몇 년간 최고위직에 있다가 왕좌를 버리고 평범한 인간으로 대우받는 데 적응하려면 힘들기 때문이다.

예전에 몇몇 전통 있는 대학에서는 총장 임기를 마감하는 공개적인 의식을 치렀다. 퇴임식에는 교직원들이 모두 모였고 퇴임하는 총장(항상 남자였다)은 권력을 내려놓고 교수 업무로 복귀한다는 표시로 검은색 가운을 벗고 장신구를 풀었다. 다행히 이제는 이런 의식이 존재하지 않지만 여기에는 리더십의 일시적인 성격과 관련된 의미가 있는 듯하다.

경영학을 공부하는 일부 학생들은 CEO, 사장, 총괄 책임자 같은 직책을 맡았던 사람은 그보다 책임이 적은 자리에 만족하지 못하거나 최고위직에 있을 때와 같은 인정을 받지 못할 것이라고 생각한다. 그래서 공식적으로 높은 직위를 떠나기 전에 미리 새로운 상황에 대비하고 적응하는 것이 바람직하다.

나는 이 일을 하면서 고위직을 떠나야 한다는 사실을 받아들이지 못하는 CEO와 경영자들을 여럿 만났다. 예술가와 배우만 디바처럼 행동하는 게 아니고 특히 비즈니스계에서 적극적인 리더십을 발휘한 사람들도 이런 모습을 종종 보인다. 사람과 자원을 책임지던 자리를 떠나면서 생긴 공백은 대개 가족에게 헌신하거나 다른 관심사에 눈을 돌리면서 채워진다. 하지만 항상 과거에 맡았던 것과 비슷한 기능을 수행하려는 경향을 보인다. 그러니 고위직을 그만두기 전에 다음과 같은 권고를 고려해보는 것도 괜찮을 것이다.

- 노년기는 그 어느 때보다 밝게 빛날 수 있는 새로운 기회를 제공한다. 내가 자주 인용하는 예시는 역사상 가장 큰 영향력을 발휘한 철학자 중 한 명인 임마누엘 칸트인데 그는 63세에 자신의 가장 중요한 저서 『순수 이성 비판』을 출간했다.[39] 비즈니스계에서는 잭 웰치나 리처드 브랜슨 같은 리더의 영향력이, 경영 사상 쪽에서는 피터 드러커나 찰스 핸디Charles Handy 같은 인물이 두드러진다. 전통적으로 나이가 들수록 캐스팅에 불리해지는 영화계에서도 웨일스 출신의 베테랑 배우 앤서니 홉킨스는 여든셋에 첫 번째 오스카상을 수상했다.

- 겸손은 인생의 어느 단계에서든 학습을 계속하고자 할 때, 특히 가장 높은 자리에 있을 때 필요한 기본 미덕이다. 새로운 걸 배울 수 있다는 것은 만족스러운 일이고 이는 뇌와 신체적, 정신적 건강에 이롭다. 뭔가 새로운 일을 자주 시작하면 젊은 기분과 건강한 정신 상태를 유지할 수 있고 실망스러운 상황도 잘 받아들이게 된다.

- 또 인생의 기복을 받아들이면 자신감과 힘을 발휘할 수 있는 매력적인 사람이 된다. 반면 피할 수 없는 일을 받아들이지 않으면 위신이 떨어지고 불안정하고 약한 사람처럼 보인다.

간단히 말해, 주인공 자리에서 조연 자리로 옮기는 것이 경력의 황혼이 될 필요는 없다. 로버트 켈리Robert Kelley가 1988년에 《하버즈 비즈니스 리뷰HBR》에 기고한 〈팔로워 찬미In Praise of Followers〉라는 글에 쓴 것처럼, "현실적으로 우리 대부분은 리더보다 팔로워인 경우가 더 많다."[40] 다른 사람을 뒷받침하는 일을 한다고 해서 낙오자가 되는 것은 아니다. 올해 오스카 조연상 후보에 오른 8명에게 물어보라.

때로 조연 배우들이 시간이 지나 정당한 인정을 받으면서 정말 영향력 있는 존재가 되기도 한다. 가장 좋은 예시 중 하나가 오랫동안 파트너인 장 폴 사르트르의 그늘에 가려져 있다가 지금은 페미니스트 철학의 창시자로 간주되는 시몬 드 보부아르다. 내가 여성 철학자에 관해 쓴 책『이상적인 비즈니스In An Ideal Business』에서 설명한 것처럼, 이제 많은 역사가들은 보부아르가 마땅히 받아야 할 인정을 받지 못했다는 사실을 알고 있다. 미국 학자 윌리엄 맥브라이드William McBride는 보부아르의 『제2의 성The Second Sex』이 여러 면에서 "사르트르의 글보다 독창적이고 그 시대의 정신을 잘 표현하고 있다"라고 주장했다.[41]

보부아르의 작품이 무시당한 이유는 그가 여성에게 초점을 맞추었기 때문이다. 최근 몇 년간 다른 페미니스트 작가들의 작품과 #미투#MeToo[42] 같은 운동 덕분에 보부아르의 아이디어가 페미니스트들에게뿐만 더 광범위하게 인정받게 되었다. 철학계에서도 보부아르의 중심적인 역할은 점점 더 높이 평가받고 있다. 슬픈 일이지만 비범한 재능이 말년이나 사후에 인정받는 일들이 종종 있다.

4
때로 천재가 비합리적인 이유

우리는 모두 천재에게 매료된다. 천재는 특별한 창의적, 지적 능력을 타고나거나 평균을 훨씬 뛰어넘는 재능을 지닌 독특한 존재를 말한다. 흔히 혁신을 원하는 기업에는 개성 강한 이단아가 필요하다고들 말하는데, 현대에는 이런 사람을 천재라고 부른다.

오늘날 우리가 쓰는 '천재'라는 말의 의미는 1711년에 조셉 애디슨 Joseph Addison이 《스펙테이터 The Spectator》에 기고한 〈천재에 관하여 On Genius〉라는 에세이에서 유래했다.[43] 이 글에서는 천재를 타고난 천재와 교육과 경험을 통해 능력을 획득한 학식 있는 천재의 두 가지 유형으로 구분한다. 애디슨은 셰익스피어, 호머, 핀다로스는 타고난 천재로, 아리스토텔레스, 버질, 밀턴은 학식 있는 천재로 분류한다. 애디슨의 구분은 위인들의 전기에 나오는 묘사를 바탕으로 했기 때문에 의문이 제기될 수 있다.

1750년에 65세의 나이로 사망한 요한 세바스티안 바흐는 역사상 가장 위대한 작곡가 중 한 명으로 모든 음악 천재 목록에 빠짐없이 포함된다. 그렇다면 그는 타고난 천재일까, 아니면 학식 있는 천재일까? 바흐는 본인의 엄청난 작곡 능력과 관련해 "나는 근면하게 노력해야 할 의무가 있다"라고 썼기 때문에 애디슨은 아마 후자로 분류했을 것이다. 라이프치히에 있는 성 토마스 교회의 칸토르kantor(성가 합창단의 지휘자 겸 선창자)로 임명된 바흐는 계약에 따라 매주 칸타타를 작곡해서 일요일 미사 때 연주해야 했다. 이런 놀라운 창작물 덕분에 1년 내내 매주 일요일마다 연주할 칸타타 레퍼토리가 완성되었고 그 뒤에도 해마다 이 곡들을 연주했다.

바흐의 사례는 천재의 작품이 의무, 즉 짧은 기간 안에 무언가를 생산해야 한다는 계약을 통해 창작된 사례 중 하나일 뿐이며 음악이나 미술, 심지어 과학 역사에도 그런 사례가 많다. 천재에게는 자유가 필요하고 제작에 대한 압박이 없어야 한다는 낭만적인 믿음과 다르게, 마감일이 정해져 있고 자원이 제한된 상황에서 오히려 발명 능력과 창의성이 향상될 수도 있다는 것을 경험이 알려준다. 음악인의 삶에는 소명 의식도 물론 있겠지만 자녀를 스무 명이나 두었던 바흐의 경우에는 또한 생계를 유지하는 수단이기도 했다.

천재를 이해하는 방법 중에 가족을 살펴보는 것도 있다. 바흐 시대에는 아이들이 집에서 사업을 배우거나 직업 교육을 받았다. 프랑스의 쿠프랭Couperin 가문, 나폴리의 스칼라티Scarlatti 가문, 튀링겐의 바흐 가문이 모두 이런 식으로 명가를 건설했다.[44] 요한 세바스티안 바흐는 음악가들에게 둘러싸여 자랐고 부모님이 돌아가신 뒤에도 어릴 때부터 삼촌과 형에게서 악보를 읽고 연주하는 방법을 배웠다. 그리고 그의 자녀들 가운데 세 명도 훗날 유명한 음악가가 되었다.

이 가족은 어린이와 청소년이 미래의 직업에 대해 배우기에 이상적인 환경을 제공했다. 17세기와 18세기에 융성했던 이런 음악 가문을 자세히 연구해보면 오늘날 가족이 운영하는 기업의 경영에 관한 중요한 교훈을 얻을 수 있을 것이다. 예컨대 가족 구성원들이 서로를 가르치는 방식, 능력에 상관없는 상호 지원과 도움(오늘날에는 족벌주의로 보일 것이다), 무리에서 사람을 선택하고 승진시키는 방식, 예부터 내려오는 전통에 속한다는 감각 같은 것들 말이다. 바흐의 아들 카를 필리프 에마누엘Carl Philip Emmanuel은 가족의 역사를 조사하면서 4대에 걸쳐 그 기원을 추적했다.[45]

요한 세바스티안은 확실히 뛰어난 지적, 창의적 능력을 지니고 있었지만 그의 작업에 결정적으로 기여한 두 가지 요인이 있었다고 결론짓는 것이 타당할 듯하다. 첫째, 가족이나 다른 음악가들에게 배우면서 보낸 견습 기간이다. 또한 그는 비발디나 코렐리 같은 다른 음악가들이 작곡한 악보를 필사하면서 그들의 아이디어를 흡수했다.[46]

바흐의 창의성에 결정적인 영향을 미친 것은 업무적인 압박감과 매우 촉박한 마감일을 맞춰야만 하는 필요성이었다. 요컨대 바흐의 천재성은 내면의 동기보다 상황의 압박 덕분에 꽃을 피운 것이다.

바흐는 어떻게 음악을 만들었을까? 여기에도 다른 분야에 적용할 수 있는 혁신과 관련된 흥미로운 교훈이 많다.

작곡가를 전문적으로 연구한 로버트 J. 마셜Robert J. Marshall의 글에도 나오는 것처럼 바흐는 숙고할 시간이 없었다. "바흐와 그의 동시대 사람들은 빡빡한 제작 속도에 맞춰서 아이디어를 신속하게 발명 또는 발견해야 했기에 예측할 수 없는 '영감'의 도래에 의지할 수 없었다."[47] 다른 연구자들은 이런 시간 부족 때문에 바흐가 새로운 음악 형식을 실험하지 못했다고 주장한다. 어쨌든 바흐는 1,238곡의 귀중한 음악적 유산을 남겼는데 이는 비길 데 없는 놀라운 결과물이다.

바흐 시대의 작곡은 발명inventio, 개발ellaboratio, 실행executio의 세 단계로 이루어졌다. 첫 번째 단계는 기본적인 아이디어를 구상하는 것이고, 두 번째 단계는 꾸미고 발전시키면서 대안을 실험하는 것이며, 세 번째 단계는 최종 결과를 해석, 수정하고 전반적으로 개선하는 것이다. 일반적으로 혁신은 발명과 관련이 있다. 하지만 이 세 단계는 상호 보완적이고 반복적이며 서로 연결되어 있고 세 단계에 걸쳐 계속 창의성이 드러나는 방식으로 상호 간섭한다.

음악적 지식과 경험을 갖춘 바흐는 탁월한 기술을 발휘해 이 세 단계를 아우를 수 있었다. 그는 다양한 부분에 초점을 맞춘 새로운 작품을 만들면서 이후 작품을 위한 아이디어를 축적했고, 뛰어난 독주자이자 오르간, 클라비코드, 첼로의 대가였으며, 자기 작품을 연주하는 데 따르는 한계와 기술적 잠재력에 대해서도 잘 알았다. 게다가 어릴 때 소년 성가대원으로 활동하면서 합창의 가능성에 대한 엄청난 통찰력을 얻었다.

음악 창작과 연주를 결합시킨 이런 능력은 내가 교육을 논할 때 항상 강조하는 부분이다. 이론과 실습은 별개의 세계가 아니며 역사는 바흐처럼 두 가지를 쉽게 결합한 천재의 사례를 많이 제공한다.

사교성과 권위에 대한 존중은 완전히 다른 문제다. 천재는 갈등을 일으키고 반사회적이며 반항적이고 계급, 관습, 현상 유지에 저항하는 것으로 자주 묘사된다.

바흐는 이와 관련된 흥미로운 사례다. 그는 한편으로는 가족에게 물려받은 루터교 전통을 충실히 따르는 신앙심 깊은 사람이었지만 동시에 일을 하는 내내 대부분의 고용주와 갈등을 겪었다. 5년 만에 직장을 세 번이나 바꾸었고 급여가 적다고 자주 불평했다. 권위를 존중하는 태도를 보였지만 본인이 착취당하고 있다고 느낄 때는 거리낌 없이 자기 입장을 옹호했다.

바흐를 게으르거나 근면성이 부족하다고 말하는 사람은 거의 없다. 그는 역사상 가장 많은 곡을 발표한 작곡가 중 한 명이며 독창적이고 작곡 능력이 탁월하다. 하지만 한 궁정 고문은 바흐가 가끔 아무 말 없이 사라지는 경향이 있다고 지적했다. 자기가 배우고 싶어 하던 유명한 오르가니스트를 만나려고 자리를 비운 뒤로는 "일할 생각이 거의 없어 보였다." 이 궁정 고문은 "그는 무슨 일이 생긴 건지 설명할 준비도 되어 있지 않았다"라고 덧붙였다. 다른 동시대 사람들도 바흐는 본인이 옳다고 느꼈을 때는 설명을 거부했다고 말했다. 한번은 고용주와의 분쟁 때문에 40일간 가택연금을 선고받은 일도 있다.

아래에 요점을 몇 가지 정리해 두었지만, 바흐를 이해하고 그의 진가를 깨닫는 가장 좋은 방법은 그가 만든 음악을 직접 들어보는 것이라고 말하고 싶다.

- 외부와 단절된 상태에서는 혁신이 일어나지 않는다. 천재는 가족, 어린 시절의 학습, 교육 등이 복합적으로 뒤섞인 상황이 필요하다.
- 외부적으로든 내부적으로든 규율과 필연성은 우리를 새로운 수준과 창의력과 더욱 크고 혁신적인 결과물로 이끌어준다. 의무나 책임을 통해 재능을 발휘한 천재가 매우 많다.
- 다른 인재들도 다 그렇지만 천재를 관리하는 데는 특별한 어려움이 따른다. 천재는 평등 의식이 고도로 발달되어 있고 대부분 본인의 능력을 인지하고 있기 때문에 천재와 함께 일하려면 인정, 칭찬, 보상이 필요하다. 새로운 재능 개발과 훈련 방법을 만들 때 천재는 지식에 대한 끝없는 갈망을 품는 경향이 있다.

빡빡한 마감 일정과 외부 압력 때문에 고생한 현대의 천재 토머스 에디슨은 다음과 같은 유명한 말을 남겼다. "천재는 1퍼센트의 영감과 99퍼센트의 땀으로 이루어진다."[48] 때로는 다른 사람이 채찍을 휘둘러야만 땀을 흘릴 수 있다.

5

진정한 리더는 오직
자기가 옳을 때만 논쟁에서 이긴다

가끔 전략 수업에서 비즈니스 사례를 논의할 때, 어떤 상황에서 올바른 결정이 무엇인지 물어보는 학생이 있다. 이 질문은 모든 비즈니스 시나리오에 올바른 결정이 존재할 것이라고 잘못 가정하고 던진 질문이다.

내가 최선의 해결책은 주주 가치, 이해관계자들의 상호작용, 기회 같은 다양한 요인에 따라 달라진다고 대답해도 모든 사람이 만족하는 건 아니다. 일부 학생들은 전략 사례 연구를 위한 교사용 가이드에 그럴듯한 해결책이 나와 있다는 사실을 알고, 많은 경우 그 결과도 이미 알고 있지만, 특정한 답변이 불확실성을 제거할 것이라는 기대를 품는 경우가 종종 있다.

이럴 때 나는 전략적인 문제나 일반적으로 복잡한 비즈니스 문제와 관련해서는 '올바른' 답보다 '가장 합리적인' 답을 찾는 편이 낫다고 설명한다. 게다가 전략가들의 말에 따르면, 80퍼센트 정도 되는 결정 성공률은 전략 그 자체가 아니라 결정을 실행하는 방식에 달려 있다.[49] 그리고 운도 중요한 역할을 한다.

예로부터 교사는 학생들에게 권위 있는 답변을 제공할 것이라고 기대되어왔다. 하지만 인터넷이 등장하면서 게임 규칙이 바뀌었다. 일례로 어떤 회사의 최신 정보를 나보다 학생들이 더 잘 아는 경우도 있고, 그 회사에서 일한 경험이 있는 학생들이 내부자의 독특한 통찰을 제공할 수도 있다. 이제 교사의 역할은 학습 코디네이터로 바뀌었다. 때로는 지혜를 전달하는 목소리 역할을 수행하면서 올바른 것의 기준점을 제시하기도 한다. 또 어떤 때에는 소크라테스가 학생들과 대화를 나누면서 그랬던 것처럼, 토론을 감독하면서 그 수업에서 가장 좋은 아이디어를 추출해내는 것도 좋은 방법이다.

기업에서도 이런 과정이 진행되곤 한다. 개인적으로 나는 "사장은 항상 옳다"라는 유명한 말에 동의하지 않으며, 나 같은 사람들이 많을 것이다. 하지만 상당수의 경영자는 회의나 프레젠테이션에서 자기가 말한 내용이 남들 의견보다 우선시되어야 한다고, 어쨌든 자기 생각이 옳다고 여기는 것 같다. 이런 경향은 실수를 저지르는 것을 두려워하는 마음에서 비롯되며 이 때문에 불안에 떤다. 모든 상황에서 최선의 판단을 내리지 못하면 리더십이 위태로워진다고 여기는 것이다.

하지만 교사와 마찬가지로 상사도 모든 상황을 모든 각도에서 확인하여 답을 알아낼 수 있다고 기대할 이유는 없다. 게다가 리더의 덕목 중 가장 높이 평가받는 미덕 하나는 결정을 내리기 전에 다른 사람의 생각을 경청하는 능력이다.

일부 관리자들이 보유하고 있다고 여기고 일부 겁쟁이 부하 직원이 기꺼이 따라가는 '지속적인 확실성'은 잘못된 관리 방식이자 의사결정 시스템이다. 그건 팀워크의 모든 이점을 망가뜨리고 집단사고를 유발하며 혁신을 억제한다.

쇼펜하우어는 『논쟁에서 이기는 38가지 방법Eristic Dialectics: The Art of Winning an Argument』에서 파fas와 네파nefas, 즉 공정성과 불공정성의 개념을 탐구한다.[50] 또 레흐트 하벤recht haben, 즉 옳은 것과 레흐트 베할텐 recht behalten을 구별했는데 이는 논쟁에서 이기는 것으로 번역할 수 있다. 첫 번째는 객관적으로 참인 명제를 옹호하는 것이고 두 번째는 명제가 참이든 아니든 수용 가능하든 아니든 상관없이 의견을 강요하는 것이다.

이 신랄한 논문은 토론에서 이기기 위해 사용할 수 있는 38가지 전략을 제시한다. 쇼펜하우어는 수 세기 동안 수사학에서 사용한 고전적인 주장 외에도 논쟁의 기본적인 가정에 의문을 제기하는 선결문제 요구의 허위petitio principii 같은 정당한 변증법적 지략, 인신공격성 논쟁(상대방의 생각이 아닌 성격을 공격하는 것)처럼 명백하게 비논리적인 지략, 심지어 상대방의 평정심을 무너뜨리려고 무례하게 행동하는 것 등 다양한 전략을 알려준다.

많은 정치인들이 쇼펜하우어의 조언을 받아들인 듯하지만, 기업의 경영진 회의는 다른 규칙의 지배를 받는다(물론 가끔은 이런 변증법적 장치가 사용되는 모임도 있지만). 일례로 몇 년 전에 경영대학원 인가를 논의하는 이사회 구성원이었을 때, 동료 한 명이 내가 예전에 했던 주장을 보다 세련되고 설득력 있게 체계적으로 재현하면서 내 이름은 언급하지 않는 걸 보고 놀랐다. 당신도 이런 관행에 익숙할 텐데, 소위 동료라고 하는 몇몇 사람들 사이에서는 드문 일이 아니다.

하지만 여기서 우리가 관심 있는 사안은 논쟁 자체를 이기는 것이 아니라 리더십과 추론의 관계를 이해하는 것이다. 다시 말해, 단순히 상사라는 이유만으로 논쟁에서 여길 수 있는 상황은 어떤 상황일까?

(1) 때로는 자신의 의지를 강요하는 것이 올바른 방법일 수 있다

칼 E. 웨익Karl E. Weick이 리더십과 전략의 어려움을 설명할 때 자주 예로 드는 이야기 하나는 분명 사실이고 이 책의 다른 부분에서도 언급되었다.[51] 스위스 경찰 부대가 눈보라가 몰아치는 산속에서 길을 잃었다. 다들 죽을 거라고 생각했지만 소대원 한 명이 배낭에서 지도를 꺼냈고 중위는 이 지도를 이용해서 마을을 찾았다. 안전해진 뒤에 다시 지도를 살펴본 대위는 그것이 알프스 산맥 지도가 아니라 피레네 산맥 지도라는 것을 깨달았다. 이 에피소드의 교훈은 지도가 침착함을 유지하면서 자신 있게 한 방향으로 움직이는 데 도움이 되었다는 것이다. 이런 상황에서는 어떤 지도든 상관없을 것이다(물론 운도 따라야 하지만).

마찬가지로 위기 상황에서는 리더의 판단이 이상적이지 않거나 잘못된 것처럼 보여도 그 판단을 우선시해야 한다는 결론을 내릴 수 있다.

예를 들어, 지난 2년의 팬데믹 기간 동안 많은 기업의 경영진이 결과를 충분히 고민하지도 않은 채 독단적으로 결정을 내리는 위태로운 상황을 경험했다. 이런 상황에서는 진정한 리더십이 시험대에 오르므로 누군가가 지휘봉을 잡고 방향을 정하도록 조직에 자신감을 심어줘야 한다. 우선적으로 선택한 판단이 옳지 않더라도 신속하고 일치된 행동을 통해 피해를 최소화하고 소통을 강조할 수 있다.

(2) 판단 보류가 더 나을 때도 있다

경영자들은 본인이 의제를 통제하지 못하거나 참석한 이들을 마음대로 하지 못하는 대규모 세션보다는 소규모 그룹과의 회의에서 편안함을 느낀다고 고백한다. 이는 당연한 일이다. 회의를 주재하려면 사람들을 통제하면서 무질서와 달갑지 않게 허를 찔리는 일을 피해야 하는데 이런 일은 대규모 그룹에서 발생할 가능성이 더 크다.

하지만 조직을 이끌다 보면 대규모 회의를 조화롭게 진행해야 하는 경우도 종종 생기는데, 이런 자리에서는 예상치 못한 사건이 발생하기도 하고 참석자들은 정중한 태도로 자기 의견을 자유롭게 발표할 수 있기를 바란다.

대부분의 회사, 특히 혁신적인 기업에서는 많은 경영진이 모여 전략을 논의하고 환경을 분석하고 브레인스토밍이나 특정 문제를 해결하기 위한 회의를 연다. 일례로 스티브 잡스는 애플에서 리더의 자리를 굳힌 뒤 종종 2시간 이상 이어지는 긴 회의를 열곤 했는데, 여기에는 50명 이상의 임원이 참석해서 다양한 문제를 논의했다.[52]

어떤 사람들은 이런 자리를 시간 낭비라고 여긴다. 회의는 가능한 한 짧은 시간 안에 정해진 의제만 논의해야 하고 구체적인 결정에 집중하면서 본론에서 벗어난 여담은 피해야 한다는 것이다. 하지만 이런 대규모 회의의 장점은 의견 통합을 용이하게 하고, 혁신을 촉진하며, 인재를 식별하는 데 도움이 되고, 이를 아이디어를 공식화하는 자리로 만들 경우 CEO와 경영진의 리더십 강화에 기여할 수 있다는 것이다.

이런 상황에서는 경영진이 자기 의지를 강요하는 것을 피하고 대신 정보를 주고받으면서 대안적인 견해를 내놓도록 장려해야 한다. 전략 강의에서 교수가 학생에게 특정 주제에 대한 생각을 직접 물어보는 것처럼, 경영진도 동료 직원들이 토론에 참가해서 특정 주제에 대한 의견을 제시하도록 하고 전문가가 자기 통찰력을 발휘할 기회를 주면서 동시에 모든 사람이 미래 상황을 추측할 수 있는 회의를 조직하는 것이 좋다.

이를 고려하면서, 옳은 것과 효율적인 것 사이에서 이상적인 균형을 찾기 위해 동료들의 판단을 구하는 요령을 몇 가지 소개한다.

- 경청하고 질문하는 능력은 중요한 리더십 미덕이라는 사실을 기억하자. 전략 강좌 첫 번째 수업에서 학생들에게 이상적인 CEO가 지녀야 할 자질이 무엇인지 물었을 때 그들이 가장 강조하는 것이 경청 능력이다. 아마 그들은 회사를 다니면서 경청 능력이 결여된 CEO를 이미 겪어봤기 때문일 것이다.
- 리더에게는 "남을 이기는" 것보다 객관적으로 옳은 것이 더 중요

하다. 시간이 지나면 어떤 결정이 옳았는지 반드시 드러날 것이다. 그러나 위기 상황에서는 리더의 논리가 우세해야 한다.

- 헨리 민츠버그Henry Mintzberg가 지적한 것처럼 경영진이 하는 업무의 상당 부분이 회의에서 이루어지므로 올바른 결정을 내려 불명예를 피하는 가장 좋은 방법은 의제를 제대로 준비하는 것이다. 즉흥적으로 하면 역효과가 날 수 있다.[53]

경험에서 우러난 직관은 판단을 내리는 데 훌륭한 근거가 된다. 그러나 헤라클레이토스의 말처럼, "세상에 변화 외에 불변하는 것은 없으니"[54] 젊은 동료가 새롭고 혁신적이고 반직관적인 주장을 내놓을 때는 잠시 직관을 보류하는 것도 좋다.

마지막으로, 리더십은 장기적으로 발휘해야 하는 것이며 자신의 경력을 전체적으로 살펴보면 성공뿐만 아니라 실패도 있다는 점을 명심해야 한다. 이는 우리가 인식하는 것보다 더 자연스럽고 빈번하게 발생하는 일이다. 인간은 누구나 실수를 저지르며 거기서 교훈을 얻는다면 매우 좋은 일이다.

6
솔직히 말해서 성공은 대부분 예외적인 일이다

복권을 사본 적이 있는가? 사본 적이 있더라도 아마 당첨된 적은 없을 가능성이 크다. 통계상으로도 그렇고 운을 따져봐도 마찬가지다. 일 년에 한 번 복권을 사는 사람은 더 적은 상금을 따게 될 것이다. 하지만 복권은 희망에 대한 세금 같은 것이다. 다들 내심 거액의 당첨금을 꿈꾸고, 당첨되지 못하면 속았다거나 운이 없다고 느낀다.

이는 직업 생활에 거는 기대의 경우에도 마찬가지다.

내가 말하는 건 논리적으로 그런 기대를 정당화할 객관적인 이유가 없는 경우, 즉 업무 성과가 좋지 않거나 게으르거나 일에 무관심한 경우를 말한다. 심한 인지 부조화를 겪는 사람이 아니라면, 그러니까 자기 행동을 평가하는 데 객관성이 부족한 사람이 아니라면 상황이 이렇게 침체된 것은 어느 정도 본인 책임이라는 사실을 안다.

최근 한 친구는 이런 상황을 가리켜 '자기 책임이 있는 실패'라고 불렀다. 다음 날 수업을 해야 하는데 밤늦도록 자지 않는 바람에 수업 진행에 차질이 생겼다면 그건 대부분 자기 책임이라는 것이다.

반대로 우리 잘못이 전혀 없는데 실패하는 경우도 있다. 일자리를 잃거나, 승진에서 제외되거나, 경쟁자에게 지거나, 사업 아이디어가 난관에 부딪치는 경우 등이다.

이런 상황은 '자기 책임이 있는 실패'가 아니므로 그냥 성공과 반대되는 개념의 실패라고만 부른다.

학생들이 이와 비슷한 좌절을 겪었을 때 종종 들려주는 개인적인 일화가 있다. 몇 년 전, MBA를 마친 나는 이전에 박사 과정에서 진행했던 연구를 확장하기 위해 하버드 경영대학원HBS에서 경영학 박사 학위를 취득하고 싶었다. 그래서 지원서를 준비하고 GMAT 점수를 대폭 높이고 당시 HBS 부교수였던 지인에게 연락했더니 친절하게도 박사 과정 책임자와의 면접을 주선해주었다. 모든 일이 착착 진행되는 듯했다. 면접 당일, 지인을 만나려고 제시간에 솔저스 필드에 도착했는데 캠퍼스를 가로질러 가다가 약속을 잡은 박사 과정 책임자와 마주쳤다. 그는 자기소개를 하더니 퉁명스럽게 말했다. "한 시간 전에 사무실에서 당신을 기다리고 있었습니다. 유감스럽지만 지금은 시간이 없군요." 내 지인이 실수로 내게 한 시간 늦게 오라고 했다는 사실이 밝혀졌다. 당연한 일이지만 나는 HBS 박사 과정에 입학하지 못했다.

내가 제시간에 도착했다면 무슨 일이 일어났을지 추측하는 건 사후 가정일 뿐이고 시간 낭비에 불과하다. HBS에 합격했다면 내 경력과 개인적인 삶이 크게 달라졌을 것이고 어쩌면 지금처럼 행복하지 않았을지도 모른다. 틀림없이 IE 경영대학원 학장이 되지 못했을 테고, 지금 다른 어떤 학문적 경력과도 바꾸고 싶지 않은 매혹적인 경험인 IE 대학의 초대 총장도 되지 못했을 것이다.

이 이야기를 들은 학생들은 세상 모든 사람이 우연의 변덕에 휘둘리고, 자기 잘못이 아닌데도 일이 계획대로 진행되지 않는 경우가 많다는 것을 깨닫고 약간 위로를 받는다.

조 모란Joe Moran도 『실패를 겪어야만 한다면If You Should Fail』에서 비슷한 예시를 들면서 대부분의 사람들은 목표를 달성하지 못한다고 설명한다.[55] 이런 조직적인 실패는 인간 활동의 정상적인 일부분이므로 이 때문에 우울해할 필요는 없다. 살면서 실패를 겪거나 야망을 이루지 못하는 건 당연한 일이다. 모란은 연극과 뮤지컬, 문학계의 사례를 언급하면서 예산 제약이나 애초에 작품이 별로 좋지 않았던 탓에 처음 제작할 때 의도했던 목표를 달성하지 못한 예를 보여준다. 그는 "우리는 프루스트가 아니다"라고 말하면서 그 비범한 프랑스 작가처럼 성공을 거두는 건 예외적인 일이라고 지적한다.[56] 실제로 많은 작가와 예술가는 죽은 뒤에야 인정을 받는다. 대표적인 예가 인상파 화가 빈센트 반 고흐다. 그는 매우 빈곤한 상태로 숨을 거뒀지만 오늘날에는 그의 작품이 기록적인 가격에 팔리고 있다.[57]

중요한 건 직업적인 실패, 즉 처음에 이루고자 했던 목표를 달성하지 못한 상황에서 극적인 요소를 배제하는 것이다. 사실 꿈은 신기루인 경우가 많으며, 꿈의 가장 유용한 용도는 좀 더 만족스러운 성취에 도달하도록 안내하는 로드맵 역할을 하는 것이다. 게다가 우리는 항상 일시적인 관점에서 업적을 평가하고, 본인이 세운 계획의 대안을 잘 모르며, 나이가 들면 대부분 본인의 성과를 평가하는 기준을 바꾼다.

모란은 개인적인 발전으로 이어질 수 있는 문학적 창의성을 언급하면서 이렇게 설명했다.

창의성의 열매는 비동기적이고 비대칭적이며 부재자와 아직 태어나지 않은 자와의 대화가 중단된 것이다. 우리가 할 수 있는 일은, 떼 지어 움직이는 찌르레기나 물고기처럼 우리의 외로운 창조 행위가 다른 이들과 조화를 이루어 언젠가 세상의 축적된 아름다움과 지혜에 기여할 것이라는 믿음을 유지하는 것이다. 모든 창조 행위는 인간의 삶이 자아내는 영원한 교향곡과 합쳐진다. 실패는 오케스트라에서 우리 자리를 차지하기 위해 치르는 대가다. [58]

모란의 접근 방식은 몇 년 전에 실패를 활용해 개인적인 발전을 도모하는 방안을 논한 경영 문헌의 내용과 유사하다. 2011년에 나온 《하버드 비즈니스 리뷰Harvard Business Review》 모음집도 그중 하나다. [59] 이 운동의 모토를 공식화하면 '실패는 성공의 디딤돌' 혹은 '실패는 성공의 건너편'이라고 표현할 수 있다. 이 방식은 긍정적인 태도를 바탕으로 경영자가 다시 주도권을 잡고 좌절을 겪은 뒤에도 스스로 회복하며 절대 포기하지 않도록 동기를 부여하는 것을 목표로 한다. "기업가는 끊임없이 실패를 겪게 마련이다"라는 말만 봐도 훌륭한 아이디어가 성공적으로 실행되는 일이 얼마나 적은지 알 수 있다.[60]

그래서 실패했다고 느낄 때 찾아오는 우울감을 극복하는 데 도움이 되는 조언을 몇 가지 기억해두는 것이 좋다.

첫째, 승리와 실패를 균형 잡힌 시각으로 봐야 한다. 개인적 발전과 직업상의 경력은 단거리 경주가 아니라 마라톤 같다. 젊은 배우나 가수가 성장하면서 탈선하는 일이 종종 있는 것처럼, 이른 성공이 재능을 망치는 경우가 있다. 또 자신의 발명품과 스타트업을 수익화하는 데 집착하는 일부 젊은 기업가는 더 큰 보상을 보지 못한다. 20년이 지난 뒤에 자기 삶을 되돌아보면, 이런 성공과 실패의 대조적인 모습이 본인의 경험에 깊이와 부피, 차별성을 안겨준 것을 깨달을 수 있다.

둘째, 특히 개인적인 책임이 없는 좌절에 직면했을 때는 죄책감을 무시하는 게 좋다. 복권의 비유를 기억하자. 당첨되지 않은 건 우리 잘못이 아니며 당첨되지 않아도 죄책감을 느끼지 않는다. 수많은 무작위적 요소가 최종 결과에 영향을 미치는 건 우리 인생도 마찬가지다.

'자기 책임이 있는 실패'를 제외하면 불행이나 좌절에 직면했을 때 죄책감을 느낄 이유는 없다. 질병은 죄악의 결과물이라고 주장한 성 토마스 아퀴나스와 같은 종교적 정서에 빠지기 쉬운 사람이 아니라면 말이다.[61] 과학은 이 주장이 사실이 아니라는 것을 증명했지만 명확한 증거에 저항하는 사람들도 있다.

정신분석의 아버지인 지그문트 프로이트는 어린 시절에 부모와 관련해서 겪은 에피소드와 죄책감을 연관시켰다.[62] 그러니 원한다면 일이 잘못됐을 때 부모님을 비난해도 좋다…….

하지만 중요한 건 의도치 않은 실패에 책임을 지지 않아도 된다는 생각을 내면화하는 것이다.

세 번째로 우리가 각자 다른 삶을 살아간다고 가정하는 것인데, 나는 이를 '혼합된 삶'이라고 부른다. 같은 시간대에 살고 있어도 그 모습은 다양할 수 있고 천재나 사상가의 경우에는 종종 서로 모순되기도 한다. 우리는 살아가면서 계획, 직업, 목표, 심지어 개인적인 관계까지 바꾼다. 이런 현실을 바탕삼아 실패를 상대적으로 취급할 수 있다.

넷째, 좌절을 게임의 일부로 받아들이는 정신적 근육을 개발해야 한다. 가장 좋은 방법은 절망을 빨리 떨쳐내는 것이다. 무엇이 기분을 바꿔주고 평온함을 되찾게 해주는지 생각해보자. 친구나 가족과 시간을 보내거나 책을 읽거나 기분 좋은 영화나 TV 프로그램을 보는 것일 수도 있다. 실패나 패배를 극복하고 승리를 거둔 위대한 운동선수에게서 방법을 배울 수도 있다.

마지막으로, 철학과 호머의 『오디세이』 같은 문학 작품이 수 세기 동안 가르쳐준 것처럼 인생에서 중요한 건 목표가 아니라 여정이라는 사실을 결코 잊지 말아야 한다.

"도박 운이 없는 사람이 사랑 운은 좋다"[63]라는 옛말이 있는데 이게 위안이 될지는 모르겠다. 개인적으로는 '승리와 재앙은 모두 사기꾼'이라는 러디어드 키플링Rudyard Kipling의 시에 나오는 유명한 구절이 더 유용한 듯하다.[64]

7
가끔 사기꾼 같은 기분이 드는 게 당연한 이유

당신은 어느 순간 나는 그 일을 할 자격이 없다는 의구심, 사기꾼이 된 듯한 기분, 조만간 동료들이 알아차릴 것이라는 두려움 등을 느끼는 가면증후군에 시달릴 수 있다. 이런 현상은 학자들 사이에서도 매우 흔하고, 계속해서 변화와 혁신이 거듭되는 경쟁이 치열한 분야의 전문가들 사이에서도 나타난다.

난니 모레티Nani Moretti의 영화 〈우리에겐 교황이 있다We Have a Pope〉에서는 이런 괴로운 상황을 멋지게 파헤친다.[65] 영화는 교황을 선출하는 콘클라베에서부터 시작되는데, 전통적으로 새로운 교황이 지상에서 신의 최고 권위를 상징하는 화려한 옷으로 갈아입는 동안 추기경단은 성 베드로 대성당의 발코니에서 발표를 준비한다. 하지만 마지막 순간, 운집한 군중 앞에 서 있는 상황에서 자기가 임명된 자리의 무게와 책임감에 압도된 나머지 절망적인 외침을 내지르면서 바티칸 복도를 달려 도망친다.

이후 영화가 어떻게 전개되는지 밝히지는 않겠지만, 내가 그런 입장에 처한다면 어떻게 할지 궁금해졌다. 아무리 대중의 지지를 받더라도 종신 임명직에는 수많은 요구사항이 뒤따르고 항상 주어진 임무를 수행해야 하는 어려움이 있다. 그리고 전임 교황 베네딕토 16세의 퇴위 결정에서도 알 수 있듯이 때로는 심각한 시련이 되기도 한다.

비즈니스 전문가 중에도 이와 비슷한 어려움을 겪거나 본인이 준비가 안 됐다고 생각되는 책임을 맡는 것을 불안해하는 이들이 많다.

그래도 걱정할 필요 없다. 이는 대부분의 직업인이 겪어봤을 정도로 널리 퍼진 현상인데, 좋은 소식은 대부분 이를 극복했다는 것이다.

가면증후군과 비슷한 예로 로렌스 J. 피터Laurence J. Peter라는 캐나다 학자가 만든 '피터의 법칙Peter Principle'[66]이라는 것이 있다. 이에 따르면 조직에 속한 사람들은 "무능력의 최대 한계"까지 승진한다고 한다. 그래서 시간이 지나면 대부분의 고위직은 무능한 사람들로 채워지고 실제 업무는 아직 무능력 수준이 높지 않은 하위 직급 사람들이 한다.

또 무능한 사람은 본인의 능력을 과대평가하는 반면 유능한 사람은 본인 능력을 과소평가하는 인지편향인 더닝-크루거Dunning-Kruger 효과[67]라는 것도 있는데 아마 익숙한 얘기일 것이다.

하지만 한 가지 분명히 해두자면, 겸손을 열등감과 혼동해서는 안 된다. 겸손은 자신의 한계를 인식하고 여전히 배울 게 많다는 사실을 인정하는 것이다. 새로운 근거를 고려해 개인적인 신념을 수정하고 본인이 틀릴 수 있다는 걸 받아들이는 것이다. 겸손은 모든 학습 과정의 시작점이다. 교육은 평생의 과제이고 지식은 우리가 끝없이 추구해야 하는 대상임을 인식해야 한다.

사실 가장 지적인 사람들은 대부분 겸손하다. 플라톤이 스승의 재판에 관한 이야기를 담은 『소크라테스의 변명Apology of Socrates』에서 소크라테스는 무지를 철학자의 특징적인 태도이자 지혜로 이어지는 길의 시작점으로 인식해야 한다고 호소한다. "나는 내가 아무것도 모른다는 사실만 안다"[68]라는 소크라테스의 단언은 결국 그가 사형선고를 받도록 한 고발자들의 주장보다 훨씬 설득력이 있다.

겸손은 차분하고 자신감 있는 태도를 수반하는데, 이는 무대책과 수동성을 의미하는 게 아니라 완전히 적극적인 태도다. 이는 당면한 문제와 상황에 대한 아이디어와 해결책을 꿋꿋이 찾아가는 것을 의미한다.

이와 달리 근거 없는 불안감과 무능하다는 기분 때문에 생기는 열등감은 가면증후군의 바탕이 된다. 어떻게 해야 극복할 수 있을까?

• 우선 실패했다거나 기대에 미치지 못했다는 기분이 생각보다 훨씬 흔한 감정이라는 사실을 알면 위로가 될 수 있다. 한 연구에 따르면 경영자의 70퍼센트는 자기 능력이 부족하다고 느낀다고 한다.

공개적으로 인정하지 않을 수도 있지만 많은 CEO가 자기 코치에게 이런 감정을 털어놓는다. 사실 고위 경영진을 코칭할 때 가장 일반적으로 쓰는 방법 중 하나가 그들의 말을 경청하면서 자신감을 심어주고, 힘든 일에 접근할 때 올바른 관점을 갖도록 격려하며, 우려되는 일을 처리할 수 있는 잠재적인 해결책을 찾도록 돕는 것이다.

시간과 경험은 당연히 문제를 평가하고 우선순위를 정하는 데 도움이 된다. 그러나 이전에 했던 일과 많이 다른 새로운 역할을 맡게 되거나 낯선 환경에서 낯선 사람과 일해야 하는 경우 실패에 대한 두려움이 다시 불거질 수 있다. 이런 상황에서는 "두려움 외에는 두려워할 것이 없다"라는 유명한 격언을 되뇌는 것이 좋다.

그래도 힘든 상황에서는 어느 정도 두려움을 느끼는 것이 바람직하다. 그래야 새로운 직업적 도전을 진지하게 받아들이고 더닝-크루거효과에서 전형적으로 나타나는 지나친 자신감을 피할 수 있다. 두려움이 없으면 무모함이 생기지만 두려움을 제대로 평가하면 최상의 용기를 발휘하게 된다.

• 둘째, 자신이 아닌 다른 사람이 되려고 하지 말자. 시간이 지날수록 성찰을 통해 자신을 잘 알게 되면 자신의 일부분인 한계를 받아들이는 법도 배우게 된다. 지속적인 개선에 대한 건전한 열망을 품으면 몇몇 결함을 다듬고 극복할 수 있으므로 이는 순응주의와는 다르다.

이상한 일이지만 직장 동료나 상사, 부하 직원 등 주변의 친구와 지인들이 우리의 강점과 약점을 우리 자신보다 잘 아는 경우가 많다. 따라서 그들이 우리에게 어떤 책임을 맡기거나 특정한 직책에 임명하는 것은 우리의 역량을 평가한 뒤 객관적으로 그렇게 하는 것이므로, 이 사실을 알고 있으면 위안이 된다. 이를 명심하면 가면증후군을 물리치는 데 도움이 될 것이다.

• 셋째, 앤디 몰린스키Andy Molinsky가 『하버드 비즈니스스쿨 인간관계론 강의Reach』라는 책에서 권장한 것처럼 자신을 평생 학습자로 바라보는 태도는 매우 긍정적이고 스트레스를 줄여준다.[69] 초보자의 사고방식, 다시 말해 지속적인 교육과 학습을 받고 시행착오를 겪으면서 나아갈 여유가 있는 사람의 사고방식을 받아들이면 큰 도움이 된다.

미시경제학에서는 '경험 곡선'을 이용해서 시간이 지남에 따라 제조 및 서비스 비용이 어떻게 감소하는지 설명한다.[70] 경영 직책이나 다른 책임 있는 자리의 성과에도 이와 동일한 현상을 적용할 수 있다.

다른 사람들과의 개인적인 관계를 돈독히 유지하고 유머감각을 키워야 한다. 남에게 좋은 사람이 되는 것은 타인이 내리는 판단의 중요성을 줄이고 가면증후군을 피하는 가장 좋은 방법 중 하나다. 동료들을 빠른 시간 안에 깊이 알게 될수록 이런 콤플렉스를 빨리 극복할 수 있다.

결론적으로, 신경학적인 관점에서 볼 때 가면증후군은 우리의 개인적, 직업적 발전을 방해하는 인지편향일 뿐이다. 이는 본인의 안락지대에서 벗어나 성과를 개선하거나 능력을 펼칠 수 있는 보다 매력적인 분야 또는 나라로 옮기는 데 큰 장애물이 된다. 겸손한 태도로 자신을 돌아보지 않고 가면증후군에 굴복하면 스스로에게 실망감을 주고 선한 일을 할 수 있는 잠재력도 훼손된다. "너 자신을 알라"라는 소크라테스의 말이 옳다.[71]

8
기억되고 싶은가, 잊히고 싶은가

    대학 졸업식의 하이라이트라면 뭐니 해도 학생들에게 졸업장을 수여하는 순간일 것이다. 수년간 이런 축하행사를 이끌어온 나는 학생들이 지난 몇 년간 열심히 노력한 것에 대한 가시적인 증거를 받았을 때 느끼는 에너지와 특별한 느낌, 안도감에 대해 증언할 수 있다. 내가 일하는 대학에는 136개 국가 이상에서 온 학생들이 다니기 때문에 졸업생들 이름을 제대로 읽는 것이 사회자의 과제 중 하나다. 독일어, 아랍어, 중국어, 스페인어, 터키어, 나이지리아어 이름을 비롯한 수많은 이름을 올바르게 발음하려면 언어 능력도 필요하고 무엇보다 미리 착실하게 준비해야 한다. 한두 번의 실수는 넘어갈 수 있지만 사회자가 이름을 읽으면서 계속 실수를 저지르면 상황이 급격하게 당혹스러워진다.

　당신의 이름은 발음하기 쉽고 기억하기도 쉬운가? 많은 이들이 볼 때
내 이름은 그렇지 않다. 라틴어에서 유래한 산티아고라는 이름은 비교
적 받아들이기 쉽고, 누군가 발음을 물어보면 "칠레 수도와 같다"라고
말하면 된다. 하지만 eñes라는 독특한 스페인어 문자가 두 개 들어간
이녜스 데 온조뇨Iñiguez de Onzoño라는 성은 발음하기가 어렵다. 이녜스
는 아버지 이름을 따서 지은 것으로 이니고Iñigo의 아들이라는 뜻이고,
온조뇨는 우리 가족의 기원을 나타낸다. 온조뇨는 스페인 바스크 지방
의 알라바 주와 비스카야 주 경계에 있는 지역이다. 어릴 때는 내 이름
이 자랑스러웠지만 시간이 흘러 해외에서 경력을 쌓는 동안 길고 발음
하기 어려운 성씨의 어려움을 이해하게 되었다. 컨퍼런스에서 내 소개
를 할 때는 사람들의 노력을 바로잡지 않고 받아들이는 법을 배웠다.
때로는 성을 줄여서 eñe를 제외한 앞부분만 사용하기도 한다Iniguez. 가
끔 탑승권과 입국 신고서, 그리고 최근 발급받은 백신 접종 증명서의
경우에도 성이 길어서 어려움을 겪었다.

　우리 집안의 다른 친척들 중에도 별나고 특이한 이름을 가진 사람들
이 있다. 예를 들어, 대학에서 중세 역사를 가르쳤던 외증조부는 자녀
들에게 서고트족 왕들의 이름을 지어줬다. 우리 외할아버지의 이름은
세기스문도였고 형제들의 이름은 레오비질도와 테오도리코였다. 늘
그렇듯이 구어체 언어에서는 말 줄이기 관행이 만연하므로 평소에는
세기스, 레오, 테오라고 불렀다. 이건 문화권와 언어에 관계없이 널리
퍼진 관행이다.

가끔 소셜네트워크에서 잠재적 독자와 팔로워들이 내 기묘한 이름 때문에 나를 멀리하는 건 아닐까 궁금하다. 인지심리학계의 연구에 따르면 내 우려가 근거 없는 게 아닐 수도 있다고 한다.

1948년에 하버드 대학의 교수 두 명이 학생 이름과 학업 성취도 사이에 상관관계가 있는지 알아보기 위한 연구를 진행했다. 연구 결과, 실제로 이름이 짧고 쉬운 학생(마이크)이 이름이 긴 학생보다 평균적으로 좋은 성적을 받았다.[72]

이 결과는 상당히 직관적이며, 발음하기 어려운 이름을 가진 사람은 직접 겪어봤을 수도 있다. 예를 들어, 칵테일파티에 참석한 손님들이 짧고 간단한 이름을 잘 기억하는 건 당연한 일이므로 이런 사람은 다른 이들과 쉽게 어울리면서 금세 네트워크를 구축할 수 있다. 발음하기 어려운 이름의 소유자는 자기계발 노력을 통해 독자적인 관계 구축 능력을 키우는 것이 좋다. 또 자기 이름을 기억시킬 방법을 찾을 수도 있다. 내 경우 비공식적인 모임에서는 명확하게 기억에 남을 수 있도록 산티아고라고만 소개한다.

심리학에서는 익숙하거나 평범한 이름에 자연스럽게 이끌리는 현상을 '인지적 편안함'이라고 한다. 노벨 경제학상 수상자인 대니얼 카너먼은 저서 『생각에 관한 생각 Thinking Fast and Slow』에서 데이비드 스텐빌, 모니카 비구츠키, 샤나 티라나라는 세 개의 이름을 예로 들었다. 이 세 개의 이름 중 친숙하게 느껴지는 이름이 뭐냐고 물으면 카너먼은 아마 첫 번째 이름인 '스텐빌'을 선택할 것이다. "이전에 본 적이 있는 단어는 다시 봤을 때 눈에 더 잘 들어온다. 아주 잠깐 봤거나 무의미한 정보에 가려진 다른 단어보다 쉽게 식별할 수 있고, 읽는 속도도 다른 단어보다 빠르다(수백 분의 1초). 요컨대 전에 본 적이 있는 단어를 인식할 때는 인지적 편안함이 증가하여 익숙하다고 느끼게 된다."[73]

친숙하거나 매력적인 이름을 찾는 이런 경향은 할리우드에 널리 퍼진 관행에서도 알 수 있다. 할리우드에서는 미래 스타들의 이름을 독특하게 바꿔서 대중이 기억할 수 있는 특별한 정체성을 부여하는 일이 흔하다. 마가리타 칸시노Margarita Cansino와 로이 피츠제럴드Roy Fitzgerald는 에이전트가 이름을 리타 헤이워스Rita Hayworth와 록 허드슨Rock Hudson으로 바꿔주지 않았다면 성공하지 못했을지도 모른다.[74]

레인 그린Lane Greene은 『모든 언어를 꽃피게 하라You Are What You Speak』라는 재미있는 책에서 "짧은 단어가 가장 좋고, 그중에서 최고는 짧으면서 오래된 단어다"라고 한 윈스턴 처칠의 말을 인용했다. 물론 영어에서 '오래되고 짧은' 단어는 앵글로색슨어 계통인 경우가 많다.[75] 세계화의 결과 중 하나는 영어가 세계 공통어로 우위를 차지하면서 특히 짧은 앵글로색슨계 이름이 우세해졌다는 것이다.

서구에서의 직장생활이나 사회생활에 쉽게 적응하고자 하는 중국인들이 서양식 이름을 선택하는 일이 많은 것도 이런 이유 때문이다. 대부분의 중국 이름은 단음절 또는 이음절이고 인구의 20퍼센트 이상이 왕씨, 이씨, 장씨 성을 가지고 있지만,[76] 서구인들은 중국식 언어 환경에 적응하려고 노력하는 경우가 거의 없다.

다른 사람의 성을 듣고 포퓰리스트나 배타적인 국수주의자 같은 반응을 보이지 않도록 주의해야 한다. 그린은 버락 오바마가 뉴욕 브롱크스에서 태어난 히스패닉계 미국인 소니아 소토마요르Sonia Sotomayor를 연방대법관으로 지명한 후에 있었던 일화에 대해서도 얘기했다. "소니아가 연설에서 '현명한 라틴계'의 미덕을 칭찬한 적이 있다는 사실이 밝혀지자 보수파는 격노했고 많은 이들이 딱 잘라서 그를 인종차별주의자라고 불렀다. 늘 불법 이민에 대한 걱정을 늘어놓는 마크 크리코리안Mark Krikorian은 소토마요르라는 이름은 운율마저 불쾌하다면서 보수 매체인 《내셔널 리뷰National Review》지 블로그에 이렇게 썼다. '사람들이 본인 이름을 발음하는 대로 따라하는 것이 일반적이지만 여기에도 한계가 있어야 한다. 소토마요르의 마지막 음절에 강세를 두는 것은 영어에서는 부자연스러운 일이며 …… 부자연스러운 발음을 고집하는 데 굴복해서는 안 된다.'"[77]

인지적 편안함 같은 현상은 친숙함이나 공동체에 대한 소속감을 원하는 본능에 호소하는데, 이에 대응하려면 다른 문화에 대한 지식을 쌓고 세계주의적인 인식을 고취시키면서 다양성을 추구해야 한다.

그러면 이제 이름을 바꾸고 싶은가라는 질문이 대두된다.

만약 그렇다면 철학적, 형이상학적 영역으로 들어서게 된다. 결국 이름을 바꾼다는 것은 정체성 변화를 의미하며 따라서 다른 사람이 모습을 드러내게 된다. 예컨대 성별을 바꾸고자 하는 사람들도 이런 식으로 이해한다. 다양한 정체성을 갖는 문제는 존 로크부터 데렉 파핏Derek Parfitt에 이르기까지 많은 철학자들이 다루었다.[78] 로크는 현재와 과거의 경험을 연결하고 우리 삶에 의미를 부여하는 의식의 흐름이 우리를 동일한 존재로 유지시키며, 이는 다른 정체성을 택하더라도 변하지 않는다고 설명했다.

기억하기 어려운 이름을 가지고 있다면 남들 눈에 띄기 어려울 수 있으므로 사람들 기억에 남기 위해 더 많은 노력을 기울여야 한다. 하지만 그런 어려운 이름은 일단 한번 기억에 새겨지면 영원히 기억될 수도 있다. 티센-보르네미사Thyssen-Bornemisza나 록펠러, 밴더빌트 Vanderbilt 같은 이름을 생각해보라.

반면, 이름이 특이한 경우 인터넷 검색 결과나 가입한 소셜네트워크의 이름 목록에서 맨 위에 표시되는 이점이 있다. 어쨌든 친구들은 항상 당신을 기억하게 될 것이다.

어떤 경우든 사람들이 당신을 '언급할 수 없는' 존재라고 부르지 않도록 해야 한다. 그건 당신을 깊이 존중하지 않는 사람들이 있다는 사실을 나타낼 뿐이다.

3장

통찰력
-
무엇을
알 수 있을까?

자신이 일하는 환경을 이해하는 능력은 훌륭한 경영자가 지녀야 할 중요한 자질 중 하나이다. 이는 허세를 부리거나 일을 줄이기 위함이 아니라 변화하는 상황을 해석하고 이해관계자의 행동을 추측하기 위해서다. 우리는 이런 능력을 통해 상황을 진단하고 최선의 결정을 내릴 수 있다. 따라서 조직을 관리하고 사람들을 이끄는 리더에게는 관찰력을 발휘해 중요한 것을 알아차리고 세부사항을 확인해 나무와 숲을 구분하는 능력이 꼭 필요하다.

비즈니스 전략과 경영진의 의사결정에 대한 분석, 공식화, 구현에서 사용하는 합리성 패러다임은 이런 식으로 표현하는 경우가 많지만, 기본적인 가정 중 많은 부분에는 의문의 여지가 있다.

주된 이유 중 하나는 사람들은 종종 합리적이지 않은 행동을 하고 인지적 편견의 영향을 받는 결정을 내리기 때문이다. 대니얼 카너먼 같은 심리학자나 나기브 탈레브[1] 같은 경제학자는 통계적 개념을 잘 알고 정교한 지식을 가진 사람도 직관이나 과거 경험 또는 편견에 따라 결정을 내린다는 사실을 증명했다.

이 장에서는 이성이 흐려지거나 추론이 과장되는 어려움이 있어도 어떻게든 판단을 내리고 다른 사람들에게 그 판단이 옳다는 것을 납득시켜야 한다는 사실을 명심하라.

조심스러운 태도는 맥락을 이해하고, 회사를 관리하고, 사람들을 이끄는 데 바람직하지만 혁신가나 시장 교란자, 기업가는 위험을 감수하려는 의지가 높고 참을성이 없다는 특징이 있다. 그들은 항상 서두른다. 여기에서는 이런 긴장 상태를 해결하기 위해 철학자들이 제안한 방법을 몇 가지 살펴보겠다.

1
마법적 사실주의의 시대는 왜 끝나지 않을까

1518년, 당시 신성로마제국의 일부였고 현재는 프랑스 영토인 스트라스부르에서 특이한 사건이 발생했다. 그 지역에 살던 프라우 트로페아Frau Troffea라는 여성이 거리로 나가 미친 듯이 춤을 추기 시작한 것이다. 곧 다른 사람들도 그와 함께 춤을 추기 시작했고 결국 수백 명이 더 합류했다. 프라우 트로페아를 비롯한 많은 사람들이 춤을 추다가 탈진해서 죽었다. 역사적으로 기록된 이 현상은 1518년 춤 역병으로 알려져 있다. 학자들은 호밀빵에 핀 곰팡이부터 신의 개입에 이르기까지 다양한 이론을 내놓았지만 결정적인 원인을 찾지는 못했다.[2] 가장 가능성 높은 설명은 가브리엘 가르시아 마르케스나 이사벨 아옌데Isabel Allende 같은 유명 라틴 아메리카 작가의 소설에 묘사된 마법적 사

실주의의 초기 사례인 집단 히스테리의 발발이었다는 것이다.[3]

전 세계에서 수 세기에 걸쳐 비슷한 사회현상이 발생했는데, 현대에는 이런 현상이 대부분 소셜네트워크에서 발생하고 있다.

수십 년 만에 발생한 최악의 팬데믹 확산을 막기 위한 정부의 노력 때문에 봉쇄 조치를 겪은 사람들이 많다. 그 결과 우리 삶은 가상과 환상, 착각이 확실한 증거나 경험과 충돌하는 마법적 사실주의처럼 느껴졌다. 미래 세대가 우리가 겪은 일에 대해서 읽으면, 아마 우리 행동이 프라우 트로페아와 그 추종자들이 했던 이상야릇한 행동만큼이나 이해하기 어렵다고 생각할 것이다.

역설적이게도 우리 세대는 온갖 종류의 정보와 데이터에 무한정 접근할 수 있지만, 그중 무엇을 믿어야 할지 알아내는 것은 그 어느 때보다 어려워졌다.

이는 놀라운 일이 아니다. 우리는 지금도 위기에 직면하면 옛 조상들이 그랬던 것처럼 본능적으로 집단행동을 한다. 인간이라는 종은 본질적으로 사회적이기 때문에 오늘날에도 온라인상에서 서로 연결되어 답을 찾으려 하고 어떤 이론이든 믿을 준비가 되어 있다.

그러나 대답과 해결책을 찾는 과정에서 인지심리학자들이 '제한된 합리성'이라고 부르는 것을 고려할 수 있다.[4] 정보나 메시지를 처리할 때 판단의 타당성과 신뢰성은 우리의 인지적 한계와 편견, 정보의 품질과 처리 시간의 제약에 따라서 결정된다.

요컨대 이른바 합리적 기준으로만 생각하고 결정을 내리면 아마 자신을 속이게 될 것이다. 자유주의 경제학자 브라이언 캐플런Bryan Caplan

은 합리적인 비합리성이라는 개념을 이용해서 현대인의 행동을 설명했다. 일례로 최근 선거에서 드러났듯이 투표는 예측이 매우 힘들다.[5]

비판적 기술과 합리화 능력을 향상시키는 가장 좋은 균형추는 공부와 독서다. 하이브리드 형식과 유동적 학습이 대폭 성장한 덕분에 교육은 동료들의 면밀한 검토를 받으면서 아이디어를 사회화하고 공유하는 기회가 될 수 있다.

유머는 힘든 시기를 이겨내는 가장 좋은 치료제 중 하나다. 유머는 얽매인 감정을 풀어주고 좋은 기분을 유지하는 데 도움이 되며 분노와 긴장을 해소하고(특히 직장에서) 상황을 이해하기 쉽게 해준다. 지그문트 프로이트는 농담이 억압된 감정을 해소하거나 사회가 우리를 묶어놓은 매듭을 푸는 수단이라고 주장했다.[6]

반면, 비관적이고 부정적인 메시지는 사기를 떨어뜨린다. 그런 메시지를 전하는 사람은 자신의 비관론과 우울한 기분을 혼자 간직하는 편이 나을 것이다. 불확실한 시기에 유포되는 가짜뉴스도 마찬가지다.

팬데믹 시기에 경험한 어려움과 앞으로 맞닥뜨릴지 모르는 유사한 상황을 고려해, 몇 가지 제안하고 싶은 것이 있다.

• 합리적인 일과 비합리적인 일이 서로 뒤얽혀 있고 물리적 세계에서뿐만 아니라 가상세계에서도 타인과 관계를 맺고 살아가는 이 유동적인 세계에서 편안함을 느끼려고 노력해야 한다. 액체근대liquid modernity라는 개념은 폴란드 철학자 지그문트 바우만이 만들었는데, 그는 우리가 시간을 이해하는 방식이 더이상 선형적이지 않고 점묘주

의적이라고 주장했다.[7] 바우만은 현대사회의 조급함을 비판하면서 요즘 사람들은 오렌지 껍질을 벗기는 것보다 주스를 선호한다고 말했다. 또 교육은 과정이나 경로가 아니라 결과물이라는 견해에 의문을 제기했다.

나는 최근 팬데믹 기간 동안 온라인에서 동료나 친구들과 그 어느 때보다 많은 상호작용을 했다. 앞으로도 일이든 대인관계든 디지털 방식과 대면 방식이 계속 혼합될 것이다.

진화의 아버지인 찰스 다윈이 설명한 내용, 즉 가장 강하거나 큰 개체가 살아남는 게 아니라 적응능력이 가장 뛰어난 개체가 살아남는다는 사실을 이해하고 동의하기는 해도 직접 경험하지는 못한 사람들이 있다.[8] 앞에서도 설명했듯이, 우리 삶은 생각보다 마법적 사실주의 문학과 비슷하다.

• 하루에 여러 번, 심지어 가장 심각한 상황에서도 적극적으로 유머 감각을 발휘해보자. 유머는 행복의 여동생이고, 철학자들이 전부터 설명한 것처럼 인간은 특히 위기와 전염병이 닥치면 가능한 모든 기쁨의 조각을 찾으려고 애쓴다. 이 책의 마지막 부분에서는 행복에 관해 다루는데, 아리스토텔레스의 말에 따르면 행복은 대부분 사람들의 인생 목표다.[9]

가르시아 마르케스의 시대를 초월한 소설 『콜레라 시대의 사랑Love in the Time of Cholera』 마지막 부분에서, 이야기의 중심에 있는 커플은 남은 인생을 아마존강을 항해하며 보내려고 선장에게 배에 전염병 경고 깃발을 게양해달라고 부탁한다.[10] 2020년에 발발한 팬데믹에서 살아남은 우리는 배에서 내려 거의 정상적인 삶으로 돌아갔지만, 그 삶은 예전과 다르다. 우리 중 일부는 사랑하는 사람을 떠났지만 그들은 우리 기억과 꿈속에 남아 있을 테고, 마법적 사실주의 소설에서처럼 실체가 남아 있을 수도 있다. 그건 보다 인간적으로 살아가는 방법을 가르쳐주는 경험이 될 것이다.

하지만 이제 세상을 이해해야 하는 필요성에 대해 이야기해보자.

2
데이비드 흄이 비즈니스의 인과관계에 대해 알려주는 것

영화 제작은 성공비결처럼 보이던 것이 결국 재정적 재앙을 초래하게 될 수도 있는 사업 중 하나다. 좋은 각본, 뛰어난 감독, 유명 배우의 조합이 확실한 성공을 보장한다고 생각할 수도 있지만 때로는 그런 마법의 재료도 극찬이나 흥행을 보장하지 못한다. 흥행에 실패하는 작품도 많고 바로 DVD로 출시되는 경우도 있다. 영화 산업의 불안정한 특성을 감안할 때, 유명 배우들은 대부분 저예산 독립 제작물보다 안전한 옵션을 선택한다. 하지만 영화의 성공이 이런저런 스타의 출연 때문인지에 대해서는 배심원단의 의견이 엇갈린다. 2006년에 《뉴욕 타임스》의 한 기사가 지적했듯이 원인과 결과를 판단하기 어려운 경우가 많다. "스타 배우가 많이 출연한 영화가 성공한다고 해서 스타들이 반드시 티켓 판매를 늘려주는 것은 아니다. 사실은 그 반대로, 스타 쪽에서 유망하다고 생각되는 영화를 선택하는 듯하다. 그리고 제작사는 성공할 것으로 기대하는 영화에 스타를 출연시키는 것을 선호한다. ……스타가 출연하는 영화가 성공하는 것은 스타 때문이 아니라 그 스타가 사람들이 좋아하는 경향이 있는 영화를 선택하기 때문이다."[11]

인생이든 사업이든 사건의 진짜 원인을 파악할 수 있어야 한다. 그래야만 결정을 내리고 일어난 일을 되돌리거나 복제할 수 있기 때문이다. 일례로 혁신적이라고 생각했던 제품이 시장에서 통하지 않았다면 그럴듯한 변명거리를 찾으려고 하기보다 실패의 원인을 파악하려고 애쓴다. 스페인의 펠리페 2세는 1588년에 영국 정복을 위해 출정했던 무적함대가 패배했다는 소식을 듣고, "나는 자연에 맞서 싸우라고 함대를 보낸 것이 아니다"[12]라는 유명한 말을 했다. 이는 전투 중의 악천후를 언급한 것인데 정말 잘못된 변명이다.

원인과 결과는 고대부터 철학자들을 괴롭혀온 주제다. 이와 관련해 스코틀랜드 계몽주의 철학자 데이비드 흄의 저서가 유용한 지침이 될 것이라고 생각한다. 흄은 주요 저서인 『인간의 이해력에 관한 탐구An Enquiry Concerning Human Understanding』에서 모든 지식은 아이디어에 기반한 사실과 경험에 기반한 사실이라는 두 가지 범주로 나뉜다고 설명했는데 이렇게 단순화하는 방식을 '흄의 포크Hume's fork'라고 한다.[13] 전자는 연역적 접근 방식의 지배를 받는 수학적 명제 같은 추상적인 개념에 기반한다. 후자는 경험이나 관찰을 연결시켜서 그사이에 어떤 관계가 있음을 알아차렸을 때 공식화하는 판단을 의미한다. 이 두 번째 범주에는 인식이나 일상을 바탕으로 평생에 걸쳐 형성된 규칙이나 기준 같은 귀납적 판단이 포함된다. 예를 들어, "해는 매일 동쪽에서 뜬다"라는 명제는 직접적인 경험과 인식에 기반하기 때문에 본질적으로 귀납적이다. 이런 분류에 대한 흄의 결론 때문에 그는 회의주의자에 가깝다. 즉, 인과관계는 추상적인 개념을 연관시키는 연역적 판단에만 적용되고 귀납적 판단에는 적용되지 않는다는 것인데, 이와 관련해 흄이 남긴 유명한 말이 있다. '해가 매일 서쪽으로 진다는 사실을 근거로 내일도 그런 일이 일어날 것이라고 추론할 수는 없다'는 것이다.

여기서 내일 서쪽에서 해가 지리라고 예측할 수 있는지 여부에 대한 과학적 논의에 돌입할 생각은 없고, 그냥 흄의 인과관계 개념에 집중하려고 한다. 그쪽이 훨씬 경영과 관련 있는 내용 같으니 말이다. 비즈니스 환경은 전략적이고 경영은 연역적 추론이 가능한 과학 분야가 아니므로 기업 활동의 결과로 인과관계가 자동으로 생성되는지 여부는 논쟁의 여지가 있다.

검증을 거쳐서 일반적으로 받아들여지는 듯한 이유에도 의문의 여지는 있다. 집단사고를 통해 팀이 특정한 방식을 의심 없이 받아들였다가 나중에 틀렸다고 판명되는 사례를 본 적이 있는가?[14] 선의일 수 있지만 집단사고는 추론을 흐리게 하고 문제의 근원을 식별하지 못하도록 방해한다. 만약 악의가 있다면 문제는 더 크다.

도요타의 '5-Whys'는 일본 자동차 제조업체가 문제의 원인을 설명할 수 있는 반박 불가한 주장이 있는지 여부와는 관계없이 업무 문제를 분석하기 위해 고안한 것이다.[15] 이 활동은 "조립라인이 2시간 동안 멈춘 이유는 무엇인가?" 같은 첫 번째 질문을 던지는 것으로 시작된다. 이에 대한 즉각적인 답은 "그 시간에 네트워크가 다운되었기 때문이다" 같은 기술적인 문제일 수 있다. 그러면 이어서 "네트워크가 2시간 동안 다운된 이유는 무엇인가?"라는 두 번째 질문이 나온다. 이에 대한 답은 "전기 유지보수 팀이 8시간만 일하기 때문이다"일 수 있다. 이에 대해 다시 "유지보수 팀이 24시간 중 8시간만 일하는 이유는 무엇인가?"라는 질문이 나온다. 답은 "인건비를 절감하기 위해서"일 수 있다. 이제 네 번째 질문은 실제 문제의 핵심을 파악하기 시작한다. "인건비를 절감하기로 결정한 이유는 무엇인가?" 답은 "수지 균형을 맞추기 위해서"다. 마지막으로 다섯 번째 질문은 정말 전략적인 성격을 띤다. "유지보수 인력 외에 다른 데서 비용을 절감할 수 있는가?"

도요타 5-Whys 모델의 장점은 공자처럼 고집스럽게 질문을 되풀이해서 전혀 상관없어 보이는 문제들, 분석을 확대하지 않았다면 제대로 파보지도 않았겠지만 실제로는 여러 부서나 직원에게 영향을 미치고 심지어 전체적인 경영과도 관련이 있는 문제를 서로 연결시킨다는 것이다. 비슷한 문제들이 해결되지 않고 계속 발생하는 경우가 많은데, 그 이유는 직접적인 책임이 있는 사람이 이를 해결할 행정 결정을 내릴 권한이 없어서 최고 경영진이 개입할 때까지 문제가 계속되거나, 조직의 관료주의 속에서 질문과 불만, 가능한 해결책이 사라지기 때문이다.

도요타의 이런 끈질긴 방식은 문제에 대한 분석이 표면을 넘어 다른 영역에도 영향을 미치기 때문에 더 철저하게 진행된다. 흄의 방식을 따르면 훗날 또 네트워크가 다운되어 조립라인 가동이 중단되는 상황이 벌어졌을 때 원인을 예상할 수 있는 필수적인 인과관계가 계속 누락될 테지만, 그의 방식이 옳을 수도 있다. 비즈니스 상황과 사건은 인간이 만든 것이고, 개인적인 관계와 관련된 사건에는 수학 규칙처럼 해당 상황이나 개인과 무관한 영구적인 기준을 적용할 수 없다. 우리 삶은 두 공이 충돌해 세 번째 공으로 움직임을 전달하는 것과 같은 인과적 패러다임이 아니다. 통제를 벗어난 예측할 수 없는 다른 요인들이 많다.

유발 하라리는 『사피엔스Sapiens』에서 이렇게 설명한다. "뉴턴은 자연의 책이 수학이라는 언어로 쓰여 있다는 사실을 증명했다. (예를 들어) 일부 장은 명확한 방정식으로 요약되지만 생물학, 경제학, 심리학을 깔끔한 뉴턴 방정식으로 바꾸려고 한 학자들은 이들 분야가 그런 열망을 무의미하게 만들 정도로 복잡하다는 것을 발견했다."[16]

직관이나 귀납적 사고를 사용하는 인과관계 패러다임에 대한 흄의 의문도 이런 추론이 일상적인 사건을 해석하고 비즈니스 상황을 분석하고 효과적인 결정을 내리는 방식의 일부가 되는 걸 막지는 못한다. 흄이 강조하는 바는 그런 추론의 인과관계가 분명해도 반드시 미래에 발생한다는 보장은 없다는 것이다. 이런 상대적 회의주의는 특히 회사에서 중요한 결정을 내릴 때 경계심을 늦추지 않고 이전의 경험에 근거한 과신을 피하게 해준다. 다시 한 번 말하지만, 겸손함을 키우는 것이 가장 간편한 방법인데 이는 아마도 사물을 가장 좋은 관점에서 바라볼 수 있는 최고의 프리즘일 것이다.

인간은 얼마나 합리적인가

나는 MBA 전략경영 강의 첫 시간에 전략 분석의 기본적인 가정에 대해서 자주 얘기한다. 그 가정 중 하나는 경영자, 소비자, 경쟁자, 공급업체 같은 비즈니스 주체들이 합리성 패러다임에 따라 행동한다는 것이다. 학생들에게 이 패러다임이 무엇으로 구성되어 있는지 물어보면, MBA 과정 학생들이 모두 이 질문에 대한 기술적인 답을 배운 경제 전문가는 아니기 때문에 흥미로운 토론이 진행된다.

어떤 학생들은 합리성을 이기적 본능의 충족과 연관시키고, 경제를 움직이는 애덤 스미스의 푸줏간 주인도 자주 언급되며,[17] 좀 더 쾌락주의적인 입장에서 개인적 욕망의 충족과 연관 짓는 학생도 있다. 날이 갈수록 합리성을 이타주의와 연관시키는 학생들이 늘고 있는데, 이는 새로운 세대의 사회적 헌신을 반영하는 것이다. 심지어 지구 보호와도 연결 짓는데, 지속 가능한 환경이 없으면 개인적 목표를 하나도 달성할 수 없다는 점을 감안하면 이는 매우 타당한 얘기다. 경제학을 잘 아는 사람들은 합리적으로 행동하는 것은 효용성을 극대화하고 개인적인 이익을 추구하기 위한 것이라는 좀 더 표준적인 답을 내놓는다.

경제학자, 심리학자, 철학자 사이에서 논란의 여지가 있는 다음 질문은 그런 개인적 유용성이나 이익의 의미다. 예를 들어, 어떤 사람은 부도덕한 행동은 법적 제재까지는 아니더라도 사회적 비난과 배제의 위험을 높이기 때문에 계속 윤리적으로 행동하는 게 장기적인 이익을 극대화한다고 주장하는데 내 생각에는 별로 설득력이 없다. 또 체계적인 협력(존 내쉬John Nash가 주창한 균형 이론의 주요 요소 중 하나)도 늘 지배적인 전략으로 대두되는데, 대부분의 경우 협력은 상호 행동을 유발하고 결국 모두에게 이익이 돌아가기 때문이다.[18] 이는 가격 전쟁을 전략적 옵션에서 제외시키는 근거도 된다. 가격 전쟁은 다른 경쟁자뿐만 아니라 이를 시작하는 사람에게도 잠재적 문제를 야기하기 때문이다.

합리성 패러다임은 전략적 분석의 기초가 된다. 이런 행동 패턴을 가정하지 않으면 정보의 정리나 결정, 섹터의 구조화, 경쟁 세력 평가, 시나리오 예측 등에 사용하는 많은 모델이 제대로 작동하지 않는다. 예를 들어, 일반적으로 경쟁사보다 높은 가성비를 제공하면 사용자들이 효용 기능을 극대화하게 되므로 고객을 계속 유지할 수 있다. 이런 전략적 분석 모델과 도구를 통해 정당하고 설득력 있는 제안을 내놓으면 기업 활동을 둘러싼 불확실성을 종식시킬 수 있다.

그런데 경제 주체가 이런 합리성 패턴을 따르지 않으면 어떻게 될까? 일례로 윤리적 기준에 따른 결정은 개념상 이 패러다임에 부합하지 않는다. 윤리적 결정이 장기적으로 더 수익성이 높다는 주장이 있는데도 말이다. 이를 위해서는 인과관계의 증거가 필요하지만 설득력 있게 입증되지 않은 것 같다. 이제 모든 기업에서 사실상 SDG(지속가능발전목표)가 의무화됨에 따라 도덕적 기준은 합리성 패러다임의 일부가 되었고, 이를 준수하지 않으면 제재나 사회적 비난을 받게 된다.

경제학자, 심리학자, 철학자 들은 합리성 패러다임에 의문을 제기했다. 실제로 많은 리더들이 비합리적으로 행동하며, 이런 변칙적이고 와해적인 행동이 회사와 본인을 위한 혁신과 이익을 창출한다. 시대의 패턴에 맞게 행동하지 않는다는 오해를 받는 것이 기업가의 속성이라는 말을 자주 한다. 그들은 동시대 사람들의 합리성과 일치하지 않는 조숙하거나 진보된 합리성을 지니고 있는데, 성공하면 그것의 진가가 증명되지만 일반적으로 일정 시간이 지난 뒤에야 결실을 맺는다.

힘든 시기에는 합리성 기준을 충족시키기가 매우 어려운데, 특히 불확실성이 심하고 상황 전개를 예측하기 힘든 경우에는 더욱 그렇다. 그런 상황에서는 어떻게 합리적인 행동을 할 수 있을까? 합리성은 신중함과 관련이 있지만, 현 상태를 유지하라는 조언은 역동성이 부족하고 비능률적인 듯하다. 실제로 현 상태만 유지하려고 해도 여전히 고객 유지, 제품 리뉴얼, 구역 및 시장 점유율 방어를 위해 투자해야 한다. 게다가 불확실한 상황이 최고의 사업 기회를 제공할 수도 있다.

예전에 사회적, 경제적 환경의 특징인 불확실성 문제를 다룬 적이 있는데, 사실상 무한한 양의 정보와 데이터에 보편적으로 접근할 수 있는 오늘날에도 이런 불확실성은 줄어들지 않았다. 오늘날의 사업가와 경영자들은 정보가 풍부해도 의사결정의 복잡성이 줄어들지는 않으며 불확실성은 앞으로도 계속 존재하리라는 사실을 알고 있다. 존 케이 John Kay와 머빈 킹Mervyn King은 『근본적인 불확실성Radical Uncertainty』이라는 책에서 다음과 같이 설명한다. "기업인, 정책 입안자, 가족은 주주 가치, 사회 복지, 가계 효용성을 극대화하는 조치를 정하는 데 필요한 정보를 가질 수 없다. 또 어떤 일이 끝난 뒤에 그 일을 하는 데 성공했는지도 알 수 없다. 정직하고 유능한 임원과 정치인들은 대신 사업 활동을 개선하거나 세상을 더 나은 곳으로 만들 수 있는 점진적인 결정을 내리려고 노력한다."[19]

케이와 킹은 통계적 확률론을 내놓은 베이즈Bayes부터 노벨상 수상자이자 행동경제학의 아버지로서 의사결정에 있어 인지적 편향의 역할을 크게 강조한 카너먼에 이르기까지 경제학자들이 불확실한 환경에서 어떤 합리적인 제안을 했는지 검토한다.

내가 보기에 합리성 추구와 불확실성에 대한 해결책 사이의 모순에 대응할 수 있을 만한 제안이 두 가지 있는데, 바로 전략 모델과 내러티브다. 나도 전략 강의를 할 때 이걸 사용한다.

• 전략적 모델과 도구의 목적은 현실을 단순화하고 상황을 접근 가능한 방식으로 묘사해서 제안된 해결책에 따라 결정을 내릴 수 있게 하는 것이다. 이런 모델은 단순화된 것이므로 "지도는 영토가 아니다"

라는 개념을 통해 종종 설명하는 것처럼 동일한 현실이 아니다.[20] 논리 상 각 모델의 배후에는 이해하고 공유해야 하는 가정이 존재한다. 이 것을 이해하지 못하면 이를 적용해서 도출한 결론이 직관에 어긋나거 나 받아들일 수 없는 것처럼 보일 수 있다. 예를 들어, 비즈니스 포트 폴리오 분석 모델에 사업부의 성장 기대치, CapEx, OpEx, EBITDA, 기여 마진을 포함시킬 수 있고 주주들의 열망과 목표에 따라 다른 것 도 포함시킬 수 있다. 이런 모델의 목적은 회사 내 특정 부서의 예산 집행과 성장을 예측하고 계획하는 것이다.

모델과 분석 도구의 근본적인 장점은 투자자, 주주, 기타 이해관계자 에게 제시된 논거를 뒷받침한다는 것이다. 이 도구는 유사한 상황에서 사용된 방식과 이유에 따라 결정을 정당화하고 마음의 평화와 신뢰를 안겨주며 준엄함과 전문성을 투사할 수 있다. 그리고 냉소적인 철학자 나 베테랑들이 자주 입에 올리는 "종이는 모든 것을 담을 수 있다"라는 말은, 반대의 경우도 비슷한 사실과 수치로 표현할 수 있고 이를 통해 똑같은 청중의 마음을 사로잡을 수 있다는 얘기다.

• 내러티브는 기업의 가치와 목적을 입증하는 일관된 스토리를 만드 는 것으로, 조직의 과거를 설명할 때는 본질적으로 회고적 성격을 띠 지만 미래 지향적 성장전략의 틀을 만들어낼 수도 있다. 조직은 이런 내러티브를 통해 확고한 정체성을 얻고 개인과 집단의 관심이 일치되 며 성과 동기가 자극을 받는다. 그래서 고위 경영진은 집단 활동에 의

미를 부여하고 모든 직원의 노력을 체계화할 수 있는 이런 조직 내러티브를 공식화하거나 갱신하는 방안을 주기적으로 고려한다.

회고적 내러티브는 또 주인공을 부각시켜서 영웅적인 모습을 보여주는 내러티브다. 마리 퀴리, 윈스턴 처칠, 스티브 잡스 같은 인물은 전기작가가 그들의 업적을 칭송한 덕에 시간이 지나면서 지위가 더 격상되었다. 그들이 역사적인 리더의 반열에 오른 것은 생전에 쌓은 공로를 즉각적으로 인정받아서가 아니라 인물들의 프로필과 업적을 연결시킨 내러티브를 정교하게 다듬어서 보급한 덕분이다. 저명한 철학자들의 훌륭한 삶에서도 비슷한 일이 일어난다. 일례로 제자인 플라톤이 들려준 소크라테스의 생애 마지막 시간에 대한 이야기는 그때의 상황을 재현하면서 스승을 고귀한 인물로 만들었고, 이후 여러 연대기에 이 내용이 그대로 복제되었다.[21] 또 작가 토마스 드 퀸시Thomas de Quincey가 이야기한 임마누엘 칸트의 일상 루틴을 강조한 작가들도 많은데, 사실 퀸시도 다른 출처에서 들은 이야기를 활용하고 거기에 자기 생각을 추가해서 문학적인 완성도를 높였다.[22]

기업가와 경영자는 문화적 성향이나 합리성 수준, 불확실성에 대한 적개심, 철학이나 역사에 대한 열정과 관계없이, 본인이 이끄는 조직의 수장으로서 가치를 창출하고 기업의 지속 가능성을 보장할 수 있는 결정을 내려야 한다. 이를 위해서는 기업 환경을 객관적인 시선으로 바라보면서 회사 내부에서 일어나는 일을 적절히 진단할 필요가 있다. 케이와 킹의 말처럼, 그들은 "여기서 무슨 일이 일어나고 있는가?"라

는 간단한 질문에 답할 수 있어야 한다.[23]

그 대답은 단순하지 않다. 나는 학사 관리자, 학장, 대학 총장 등으로 일하면서 수많은 보고서와 재무제표, 예상 손익계산서, 기타 유사한 자료를 발표하는 자리에 참석할 기회가 많았다. 당신도 나처럼 관심을 끄는 수치를 발견하고 의문을 제기하거나 명확한 설명을 요구한 적이 있었을지도 모른다. 나는 비정상적인 수치가 적힌 표를 보고 호기심이 일면 다른 사람이나 부서가 거둔 좋은 성과나 나쁜 성과를 참조하면서 책임 소재를 찾으려고 한다. 그래야 이런 결과가 발생한 원인을 외적인 요인이나 회사 외부의 위기에서 찾는 것을 피할 수 있다.

"여기서 무슨 일이 일어나고 있는가?"라는 질문에 답하려면 회사 외부가 아닌 내부를 살펴봐야 한다. 따라서 설명을 듣는 사람들에게 외부 요소만 언급해선 안 된다. 기업들은 종종 다양한 지표, 대시보드, 채점표 시스템을 이용해서 부서, 직원, 구역 성과에 대한 시기적절한 정보를 제공한다. 하지만 여기에 속아 넘어가서는 안 된다. 해결해야 할 문제가 있는지 알아내기 위한 핵심 질문에 대한 답과 설명은 일반적으로 간단하지 않고 정성적일 수밖에 없다.

오스카 와일드는 『도리안 그레이의 초상The Picture of Dorian Gray』에서 "지식은 치명적이고, 사람을 매료시키는 것은 불확실성이다. 안개는 사물을 아름답게 만든다"[24]라고 말했다. 매순간 무엇을 경험할지 알고 있는 확실성의 세계에서는 놀라움 없는 삶을 살아가게 될 것이다. 예상치 못한 감각의 발견으로 인한 감탄이나 다른 여러 가지 감정을 느끼지 못하기 때문이다. 불확실성은 세상을 더 재미있고 흥미롭게 만든다.

4
전운이 감도는 와중에 냉정을 잃지 않는 방법

앞서 2장에서도 얘기했지만, 비즈니스 전략에서 리더십의 개념을 설명하기 위해 내가 자주 사용하는 일화 중 하나는 스위스 경찰부대 대장의 일화다. 그는 잘못된 지도를 이용해서 자기 부대를 안전한 곳으로 이끌었다. 대장이 처음부터 이 사실을 알고 있었음에도 다른 이들에게는 알리지 않아 희망을 잃지 않게 한 것인지 여부는 알 수 없다. 반대로, 그 역시 다른 사람이 지적하기 전까지는 지도가 잘못됐다는 사실을 깨닫지 못했을 수도 있다. 이 경우에는 그의 행운에 놀라지 않을 수 없다.

비즈니스 전략과 관련해 이 일화가 전해주는 교훈 하나는 결과를 예측할 수 없을 정도로 불확실한 상황에서는 어떤 지도든 가장 중요한 이해관계자를 설득하는 내러티브를 구성하는 참고 자료가 될 수 있다는 것이다. 그 이야기가 설득력이 있고 리더가 적절한 권한과 위신만 있다면 말이다. 최근 발생한 팬데믹 기간 동안 많은 기업과 조직이 이런 시나리오를 경험했다. 기업들이 가장 일반적으로 시행한 조치는 비용 절감, 신중한 현금 흐름 관리, 소통 강조, 신뢰와 확신 전달 등이었다. 극심한 격변의 시기에는 침착한 분위기를 전달할 수 있는 조치들을 모아 지도를 만드는 것이 좋다.

불확실성은 상황이 계속 변하고 예측이 애매하거나 변동성이 크고 때로는 예측이 아예 불가능한 비즈니스계나 정치계 같은 전략적 환경의 특징이다. 진화 과정을 프로그래밍할 수 있거나 실질적인 변화가 없는 패러다임 환경(예: 수학 게임)과 다르게 전략적 시나리오에서는 여러 변수가 동시에 상호작용한다. 경영의 기능 중 하나가 바로 이런 복잡성을 정리해서 경영자들이 기업 상황을 이해하고 타당한 결정을 내리도록 돕는 것이다.

30년 전에 내가 MBA를 공부할 때 이 프로그램의 입문 과정 중 하나가 의사결정 이론이었다. 통계학의 아버지인 베이즈의 접근 방식을 따라 의사결정 트리를 꼼꼼하게 구성하는 방법을 배웠던 수업이 기억난다. 사업상 딜레마가 발생했을 때 다양한 옵션에 확률을 할당하면 결정에 따르는 위험을 완화할 수 있다는 것이 이 강의의 기본 가정이었다. 신제품을 출시할 건지 말 건지 결정해야 하는 상황을 예로 들어보자. 논리적으로 두 가지 초기 옵션 뒤에 후속 대안이 생길 수 있고, 그러면 우리의 직관, 지식, 기존 분석을 활용해서 이를 평가하게 된다.

예를 들어, 제품을 출시할 경우 시장에서 신속하게 받아들여져 매출과 시장 점유율이 증가할 수도 있고, 아니면 개발이 느려지는 바람에 그 사이에 경쟁사 제품이 시장에서 성공할 수도 있다. 이런 옵션은 서로 다른 효과를 발생시키는데 각각의 잠재 수익을 계산하기 위해 여기에 가중치를 부여했다. 분석할 때는 경쟁업체의 진입 여부 추정 같은 질적 요소가 포함되어야 하지만 이 모델은 양적인 부분을 강조했다. 그래서인지 담당 교수(엔지니어)는 훌륭했지만 이 실습이 약간 인위적이라고 느꼈던 게 기억난다.

오늘날에는 이전에는 상상할 수 없었던 다량의 정보에 접근할 수 있다. 게다가 온갖 사실과 아이디어, 의견, 수치를 모아놓은 이 풍부한 라이브러리에 접근하는 방법이 매우 간단하고 보편적이면서 비용 또한 비교적 저렴하다. 이렇게 많은 데이터가 존재하고 이를 관리하는 방법도 있지만 경제나 비즈니스 분석가들이 자주 강조하는 불확실성 문제는 해결되지 못하는 듯하다. 아마 디지털 미디어와 소셜네트워크가 제공하는 정보 과부하와 더 많은 잠재고객을 찾으려고 하는 과대한 경향이 사실 여부와 관계없이 더 큰 불확실성을 퍼뜨리는 데 기여하는 듯하다.

동시에 모든 유형의 콘텐츠의 디지털화와 오늘날 우리가 정보를 찾는 인터넷 검색엔진의 표준화 및 중앙집중화는 동시에 갈수록 동질적인 지식과 의견을 만드는 데 기여했다. 팬데믹 전에 열린 컨퍼런스에서 사상가이자 작가인 니얼 퍼거슨과 만났을 때, 오늘날 대부분의 학술 연구자들이 지적 산출물의 출처를 찾기 위해 구글을 검색하는 문제에 대해 얘기했다. 내가 박사 학위를 준비할 때는 이런 관행이 널리 퍼지기 전이라서 도서관 파일을 파고들고, '최고의 내용을 선별하는' 데 시간을 쏟고, 관련이 있든 없든 한 주제에서 다른 주제로 넘어가면서 책에 인용된 참고문헌을 확인하고, 교수와 동료에게 제안을 요청하는 것이 일반적이었다. 나 개인적으로는 훌륭한 도서관에서 그런 식으로 연구하는 것이 즐거웠다. 옥스퍼드대 보들리언 도서관 서가에서 다양한 저널을 참조하고, 책을 뒤적이고, 엄청나게 쌓인 인쇄된 종이에서 풍기는 향을 들이마시면서 많은 시간을 보냈던 행복한 추억이 있다.

교수가 다양한 수업에 참가한 학생들에게 그들의 경험과 무관한 과제를 내줄 때 자동화된 연구의 또 다른 측면이 드러난다. 구글이나 다른 검색엔진에서는 참고문헌을 빠르고 간단하게 처리할 수 있으므로 학생들은 대부분 요약하기 쉬운 동일한 소스를 사용한다. 그러나 이 과정은 혁신이나 틀에 얽매이지 않은 사고를 크게 제한하고 대신 일률적인 접근 방식을 장려한다. 알고리즘은 사용자가 제기한 질문에 제공되는 링크 순서를 정하는 데 있어 가장 권위 있는 지식 출처 또는 신탁 같은 존재가 되었다.

역설적이게도 대부분의 사람들에게는 불확실성의 느낌이 뿌리 깊게 자리잡고 있지만 검색엔진은 사용자의 요청에 거의 즉각적으로 빠르고 일관된 답변을 제공한다. 이런 솔루션은 매우 유사한 경우가 많으며 특정 표현이나 단어 조합을 선택할 때와 검색 횟수가 가장 많은 것에 의존하는 사용자는 유사성 또는 균일성을 우선시한다. 이런 동질성과 우연은 알고리즘 자체의 작용에 의해 계속 중복되며, 우리가 묻는 질문에 정답이 하나뿐이라고 가정할 때 이런 순환은 장점으로 받아들일 수 있다.

하지만 독창성과 고유성을 좋은 연구의 속성으로 여기고 학생들이 과제를 작성할 때 창의성을 발휘하도록 자극할 수만 있다면, 이를 비뚤어진 순환으로 생각할 수도 있다. 교육과 연구를 이미 제안되고 공유된 것을 연구하는 표준화 작업이라고만 여겨서는 안 되며, 기본적으로 새로운 아이디어를 제시하고 배운 것에 의문을 제기하면서 새로운 발전 방향을 제안하는 작업으로 생각해야 한다.

따라서 검색엔진에 힘입어 디지털 세계에 존재하는 것들을 확신하고 (거의 틀림없다고 생각하고) 빅데이터와 알고리즘 관리가 연구 계획을 지시하거나 탐색 방향을 결정하고 특정한 옵션과 선호도를 우선시하는 지경에 이르렀지만, 디지털 세계 밖에서는 불확실성이 계속 존재할 것이다. 흥미롭게도 디지털 세계는 물리적 세계보다 더 유한하면서도 영구적일 수 있는 잠재적인 위험이 있다. 선견지명이 있는 사람들은 이런 문제점에 대해서, 머신러닝이 이 디지털 공간을 새롭게 할 것이고 디지털 공간에서 개발될 지능이 인간의 재능보다 훨씬 잠재력이 크다고 대답할지도 모른다. 하지만 이는 또 다른 논의의 주제다.

불확실성에 대한 성찰을 통해 얻은 결론이자 중요한 교훈은, 디지털 환경이 아무리 엄청난 이점을 제공하더라도 이것이 중요한 역량을 개발하고, 대안적인 수단을 통해 정보를 찾고, 중요한 결정을 내릴 때 적어도 방법적인 면에서 정도에서 벗어나거나 반대 입장을 취하는 능력을 저하시켜서는 안 된다는 것이다. 이는 업무상으로도 그렇도 개인생활 쪽에서도 마찬가지다.

클라우제비츠의 『전쟁론On War』은 군사 전략에 관한 고전적인 저작 중 하나이자 비즈니스 전략 사고에도 영향을 미쳤다.[25] 그는 이 책의 한 구절에서 전장의 모호함을 설명하기 위해 "전쟁의 안개"라는 표현을 쓴다. 구로사와 아키라의 유명한 영화에도 나오듯이, 그런 순간에 벌어지는 군대 간의 대결은 먼지와 죽음, 상상할 수 없는 공포를 낳는다. 불확실성이 극심한 상황에서 그렇듯이, 그런 상황에서도 절제력과 리더십이 필요하다.

5
당신은 아마 자연주의적 오류에 빠졌을 것이다

제인 오스틴이 쓴 『오만과 편견』의 서두는 모든 소설 중에서도 손꼽
힐 정도로 유명하다. "재산이 많은 독신 남자에게 아내가 필요하다는
것은 보편적으로 인정되는 진리다."[26]

오스틴이 그가 태어나기 약 35년 전인 1740년에 출판된 데이비드 흄
의 『인간 본성에 관한 논고A Treatise of Human Nature』를 읽었을지 궁금하
다.[27] 그의 책은 그가 자서전에서 언급했듯이 처음에는 기대했던 만큼
좋은 평가를 받지 못했다. 그래서 그는 『인간의 이해력에 관한 탐구』에
나오는 많은 아이디어를 보다 접근하기 쉬운 스타일로 다시 썼다.[28]

『인간 본성에 관한 논고』에 설명된 아이디어 중 하나는 다음과 같은
문단에 포함되어 있다. "내가 지금까지 접한 모든 도덕 체계에서는 항

상 저자가 한동안 평범한 추론 방식을 전개하면서 신의 존재를 확립하거나 인간사를 관찰한다는 사실에 주목했다. 그런데 갑자기 일반적인 명제인 '이다'와 '아니다'의 결합 대신 '해야 한다'나 '해서는 안 된다'와 연결되지 않은 명제를 전혀 보지 못했다는 사실에 놀랐다. 이런 변화는 눈에 띄지 않지만 최종적인 결과이므로 중요하다. 이런 '해야 한다'나 '해서는 안 된다'는 새로운 관계나 단언을 표현하기 때문이다."[29]

흄의 주장은 훗날 '자연주의적 오류'라고 불리게 되었다. 다시 말해, 사실이나 사실적 명제를 관찰하는 것만으로는 해야 하는 일에 대한 규칙이나 규범적 판단을 유추할 수 없다. 『오만과 편견』으로 돌아가서, 당시 대부분의 사람들이 그랬다는 이유만으로 성인이 되면 결혼해야만 하는 도덕적 의무가 있다는 결론을 내릴 수는 없다. 다행히 그때 이후 모든 사람에게 이로운 방향으로 세상이 발전했다. 기대수명이 늘어났고, 여성은 언제 어떻게 아이를 가질 것인지, 혹은 아이를 낳을 생각은 있는지 선택할 수 있는 폭이 늘어났으며, 적어도 선진 민주주의 사회에서는 좋은 삶이라는 개념을 특이하게 여기지도 않고 남에게 강요하지도 않는다. 이제는 전통적인 결혼의 틀에서 벗어난 수많은 가족 모델을 받아들이는 추세다. 따라서 오스틴이 쓴 소설의 서두 문단은 현대 독자들의 감성과 맞지 않으며, 어떤 사람은 그가 본인의 서사에 반영된 지방 사회를 비판하면서 미래 세대에게 아이러니한 눈짓을 보낸 것은 아닌지 궁금하게 여길 수도 있다.

흄의 글을 읽고 그의 자연주의적 오류를 이해한 것은 옥스퍼드에서 박사 학위를 취득하는 동안 발생한 중요한 순간이었다. 일종의 독단적

수면에서 깨어난 그 순간이 지금도 기억에 생생하다. 사실에 기반한 명제, 주변 환경에서 일어나는 일에 대한 판단이 행동을 도덕적, 규범적으로 정당화할 수 없다는 것은 분명하다.

예를 하나 들어서 설명하겠다. 당신이 운영하는 회사가 부패가 만연한 나라에 투자를 고려하고 있는데 자문단이 그 나라에서 사업을 하려면 정부 관계자를 비롯해 여기저기에 뇌물을 줘야만 한다고 말했다고 가정해보자. 이런 부패가 거기에 가담할 도덕적인 이유가 되는가? 이 주장은 "내가 하지 않으면 다른 사람이 할 것이다"라는 감정으로 요약할 수 있다.

간단히 말해서, 부도덕한 행동이 일반화되었다고 해서 그것이 본인이 부도덕한 행동을 하는 데 충분한 도덕적 정당성을 부여하지는 못한다. 가끔 학생들과 이런 윤리적 딜레마에 대해 얘기할 때면 그들 회사가 부패 수준이 높은 국가의 건설이나 인프라 같은 분야에서 사업을 진행하는 복잡한 상황을 이해해야 한다고 말한다. 그러나 우리는 특정한 기준을 준수해야 한다는 사실을 알고 있다. 첫째, 부패가 만연한 국가의 법률도 그런 관행을 비난할 가능성이 높기 때문에 규칙을 지키지 않을 경우 진짜 제재를 받을 위험이 있다(신중한 주장). 둘째, 외부 분석가나 관찰자는 물론이고 학생들도 대부분 비윤리적인 행동을 거부하므로 수업 시간에 이런 시나리오를 분석하면 질책을 받는다.

자연주의적 오류의 정확성을 설명하기 위해 또 다른 예를 들어보겠다. 이번에는 아르헨티나의 윤리학자 겸 법철학자인 카를로스 S. 니노Carlos S. Nino의 사례다.[30] 어떤 다이버 그룹이 깊은 해구 바닥에서 강력한 성질을 가진 광물을 발견해서 이를 분석하려고 지질학자, 철학자, 화학자, 물리학자로 구성된 학자 팀에 넘긴다고 가정해보자. 이 전문가들은 돌 근처에서 부도덕한 행위를 하면 돌이 붉게 변한다는 결론에 도달한다. 예컨대 누군가가 구타당하거나 누군가 모욕적인 말을 하거나 쿠데타 계획을 세우면 돌이 붉게 변한다. 반면, 자기 자산을 궁핍한 사람들과 나누거나 노인을 돌보는 등의 선행을 하면 돌이 녹색을 띤다.

그런 돌을 어떻게 하겠는가? 이 돌은 일종의 도덕적 신탁이 되어 어떤 행동이 도덕적으로 칭찬받을 만한지 아니면 부도덕하고 비난받을 행동인지 알 수 있다. 다들 이 돌을 주머니에 하나씩 넣고 다니면서 도덕적인 딜레마에 직면하거나 해결책이 명확하지 않은 상황에서 어떤 식으로 행동해야 할지 알 수 있다고 상상해보자. 기억해야 할 것은 이 돌은 우리가 부도덕한 일을 했을 때뿐만 아니라 그런 의도를 드러내기만 해도 색이 변한다는 점이다. 회사가 힘든 시기를 겪고 있어서 효율성이 떨어지는 근로자를 해고하고 그에 상응하는 보상을 제공할 건지, 아니면 비용 초과로 인해 사업을 폐쇄할 건지 결정해야 한다고 상상해보자. 이런 경우에도 돌을 지침으로 삼겠는가?

두 가지 악한 일 중에서 정도가 덜한 것을 따져봐야 하는 다른 많은 도덕적 딜레마와 마찬가지로 복잡한 상황이 벌어질 수밖에 없다. 이 경우 돌이 내놓은 해답에 동의하지 않을 수도 있는데, 때로 대법원 판결이나 전문가의 권고에 대해서도 그런 일이 발생한다.

이 환상적인 돌 이야기를 보면 플라톤이 대화편 『에우티프론Euthyphro』에서 제기한 질문이 떠오른다. "신이 선을 원하는 것은 그것이 선하기 때문인가, 아니면 신이 원하기에 그것이 선해진 것인가?"[31] 이 딜레마에서 신을 그 경이로운 돌로 대체할 수 있다. 고트프리트 라이프니츠 Gottfried Leibniz도 비슷한 질문을 던졌다. "일반적으로 신이 원하는 것은 선하고 공정하다고 받아들인다. 하지만 신이 원하기 때문에 선하고 공정한 것인지, 아니면 선하고 공정해서 신이 원하는 것인지에 대한 의문이 남는다. 다시 말해 정의와 선은 자의적인 것인지 아니면 사물의 본성에 관한 필연적이고 영원한 진리에 속하는지 궁금하다."[32]

사실 우리는 이미 선과 악에 대한 자기만의 생각을 가지고 있다. 『에우티프론』에 제시된 딜레마와 관련해 일부 분석가들은 개념상 악의적인 신이 존재할 수 있으며, 이 경우 신이 원하기 때문에 무언가가 선하다는 주장은 일관성이 없다고 설명한다. 그리스 신화에는 제우스를 비롯한 올림포스 신들이 인간보다 더 나쁜 행동을 하는 에피소드가 넘쳐난다.

자연주의적 오류로 돌아가서, 흄은 돌 색깔을 기준 삼아 돌이 녹색으로 변하면 좋은 것이고 빨간색으로 변하면 나쁜 것이라고 규범적 판단을 내리는 건 논리적 위반이라고 주장할 가능성이 크다. 돌 색깔에 의미를 부여하는 것은 그걸 본인의 직감과 연관시키기 때문이지만, 앞으로도 항상 그럴 것이라고 여길 수는 없다고 덧붙인다. 사실 앞서 얘기한 것처럼 우리가 돌의 의견에 동의하지 않는 상황도 생길 수 있다.

자연주의적 오류는 자연법을 수호하려고 하거나 인간 본성에 내재된 규칙이나 원칙을 준수해야 한다고 주장하는 사람들에 대한 가장 효과적인 비판이다. 오스틴이 소설 시작 부분에서 제안한 교훈이 그런 예시다. 그러나 흄이 주장하는 것처럼 사실을 관찰해서 규범이나 명령을 도출할 수는 없다. 우리는 지금 섭씨 100도에서 물이 끓을 것이라는 확신이 있는 자연과학의 영역이 아니라 많은 의문에 대한 정당화와 논거가 필요한 사회과학과 인간 행동의 영역을 논하고 있다.

심해에서 발견한 돌은 특히 어려운 결정을 변명할 수 있는 매력적인 아이디어지만, 사실 이 아이디어에는 결함이 있다. 첫째, 도덕적 딜레마에 직면해서 내린 결정은 행위자의 자율성을 전제로 한다. 그렇지 않으면 결정을 내린 사람을 칭찬하거나 비난할 수 없다. 반면 진짜 명백한 도덕적 딜레마를 겪게 되는 많은 결정을 내릴 때는 다른 사람과 토론하면서 근거를 대야 한다. 우리는 자동으로 적용될 수 있는 자명한 진실은 존재하지 않는다는 도덕적 구성주의의 영역 안에 있다. 대신 분별하고 추론하고 제대로 판단해서 다른 선의의 사람이 우리 같은 상황에 처했을 때 내렸을 만한 결정을 내리려고 노력해야 한다. 우리 결정을 정당화하는 가장 좋은 테스트 방법은 그걸 대중 앞에서 논의하는 것이다.

아이리스 머독Iris Murdoch은 『선의 군림The Sovereignty of the Good』에서 '현재의 모습'과 '되어야 하는 모습'의 차이에 대한 최고의 분석을 제시했다. 이 책에서 머독은 플라톤에 뿌리를 둔 도덕철학을 설명했는데, 당시 플라톤은 옥스퍼드 학자들에게 별로 인기 없는 주제였고 그들은 과학과 논리의 원칙을 철학적 논의에 적용하는 쪽에 더 관심이 많았다. 이런 전반적인 경향에는 주로 단어와 개념에 부여하는 의미에 초점을 맞춰서 객관적인 관점으로 도덕적 판단을 분석하는 것도 포함되었다.

하지만 머독은 세상에 대한 이해가 우리의 도덕적 행동을 정의한다고 주장했다. 그의 의견에 따르면 과학만으로는 우리의 신념과 희망을 설명할 수 없다. 도덕적 행동을 사실로 축소할 수도 없다. 머독은 분석 철학도 별로 쓸모가 없다고 주장하면서 그건 단지 '액자'에 불과하다고 말한다.[33]

머독은 '내면의 삶'이 얼마나 중요한지 설명하기 위해 시모/장모가 전통적으로 아들이나 딸의 파트너에 대해서 품는 적대감을 비유로 들었다. 머독은 시모/장모가 자녀의 배우자가 지닌 긍정적인 특성에 초점을 맞춰서 칭찬하고 애정을 보일 수 있다고 주장한다. 시간이 지나면 시모/장모가 며느리나 사위에 대한 생각을 바꾸고 결국 그들을 사랑하고 존중하게 될 수 있다. 머독이 생각하기에 사람이나 사물을 이해하는 유일한 방법은 그들을 사랑하고 최대한 좋은 관점에서 바라보는 것이다. "오늘날 철학자들이 거의 언급하지 않는 사랑이라는 개념이 다시금 중심적인 역할을 할 수 있는 도덕철학이 필요하다."[34]

기업가나 혁신가처럼 다수의 규칙을 따르지 않고 대세를 거스르는 행동을 하는 교란자의 존재는 흄의 의견을 뒷받침하는 동시에 자연주의적 오류의 건전성을 보여주는 좋은 증거다. 제인 오스틴의 삶은 좋은 예시다. 오스틴은 자신의 유명한 소설 서두에 나오는 말과 다르게 결혼도 하지 않았고 자녀도 없었다.

모든 예언이 다 이루어질 필요가 있을까

예로부터 인간은 항상 예언에 매료되어왔다. 고대 그리스에서는 중요한 결정을 내리기 전에 반드시 신탁과 먼저 상의했는데, 가장 유명한 신탁은 코린트만을 내려다보는 파르나소스산 옆의 델포이에 있었다. 테베의 라이오스 왕이 자신의 불행한 운명을 알게 된 곳이 바로 그곳이다. "당신 아들은 아버지를 죽이고 어머니와 동침할 것이다."[35] 그 아들이 오이디푸스였고 우리는 그가 자기도 모르는 사이에 예언을 이행했다는 사실을 알고 있다. 신탁이 예언한 운명은 항상 실현되었고 그걸 피하려고 애써봤자 아무 소용이 없다.

로마제국에서도 징조와 주문을 중요시했다. 로마인들은 자기 운명을 알아내려고 동물 내장을 꺼내 무녀에게 조언을 구했는데, 그중 가장 유명한 무녀 중 한 명인 쿠마에는 보통 노파로 묘사된다. 예언의 영감을 주는 아폴로가 소원을 하나 들어주겠다고 약속하자 쿠마에는 흙을 한 줌 가져다가 자기 손에 쥔 흙알갱이만큼 오래 살 수 있게 해달라고 부탁했는데, 이때 젊은 외모를 유지하고 싶다는 말을 덧붙이는 걸 잊었다. 결국 쿠마에는 보통 사람의 9배나 오래 살면서 징조와 예언으로 가득한 책을 많이 썼지만, 말년에는 우리에 갇혀 지냈다고 한다.

키케로는 쿠마에에서 멀지 않은 나폴리 인근의 포추올리에서 『운명론 De Fato』이라는 논문을 썼다.[36] 이 로마 상원의원이 최대한 빨리 정치 활동에 복귀하고 싶은 마음에 서둘러서 쓴 이 논문은 현재 운명과 개인의 자유 사이의 갈등을 다룬 중간 부분만 남아 있다. 키케로는 무녀 쿠마에가 쓴 책 중에 그때까지 남아 있던 몇 안 되는 작품을 접하고 쿠마에의 예언을 읽었지만, 그 예언이 별로 설득력이 없다고 생각한 듯하다. 아마 인간은 운명을 피할 수 없다는 예언자의 생각이 개인적인 자유에 대한 키케로의 생각과 상충되었기 때문일 것이다. 키케로는 특히 미덕이라는 개념에 집중했다. 미덕은 의지를 발휘해서 얻은 유익한 일상 습관으로, 이를 통해 원하는 성격을 형성해서 자신의 운명을 구축할 수 있다. 도덕적인 삶을 살려고 노력하는 사람은 본인의 의지가 아닌 외부 상황의 지배를 받는 생기 없고 의존적인 최저 생활에서 벗어날 수 있다. 키케로는 아무리 힘든 역경에 처해도 불굴의 용기와 다른 미덕을 발휘해서 자기 삶에 대한 주도권을 유지할 수 있다고 주장했다. 하지만 키케로를 비판하는 사람들이 그에 대해 "더 큰 자제력을 발휘해서 번영을 지속시키고, 보다 의연한 태도로 역경을 이겨낼 수 있었으면 좋았으련만!"이라고 말한 건 당연한 일이다. 이 글은 당시 로마 정치가이자 역사가였던 C. 아시니우스 폴리오C. Asinius Pollio가 쓴 것이다.[37]

우리 중에도 미래를 알 수 있다는 생각에 매료되고 어린 시절의 예측에 영향을 받는 이들이 많다.

어릴 때 나의 부모님은 음악가를 고용해서 자녀들에게 스페인 클래식 기타 연주를 가르쳤다. 시간이 지나자 두 누이는 기타 연주에 매우 능숙해져서 종종 집에서 가족과 방문객들을 즐겁게 해주었다. 하지만 나는 수업을 두 번 듣고 난 뒤 선생님이 부모님에게 "댁의 아들에게 다른 재능은 있을지 몰라도 연주는 불가능하다"라고 말했다.

그의 예측은 맞았다. 난 음악을 좋아하지만 악기를 연주하는 데 필요한 손재주가 없어서 심지어 트라이앵글도 제대로 치지 못했다. 어릴 때는 식탁에 놓인 잔을 넘어뜨린 적도 많다. 그래서 연설할 때도 연단 위에 물잔을 올려두지 않으려고 하지만, 가끔은 내 서투름이 청중과의 어색한 분위기를 깨는 데 도움이 되기도 한다. 또 공간 지능도 전혀 없다시피 해서 도형 테스트를 보면 늘 떨어졌다. 시간이 지나면서 이런 단점을 받아들였고, 여기에도 나름의 장점이 있다는 것을 깨달았다.

연구에 따르면 학생의 학업 성취에 대한 교사의 기대가 학습 경험의 결과에 결정적인 영향을 미칠 수 있다고 한다. 교사가 어떤 학생이 다른 학생들보다 특히 유능하거나 똑똑하다고 믿으면 아마 그 학생을 지도하는 데 더 주의를 기울일 테고 어쩌면 우연히 그 기대에 부합하는 결과가 나올 수도 있다. 1968년에 로버트 로젠탈과 레노어 제이콥슨이 미국의 여러 초등학교에서 진행한 실험이 바로 이런 생각을 뒷받침하는 뛰어난 실험 중 하나인데, 그들은 훗날 『교실 안의 피그말리온 Pygmalion in The Classroom』이라는 책을 통해 실험 결과를 밝혔다.[38] 두 사람은 학생들의 지적 능력을 평가하는 듯한 모의시험을 실시한 뒤, 무작위로 학생 그룹을 선택해 교사들에게 그들이 가장 재능 있는 학생이라고 장담했다. 시간이 지나자 선택된 학생 그룹의 IQ 테스트 점수가 향상되었다. 이 연구는 방법론적인 관점에서 비판을 받았지만 교육자들은 학생에게 더 많은 관심과 노력을 기울이면서 뛰어난 결과를 얻을 수 있다는 희망을 심어주면 성취도가 올라간다는 사실을 경험으로 알고 있다. 안타까운 일이지만 많은 사회적 관계가 다 그렇듯이 교사들도 불가피하게 선호하는 학생이 있게 마련이다. 모든 학생에게 동일한 수준의 관심과 노력을 기울이는 것이 과제다.

이는 사회학자 로버트 K. 머튼Robert K. Merton이 소개한 자기실현적 예언의 영역이다. 그는 근거가 있든 없든 상관없이 기대가 충족될 것이라는 믿음을 품으면 실제로 그런 일이 벌어질 수 있다고 설명했다.[39] 머튼은 이 개념을 설명하려고 경험상 아무 문제가 없는데도 지급 능력에 대한 소문의 표적이 된 은행을 예로 들었다. 소문을 들은 조심성 많은 고객들이 먼저 예금을 인출했고 점점 더 소문이 퍼지면서 갈수록 많은 사람들이 돈을 인출하자 은행은 곧 지급 약속을 이행할 수 없게 되었다. 이는 행동재무학이라는 현상에서 벌어진 집단행동인데, 이렇게 불안감이나 비이성적인 이유로 촉발된 집단 반응을 설명하기 위해 돈은 무서운 것이라는 말로 상황을 요약한다.

어떤 학생이 성공할지 감지해서 그들에게 더 많은 시간을 할애해 높은 성적을 거두게 하는 교사나 잘못된 소문으로 고객들을 공황상태에 빠뜨려 은행에 몰려가게 하는 애널리스트는 자기실현적 예언의 대표적인 예시다. 우리의 믿음은 행동과 그 결과에 결정적인 영향을 미친다. 철학자 칼 포퍼는 자기실현적 예언을 오이디푸스 효과라고 불렀다. "신탁이 예언의 성취로 이어지는 일련의 사건에서 가장 중요한 역할을 했기 때문이다. …… 나는 한때 오이디푸스 효과가 사회과학과 자연과학을 구분한다고 생각했다. 하지만 생물학, 심지어 분자생물학에서도 기대가 예상했던 일을 유발하는 데 중요한 역할을 하는 경우가 많다."[40]

자기실현적 예언은 무언가가 실제로 이루어질 것이라는 확신이 없기 때문에 점술이나 신탁과는 다르다. 나는 어떤 경우든 예언을 믿지 않는다. 어떤 전문가들이 미래의 사건이나 추세에 대해 가지고 있는 직감이나 확신은 예지력보다는 해당 분야에서 쌓은 경험과 지식, 또는 현상을 연관 짓는 능력에 기반한다. 하지만 자기실현적 예언의 예측적인 성격이나 다른 사람들이 목표를 달성하도록 하려는 욕구 등은 신탁과 유사하다고 할 수 있다.

사업 환경에서는 의식적으로든 무의식적으로든 자기실현적 예언이 이루어지는 것을 볼 수 있는 기회가 많이 있다.

• 연간 매출 예측은 종종 상업 부서와 재무 부서 사이에 충돌이 발생하는 계기가 된다. 일반적으로 성과 관련 인센티브가 있는 영업팀

은 현실적이고 합리적으로 달성 가능한 목표를 세우는 경향이 있는 반면 재무팀은 보다 야심찬 목표를 세우려고 한다. 별로 높지 않은 목표를 세우는 것은 판매량이 감소하는 자기실현적 결과를 예측하는 것으로 해석할 수 있다('만족스러운 실적 부진'이라고도 함). 반면, 야심 찬 목표를 세우면 예상했던 수준 이상으로 성장이 촉진된다.

- 헛된 기대처럼 보였던 제품이나 서비스 출시 마감일을 지킨다. 회사가 촉박한 마감일을 맞추기 위해 인력과 자원을 끌어모아야 하는 바쁜 상황에서는 정체성과 단결력이 강화된다. 그런 상황에서 기록적인 시간 내에 놀라운 결과를 얻은 사례를 알고 있거나 직접 경험한 적이 있을 것이다.

- 재능이 있다고 생각되는 학생에게 헌신하는 교사의 경우처럼 다른 사람의 성과를 신뢰하거나 불신하는 것. 이것이 멘토링 프로그램의 목적인데 내 경험상 함께 일하는 사람들에 대한 동기 부여와 헌신은 긍정적인 결과를 낳는다. 반대로 조직적인 비판, 즉 사람들에 대한 부정적인 발언을 직간접적으로 반복하면 실패의 원인이 될 수밖에 없으며 특히 고위 경영진이 그런 발언을 할 경우 영향이 더 크다.

- 위 내용과 밀접하게 관련된 것으로, 혐오증이나 공포증, 선호도를 조장하거나 회사 내에 무리 또는 '분파'를 만들면 거기 속한 사람들은 특정한 역할을 하거나 외부인에게 친밀감 또는 적대감을 느끼게 된다. 그래서 유능한 리더는 폐쇄적인 조직과 파벌에 맞서 싸우는 게 얼마나 중요한지 알고 있으며 부서와 직무, 사업부 또는 세대별 근로자 등으로 구분된 경계를 넘어 조직 내 사람들 사이에 교차적인 연결고리를

만들려고 노력한다.

• 사람들의 문화, 인종, 성별, 기타 사회적 또는 개인적 특성에 초점을 맞춘 고정관념은 매우 부정적인 자기실현적 예언이다. 안타깝게도 이것이 일반적인 반응이므로 훈련과 다양성 전략 홍보를 통해 근절해야 한다.

결론적으로 믿음은 우리 행동에 영향을 미치며 욕망과 의지에 갇혀 있는 경우에는 특히 더 심하다. 당신은 자신의 미래와 관련해 어떤 신탁을 참고하겠는가? 대답을 고민하기 전에 『마태복음』의 한 구절을 기억하는 게 도움이 될 것이다. "거짓 선지자들을 조심하여라. 그들은 양의 옷을 입고 너희에게 오지만 속은 약탈하는 이리들이다."[41]

7

플라톤과 스티브 잡스의 공통점

제임스 본드가 가장 좋아하는 드라이 마티니처럼 사람들을 확실히 매료시킬 초콜릿을 상상해보자. 이것은 1960년대에 매디슨 애비뉴의 광고회사 임원으로 일하던 제리의 예상치 못한 발명품이다. 그는 VIP를 개발하는 임무를 맡았는데, VIP는 엄청난 특성을 지닌 걸로 이미 광고 중이었지만 아직 그것의 정체는 아무도 모르는 상태였다.

위의 내용은 〈연인이여 돌아오라Lover Come Back〉라는 영화의 줄거리로, 록 허드슨이 제리를 연기하고 그의 오랜 파트너인 도리스 데이Doris Day가 경쟁 광고사에서 일하는 캐럴 역을 맡았다.[42] 캐럴은 드라마 〈매드맨Mad Men〉[43]에 종종 나오는 난잡한 접대 자리를 이용해 광고 계약을 따내는 제리의 추잡한 방식이 혐오스러워서 그를 광고윤리위원회에 신고하고 존재하지도 않는 제품을 선전한다고 비난한다. 뭐든 만들어내야만 하는 상황이 된 제리는 윤리위원회에 출석해서 VIP 초콜릿을 보여주고, 참석한 사람들은 모두 초콜릿을 맛본다. 거기서부터 일이 복잡해긴 하지만 결국에는 모든 일이 잘 끝난다.

시나리오 작가 스탠리 샤피로Stanley Shapiro와 폴 헤닝Paul Henning이 오스카 후보에도 오른 이 우스꽝스러운 코미디 영화에는 유쾌한 순간들이 많이 담겨 있어서 비 오는 오후나 기분 전환이 필요할 때 안성맞춤이다. 그러면서 동시에 마케팅 및 광고의 가치와 이런 직무가 기업 경영에서 맡은 임무를 조명한다.

제품이 출시되기 전까지 제품의 구체적 내용을 공개하지 않고 기대감을 높이는 것은 새로운 전략이 아니다. 깜짝 효과는 오랫동안 성공적인 비즈니스 전략의 한 축이었다. 스티브 잡스도 이를 잘 알고 있었기에 자세한 정보는 공개하지 않은 채 곧 출시될 애플 신제품 발표회를 열겠다고 공지했다. 샌프란시스코 모스콘 컨벤션 센터에서 열린 제품 발표회는 신중하게 연출된 이벤트였고 준비 과정에서 비밀을 철저하게 유지한 덕분에 극적인 효과가 더 컸다. [44]

여기서 한 단계 더 나아간 방법이 아직 구상 단계의 제품이나 서비스를 발표하는 것이다. 예를 들어, 코로나19 팬데믹의 절정기에 대형 제약사들은 백신 개발 계획을 발표했다. 다른 종류의 바이러스 치료법은 있었지만 아직 구체적인 해결책이나 기간을 제시한 회사는 없었다. 하지만 인류는 다행히도 기록적인 시간 안에 해결책을 찾아냈다.

암과 여타 심각한 질병을 치료하는 약물의 발전에 대해서도 이와 비숫한 가정이 있는데, 이는 앞으로 수십 년 안에 효과적인 해결책을 찾게 될 것이라는 확신을 반영한다. 아직 이런 약물이 존재하지는 않지만 제약사들은 회사 신뢰도를 높이고 주가를 상승시키고 추가적인 투자를 유치하기 위해 미리 발표부터 하는 것이다.

일반적으로 정부나 기업의 자금 지원을 받는 R+D+I 프로그램은 장기간 진행되는 경향이 있지만 이것 또한 일찍 발표한다고 해서 덜 그럴듯해 보이지는 않는다. 존 F. 케네디 대통령이 1963년에 미국이 10년 안에 사람을 달에 보낼 것이라고 발표할 때는 아직 그렇게 할 수 있는 기술이 존재하지 않았지만, 발표부터 한 덕분에 우주 경쟁을 시작하게 되었다.[45] 그리고 우주비행사 닐 암스트롱이 6년도 안 되어 케네디의 예측을 실현했다.

항공 분야의 대규모 연구 프로젝트는 상품 생산 시작부터 완성까지 걸리는 시간이 매우 길다. 에어버스Airbus는 최초로 수소연료를 이용해 이산화탄소 배출량이 0인 항공기를 2030년대 후반부터 운항할 계획이라고 발표했다. 이 프로젝트는 아직 구상 단계지만 과거의 경험을 바탕으로 마감 기한을 맞출 수 있을 것으로 확신하고 있으며, 일부 항공사에서는 A380의 경우처럼 첫 번째 프로토타입이 비행에 성공하기도 전에 매수 계약을 체결할 가능성이 있다.[46]

부동산 업계에서는 미완성된 부동산을 매수하는 것이 일반적이지만 이는 구매자에게 위험이 전혀 없는 관행은 아니다. 예를 들어, 브라질 북동부의 일부 지역에는 부동산 개발 현장이 많아서 그곳에 가면 공터에 토지나 주택 개발이 진행 중임을 알리는 깃발이 걸려 있는 모습을 자주 볼 수 있는데, 해가 지나도 건설이 진행되는 흔적은 보이지 않는다. 부동산 개발자들은 완공된 부동산과는 아무 상관도 없지만 사람들 눈길을 사로잡을 수 있는 매력적인 상상도로 영업소를 가득 채우려고 각별히 신경을 쓴다. 부동산 포털에서 판매 중인 아파트를 본 적이 있는 사람이라면 광각 인테리어 사진이 어떤 인상을 주는지 알 것이다.

요컨대 제품이나 서비스를 출시하기 전에 시장과 소비자를 미리 준비하는 마케팅과 커뮤니케이션marcom의 중요성은 아무리 강조해도 지나치지 않다. 이들은 기대감을 조성하고, 내러티브를 만들고, 제품을 포지셔닝하고, 잠재적 구매자의 욕구를 자극하는 방법에 중점을 둔다.

앞서 말했듯이 발표 시점에 아직 존재하지 않는 제품과 서비스가 많기 때문에 이런 초기 커뮤니케이션은 선구자의 이점을 활용하는 데 있어 중요한 부분이다. 마케팅과 커뮤니케이션 부서는 회사의 선봉 역할을 하면서 기대감을 조성하고 조직의 다른 부서들이 가능한 한 빨리 시장을 정복하도록 이끈다.

나는 마케팅과 커뮤니케이션 팀이 이런 태도를 취하도록 권장한다. 그들의 사명은 공을 앞으로 던져놓고 생산과 영업 팀이 그 공을 따라가도록 하는 것이다. 어떤 이들은 제품을 직접 만져보면서 모든 기능을 테스트하기 전에 출시하는 건 현명하지 않다고 생각한다. 나는 혁신을 위해서는 이 프로세스를 뒤집어야 한다고 생각한다. 많은 개척자들은 먼저 자신의 의도부터 전달한 다음에 실체를 만들어가는데, 이때 사전에 명확하고 달성 가능한 개념을 지니고 있어야 한다.

철학에서 가장 유명한 비유 중 하나가 마케팅과 커뮤니케이션의 예측

기능을 이해하는 데 도움이 될 수도 있다. 바로 플라톤의 동굴 비유다. 그는 자신의 중요 저서인 『국가』에서 이 비유를 이용해 지식의 본질을 설명한다.[47] 한 무리의 사람들이 동굴 막다른 지점의 벽에서 깜빡거리는 이미지를 몇 개 본다. 사실 이건 그들 뒤에 있는 모닥불 옆을 지나가는 사물의 그림자로, 그림자가 그들의 실루엣을 투사한다. 그 무리는 자기들 뒤에 있는 것을 볼 수 없으므로 눈에 보이는 그림자가 실제라고 가정한다. 플라톤은 실제 개념을 형편없이 표현해 놓은 우리의 지식이 이들의 경험과 비슷하다고 주장한다. 만약 무리 중 한 명이 동굴 밖으로 모험을 떠난다면, 그는 사물을 있는 그대로 보면서 제대로 된 지식을 습득할 수 있을 것이다. 하지만 플라톤은 만약 그런 일이 일어난다면 그가 동굴로 돌아왔을 때 다른 사람들이 그를 죽일 가능성이 크다고 말한다.

나는 사람들이 영화관에서 하는 경험이 플라톤이 말한 동굴의 현대판이라고 생각하므로 이걸 이용해서 마케팅의 기능과 의미를 설명하고 싶다. 조명이 꺼지고 영화 상영이 시작되면 우리는 무아경에 빠져 눈앞에 펼쳐지는 이미지를 바라보면서 현실세계가 은막 위의 세계처럼 되기를 바란다.

나는 어릴 때부터 영화에 매료되어 있었는데 이건 어머니에게 물려받은 취향이다. 40년 전에 봤던 유명한 담배 브랜드 광고가 기억난다. 당시 영화가 시작되기 전에 자주 상영되었던 그 광고에는 미국 서부를 가로지르는 소몰이 장면이 나왔는데, 요즘에는 그런 광고가 금지되었다. 카우보이의 길들여지지 않은 삶과 소떼를 몰고 장엄한 풍경 속을 가로지르는 장면을 연관시킨 것에서 이 광고 제작자의 독창성이 드러난다. 해질녘이 되면 카우보이들은 커피를 끓이는 모닥불 주위에 모여 담배를 피웠다. 이 광고에는 대화나 메시지가 없었지만 강렬한 이미지와 그 이미지가 불러일으키는 감정만으로도 충분했다. 그 광고는 내 버전으로 해석한 플라톤의 동굴이다.

광고주의 과제는 최고의 제품이나 서비스를 만들고 동굴 벽에 투사된 모습으로 고객을 유혹할 방법을 고안하는 것이다. 플라톤의 비유와 유사한 점이 하나 더 있으니, 제품과 서비스가 끊임없이 갱신되는 것처럼 벽에 비치는 내러티브와 프로필, 형태도 바뀌어야 한다는 것이다.

마케팅은 기대와 이상을 만드는 작업이다. 그래서 플라톤의 비유는 우리가 보는 방식에 따라 사물의 본질이 크게 달라질 수 있다는 사실을 확실하게 설명한다.

마지막으로, 비즈니스계에서 마케팅과 커뮤니케이션의 역할에 대한 성찰에 특히 적합하다고 생각되는 인용문을 소개한다.

17세기 스페인 철학자 발타사르 그라시안의 말이다. "사물은 있는 그대로가 아니라 보이는 모습 그대로 받아들여진다. 유용한 존재가 되고 그 유용함을 증명하는 방법은 두 배로 유용해지는 것이다. 보이지 않는 것은 없는 것과 마찬가지다."[48]

간단히 말해, 제품이나 서비스를 출시하기 전은 물론이고 가능하면 그 이후에도 품질을 낱낱이 공개하지 않는 것이 좋다. 사람이나 제품, 서비스에 대한 설명은 그것을 향상시키기보다 오히려 하찮게 만드는 경향이 있다.

8
어항에서 살고 싶은 사람이 어디 있겠는가

공상과학 소설의 선구자인 H. G. 웰스H. G. Wells는 1924년에 출간한 『기적을 일으키는 사나이Men Like Gods』라는 책에서 시간여행을 통해 기술적으로나 문화적으로 훨씬 진보된 사회인 유토피아로 간 사람들의 이야기를 들려준다.[49] 여기는 대부분의 사회에서 흔히 볼 수 있는 사회적, 정치적 격변이나 전쟁, 불평등, 이기심이 없는 곳이다. 유토피아가 그토록 평화로운 이유는 주민들끼리 말을 하지 않고도 서로를 이해할 수 있을 정도로 소통과 대인관계 기술이 발달했기 때문이다. 특히 재미있는 한 장면에서는 유토피아 주민들이 텔레파시를 이용해 손님들에게 역사와 관습을 설명하려고 하지만 방문객들은 대부분 텔레파시 수용 능력이 없기 때문에 아무것도 듣지 못한다. 그나마 몇 문장을 알아들은 소수의 사람들 중에 반스터플이라는 등장인물이 있는데, 그가 텔레파시를 이해한 이유는 간단하다. 무의식적으로 자신의 경험과 지식을 유토피아 주민들과 연결시켰기 때문이다.

당신이 이런 강력한 재능을 가지고 있어서 다른 사람을 쳐다보기만 해도 생각을 읽을 수 있다고 상상해보자. 어떤 사람은 그런 능력을 떠올리기만 해도 불안해하는 반면, 기업 리더들은 파트너나 경쟁자의 얼굴만 봐도 상대방을 압도하거나 경쟁에서 이길 수 있는 능력을 가지기 위해 무슨 일이든 다 할 것이다. 파트너가 무슨 생각을 하는지 알고 싶어 하는 질투심 많은 배우자는 어떨까? 오셀로를 기억하자. 의심을 품은 사람은 애초에 문제가 많으므로 추가 정보로 부담을 주지 않는 편이 낫다.[50]

다른 사람들이 무슨 생각을 하는지 다 알고 다른 사람들도 내가 무슨 생각을 하는지 아는 사회는 지옥 같을 것이라는 데 다들 동의하리라고 생각한다. 그런 투명성은 우리 영혼이 눈처럼 순수한 세상에서만 견딜 수 있을 테고, 그런 시나리오가 신물나지는 않을지 자신에게 물어봐야 할 것이다. 아마 웰스의 소설에 나오는 유토피아에서는 모든 사람이 텔레파시를 이용하는 데 동의했을 것이다.

그렇게 모든 것이 투명해져서 우리 생각과 욕망, 상상력이 원치 않게 노출된다면 배우자를 비롯해 가장 가까운 사람들에게도 기본적인 개인 프라이버시가 침해당하게 된다.

당신도 암스테르담에 가봤다면 나처럼 암스테르담 중심부의 평화로운 운하나 균형 잡힌 건축물, 매력적인 자전거 행렬, 활기 넘치는 분위기에 매료되었을 것이다. 그중에서도 가장 내 관심을 끈 이 도시의 특징은 커튼을 달지 않은 집 정면의 커다란 창문으로, 지나가는 사람이나 이웃이 집 내부를 훤히 들여다볼 수 있다는 것이다. 커튼이 없는 이런 넓은 창의 기원에 대해서 묻자 이 나라의 청교도 역사, 투명성을 이상적으로 여기는 풍조, 집 안이나 집의 내밀한 공간에도 숨길 것이 전혀 없으니 가릴 필요도 없다는 믿음을 반영하는 것이라는 답변을 들었다. 악의는 공개적으로 행동하면서 아무것도 감추지 않는 사람이 아니라 본인의 행동을 숨기는 사람에게 있다.

시간이 지난 뒤, 넓은 창에 커튼을 치지 않는 주된 이유가 낮에도 햇빛이 부족해서 실내에 더 많은 빛이 들어오게 하기 위함이라는 걸 확인했다. 반대로 빛이 풍부한 지중해 위도 지역에서는 전통적으로 창문에 커튼이나 블라인드를 쳐서 빛을 가린다.

신체적 또는 지적으로 자신을 노출시키는 투명성은 본능적인 행동이 아니다. 우리는 사회 안에서 살아가는 동안 옷을 챙겨 입고, 과도한 신체 노출을 자제하고, 말을 삼가고, 다른 이들을 예의 바르게 대하려고 노력한다. 그리고 이런 행동 패턴은 자율적 자유에 대한 제한이 아니라 집단적인 이익에 기여하는 행동이라고 받아들인다. 그러므로 개인의 행동에서 정신적 또는 언어적 투명성이라는 이상을 고수할 경우, 예컨대 머릿속에 가장 먼저 떠오르는 말을 내뱉을 경우 기본적인 예의를 어길 가능성이 높다.

또 심리적인 관점에서도 투명한 방식으로 일관성 있게 행동하는 것이 현명한지 의문을 제기할 수 있다. 정신분석의 아버지인 지그문트 프로이트는 우리가 하는 결정 중 상당수가 스스로 인식하지 못하는 잠재의식적 욕망에 의해 결정된다고 설명했다.[51] 오늘날 정신분석은 다른 심리학적 기법으로 거의 대체되었지만 잠재의식이라는 개념은 계속 인정받고 있다. 하지만 사람들이 아무리 그렇게 하겠다고 마음을 먹더라도 본인의 진심을 솔직하게 털어놓고 공유할 수 있는가에 대해서는 의문이 든다.

우리는 개인적으로든 제도적으로든 투명성이 하나의 이상으로 격상된 시대에 살고 있으며 특히 일부 소셜 미디어 환경에서는 그런 경향이 더 강하다. 한국 철학자 한병철은 『투명사회』라는 책에서 투명성이라는 이상은 잘못된 것이고 이를 방어하는 것은 바람직하지 않은 일이라는 설득력 있는 주장을 제시한다. 그의 의견에 따르면 "투명성은 모든 사회적 사건을 장악하고 중대한 변화를 초래하는 체계적인 강압이다."[52] 이 현상은 대인관계를 선호하는 것과는 거리가 멀고 오히려 이를 경시하거나 방해한다. 그는 투명성이 부족해야 관계가 오래 지속될 수 있다고 생각한다.

게다가 "투명성과 진실은 동일한 것이 아니다. …… 더 많은 정보 혹은 정보의 축적만으로는 진실이라고 할 수 없다. 방향성, 즉 의미가 부족하다. 정확히는 진실의 부정성이 부족한 탓에 긍정성의 과밀화와 대량화가 발생한다. 과도한 정보와 과도한 의사소통은 진실의 부재, 심지어 존재의 부재를 증명한다. 더 많은 정보와 의사소통이 근본적인 부정확성을 없애지는 못한다. 오히려 그걸 악화시킨다."[53]

사회의 투명성을 높이자는 요구는 20세기 초의 저명한 미국 법학자

루이스 브랜다이스Louis Brandeis와 펠릭스 프랭크퍼터Felix Frankfurter의 연구에 근거한 개인생활 권리에 대한 주장으로 반박할 수 있다.[54] 간단히 말해, 우리는 자신에 대한 정보를 관리할 권리가 있다. 오늘날 물리적 세계와 디지털 세계가 결합되어 점점 더 하이브리드화되는 생활에서는 개인생활 권리가 전보다 훨씬 의미 있고 관련성이 높아졌다. 시사하는 바가 많은 사실을 몇 가지 살펴보자. 마이크로소프트의 보고서에 따르면 전체 기업의 75퍼센트가 직원 채용 시 인터넷에서 지원자의 개인 정보를 확인하고, 70퍼센트는 해당 데이터를 바탕으로 지원자를 거부하는 것으로 나타났다.[55] 마찬가지로 조직들은 소셜네트워크 프로필과 관련된 메타데이터와 사용자의 인지된 행동 분석을 참조해서 성적 지향, 종교적 또는 정치적 의견, 인종, 지능, 기타 영역에 대한 정보를 제공할 수 있다. 더욱 우려스러운 점은 2017년에 발표된 보고서에서 12~18세 사이의 미국 청소년 중 5퍼센트가 사이버 폭력의 피해자라고 답했다는 것이다.[56]

기업 영역에서도 투명성에 대한 요구가 커지고 있으며 이는 성과, 재무 정보, 보수나 회의록, 의사결정, 향후 계획 등을 언급한 데이터를 알고 싶어 하는 요구로 이어진다. 기업 활동을 조명하고 때로는 공공기관보다 더 엄격하게 감시해야 한다는 집착은 혁신을 제약할 뿐만 아니라 대부분의 민주적 헌법에 명시된 기업의 자유권 침해 가능성에 대한 의구심까지 불러일으킨다.

기업 활동의 본질 자체에는 투명성 패러다임과 상충되는 이유가 내재되어 있다. 기업을 운영하는 환경은 원래 경쟁이 치열한데, 이는 국가가 건전한 경쟁을 촉진하는 법률과 특정 기관을 통해서 직접 조성한 환경이라고 설명하는 경우가 많다. 이는 담합이나 바람직하지 않은 사업 집중, 그리고 소비자, 근로자, 주주, 기타 사회 전반에 미치는 부정적인 영향을 피하기 위한 것이다. 하지만 경쟁이 존재하는 탓에 한 분야에서 활동하는 기업들이 전략적인 태도를 취하게 되고, 논리적으로 법을 존중하는 범위 내에서는 정보와 커뮤니케이션 관리 방식을 기업이 재량껏 정하게 된다. 예를 들어, 기업이 결정을 내릴 때 시장에 출시할 제품이나 서비스에 대한 정보를 공유하거나 경쟁사에게 통고하거나 향후 5년간의 임원 승진 계획을 발표하라고 요구하는 것은 터무니없는 일이다.

모든 국가의 정부는 소수의 의사결정권자만 접근할 수 있는 특정 정보를 비밀로 유지해야 하고, 그들은 직업적인 비밀 유지 의무를 지켜야 한다. 모든 국가 문제에 대해 완전한 투명성을 요구하는 것은 어리석고 심지어 위험하기까지 하다. 제도와 사회적 공존 자체를 쓸데없이 위태롭게 하기 때문이다. 분명한 사실은 국가 기밀을 유지한다고 해서 이런 권력 행사의 남용을 폭로할 수 있는 언론의 건전한 활동이 불가능해지지는 않는다는 것이다.

프랑스 제5공화국의 아버지인 샤를 드골 장군은 "위신의 본질은 신비로움"이라고 말했다.[57] 나도 전적으로 동의한다. 완전한 투명성은 사람들을 실망시키고 하찮게 만든다. 그림자와 모호함, 각도는 깊이와 아름다움을 안겨주고 사람들의 주의와 관심을 끈다.

4장

비전
–
미래는
어떤 모습일까?

경영자들이 자주 인용하는 철학자 중 한 명이 고대 그리스 사상가 헤라클레이토스인데 그의 저서『자연론On Nature』가운데 지금까지 남아 있는 부분을 이해하기 어려워 '모호한 자'라는 별명이 붙었다.[1]

하지만 헤라클레이토스의 가장 유명한 아이디어는 매우 직관적이고 단순하다. 즉, 변화는 우리 삶의 상수라는 것이다. 그는 이 아이디어를 설명하기 위해 강물은 끊임없이 흐르기 때문에 같은 강물에서 두 번 목욕할 수는 없다는 유명한 비유를 사용했다.

사업에 이보다 더 적합한 개념은 없다. 모든 비즈니스 부문에서 끊임없이 혁신이 진행되어 제품과 서비스가 바뀌고 시장 교란자와 새로운 경쟁자가 계속 등장해 게임 규칙을 바꾼다. 경쟁은 모든 산업의 자연적인 상태이며 선두 주자가 자기 위치를 독점하면 대개 그들의 활동을 감독하는 당국이 개입해서 경쟁의 장을 평평하게 만든다.

이런 불안정한 환경에서는 전략적 사고방식과 미래에 대한 비전을 개발하는 게 특히 중요하다. 사업 전략은 미래를 예측하거나 신탁 또는 수정 구슬에 의지하는 것과 다르지만, 그래도 비상 계획을 수립할 때 이용할 수 있는 도구와 분석 모델이 매우 많다. 아이젠하워 대통령은 군대 복무 경험을 바탕으로 "계획은 쓸모가 없지만 계획을 세우는 과정은 반드시 필요하다"라고 말했다.[2] 이 역설의 이면에는 항상 앞을 내다보면서 가능한 모든 결과를 끊임없이 고려해야 한다는 피할 수 없는 현실이 존재한다.

기술은 예전부터 항상 비즈니스 활동에 영향을 미쳐왔지만 최근 수십 년 사이에 디지털화로 인해 전례 없는 변화가 일어났다. 빅데이터 관리, 인공지능과 머신러닝의 진화가 제공하는 잠재력은 우리 상상력을 사로 잡고 중요한 철학적 질문을 제기한다.

1

토머스 홉스는 마크 저커버그를 어떻게 생각했을까

페이스북과 마이크로소프트를 필두로 한 빅테크는 메리엄 웹스터 Merriam Webster가 "사람들이 모여 서로 사귀고 놀고 일하는 몰입도 높은 가상세계"라고 설명한 메타버스를 정복하는 작업에 착수했다.[3]

메타버스란 새로운 개념이 아니며 닐 스티븐슨Neal Stephenson이 『스노 크래시Snow Crash』라는 공상과학 소설에서 처음 제안한 것으로, 인간과 아바타가 가상환경에서 상호작용하는 곳이다.[4] 어설픈 아바타들의 평행세계인 세컨드 라이프Second Life를 기억하는 사람도 있을 텐데, IE 경영대학원도 이 가상의 열대낙원에 강당을 만들어서 사용자들이 익명으로 아바타의 삶을 살아갈 수 있게 했다.

세컨드 라이프가 교육계와 사회적 관계를 혁신할 것이라는 예측은 실현되지 않았다. 나는 교육자로 일하면서 전통적인 대학 교육을 휩쓸어 버릴 거대한 해일이 발생할 것이라는 비슷한 예측을 목격한 적이 있지만 그 또한 실현되지 않았다. 세컨드 라이프가 교육에 미친 영향은 미미했지만 상상력을 자극하는 동시에 교육 환경에서 시뮬레이션, 게임화, 증강현실AR의 사용을 촉진하는 역할을 했다.

개인적 관계의 경우에는 데이트 포털이 파트너를 찾는 데 보다 즉각적인 해결책임이 입증되었다. 데이트 포털의 일부 프로필은 현실과 완전히 일치하지 않지만 아바타보다는 신뢰할 수 있다.

페이스북 설립자인 마크 저커버그는 자체적인 가상세계를 개발하는 데 회사의 미래가 달려 있다고 선언하면서 회사명을 메타 플랫폼Meta Platforms로 바꾸고 대담한 표현을 써서 사업 전략을 재정의했다. "우리를 소셜미디어 회사로 여기던 사람들의 시각이 메타버스 회사로 전환할 것이다." 저커버그에게 메타버스는 "디지털 공간에서 사람들과 함께할 수 있는 가상환경이며 …… 그냥 쳐다보기만 하는 게 아니라 우리가 그 안에 들어가 있는 구체화된 인터넷이다. 이것이 모바일 인터넷의 계승자가 될 것이라고 믿는다."[5]

저커버그의 발표가 정부의 적대감이 커지고 젊은이들 사이에서 인기가 하락하는 페이스북을 재포장하려는 시도에 불과한 적이라는 추측도 있다. 그러나 모든 소셜네트워크가 동일한 것은 아니며 페이스북과 같은 문제를 겪은 적도 없다. 예를 들어, 링크드인은 강력한 보호 및 보안 메커니즘을 통해 데이터 프라이버시를 보장하는 플랫폼으로 자리매김했다.

메타버스의 사회적, 사업적 잠재력을 고려하는 회사가 페이스북뿐인 것은 아니다. 마이크로소프트의 CEO 사티아 나델라^{Satya Nadella}는 최근 디지털 트윈, 시뮬레이션 환경, 혼합 현실로 구성된 '엔터프라이즈 메타버스'에 대해 이야기했다. 그는 "메타버스를 사용하면 전 세계가 앱 캔버스가 된다"라고 말했다.[6]

메타버스의 매력은 명확하다. 현실세계에서 직면하게 될 위험 없이 여러 개의 삶을 살거나 다른 인격을 취할 수 있다는 것이다. 예를 들어, 메타버스 타이타닉의 첫 번째 항해에 참여해서 선장이나 선박 소유주의 역할을 맡게 되었다고 상상해보자. 모험을 하는 동안 다른 승객들과 상호작용하게 되는데 그들 중 일부는 우리가 이미 프로필을 알고 있는 사람들이다. 과거에 타이타닉호에서 사건이 진행된 과정은 알고 있지만 아마 여러 가지 불확실성과 예측할 수 없는 다른 요인들이 있을 것이다. 우리는 여객선의 최종 목적지를 변경하거나 인명 손실을 줄일 수 있다. 하지만 그렇게 함으로써 훨씬 더 치명적인 결과가 초래될 수도 있다. 이건 확실히 리더십을 시험할 좋은 기회이자 위험 평가를 위한 교훈이 될 것이다.

메타버스에서는 온갖 종류의 모험을 경험할 수 있고 제임스 본드처럼 두 가지 삶을 살 수도 있는데, 하나는 본래 모습으로의 삶이고 다른 하나는 꿈이나 포부를 이루기 위한 삶이다. 메타버스에서의 삶은 비디오 게임이나 영화보다 더 깊고 몰입감 있는 경험을 제공한다.

그와 동시에 메타버스는 교육 쪽으로도 엄청난 잠재력을 가지고 있다. 학생들의 취향과 취미, 공부 속도에 맞게 조정된 개인화된 학습이 가능하고 재미도 있으면서 개별적인 지식 습득이나 특정한 대인관계 기술을 연마하기에 더 좋은 환경을 제공한다. 일례로 다양한 성적 정체성이나 성적 지향에 따라 아바타가 무작위로 할당되는 롤플레잉 실습을 생각해보자. 현실에서는 55세 남성인데 메타버스에서는 상사에게 괴롭힘을 당하는 22세 여성의 아바타가 할당되었는데, 동료들은 이 상황을 묵인한다. 이런 괴롭힘이 아바타의 정서적 안정에까지 영향을 미쳐서 상황을 끝까지 참아내는 게 불가능해진다. 그러면 이런 상황에서 최선을 다해 일을 할 수 있을지 수업에서 논의해야 한다.

메타버스는 또 현실에서는 실현 불가능하거나 바람직하지 않은 정치적 실험을 시뮬레이션할 수 있게 해준다. 일례로 직접민주주의를 시뮬레이션해서 이런 집단적 결정이 최선의 결과를 도출하는지, 사용자가 충분한 정보를 가지고 있는지, 투표 기준이 정당한지, 현실세계와 비슷한 바람직하지 않은 기능 장애가 있는지 평가할 수 있다. 이런 실습을 해보면 대의민주주의가 가상세계에서와 유사한 유희적 요소를 지닌 최선의 시스템이라는 사실을 깨닫게 될 것이다.

내가 생각하기에 메타버스의 가장 매력적인 특징은 창의성과 혁신을 강화하고 더 많은 옵션을 생성해서 개인이 자유롭게 활동할 공간을 늘린다는 것이다. 앞서 살펴본 것처럼 교육, 개인적 관계, 상업 활동, 업무 등 사회생활의 여러 측면에도 무한정 적용 가능하다.

하지만 그와 동시에 멀티버스에는 게임화와 동일한 한계가 있다. 둘 다 현실을 단순화한다는 것인데, 경영자나 다른 전문가들은 그보다 훨씬 복잡한 세상에서 일한다. 또 메타버스를 구성하는 알고리즘의 이면에는 원인과 결과 사이에 명확한 연관성이 있을 가능성이 높다. 이는 정해진 개념이나 모델의 의미를 이해하는 데는 유용하지만, 모델과 시스템 사용이 제한적인 기업 경영과 관련된 현실은 제대로 반영하지 못한다.

메타버스의 위험성을 강조한 분석가들이 많은데 그들은 주로 투명성, 정직성, 그리고 그곳에서 활동하는 아바타의 배후에 있는 사람들의 책임감 부족에 초점을 맞춘다. 우리는 유쾌하거나 중립적인 환경을 다루고 있는 것이 아니다. 메타버스가 암호화폐를 이용하는 금융 시스템처럼 실제 세계와 어떤 연관성이 있다면 사회제도 내에서의 삶에 막대한 영향을 미칠 수 있다. 기업이나 조직, 개인이 그런 환경에서 할 수 있는 활동의 경우에도 마찬가지다. 실제 환경에서라면 사기로 간주될 행위에 대해 아바타가 책임을 질 수 있을까?

17세기 영국 철학자 토머스 홉스Thomas Hobbes는 영국 역사상 가장 격동의 시기를 살았다. 국왕의 통치력이 약한 탓에 내전이 벌어지는 걸 보면서 사회적 평화를 보장하는 가장 좋은 방법은 국가가 무력을 독점하는 것이라고 제안하게 되었다. 권력과 그 권력을 지키기 위한 무력 사용이 희석되고 무력 사용을 보장하는 제도와 법이 없다면 사회는 결국 만인의 만인에 대한 전쟁터가 된다. 홉스는 이런 상황을 '호모 호미니 루푸스homo homini lupus(인간은 인간에게 늑대다)'라고 설명했다.[7]

오늘날 홉스가 살아 있다면 그는 메타버스를 정부나 규칙, 원칙이 없는 자연상태와 비슷한 끊임없는 대립의 장이라고 여겼을 것이다. 따라서 이런 대안적인 평행우주를 만들기 전에 이를 어떻게 운영해야 하고 어떤 제도가 필요하며 현재의 관행 중 어떤 것을 복제해야 할지 생각해둬야 한다. 자신을 속여서는 안 된다. 공식적으로 구성된 권력의 부재를 보완하기 위해 자기 규제를 신뢰하는 것은 아무리 좋게 말해도 터무니없는 망상이고 최악의 경우 악의적인 오류다. 홉스가 설명했듯이 정치권력은 사회계약의 저장소이며, 공동체에 속한 개인이 살아가야 하는 방식과 권리 및 의무에 대해 합의한 내용이다. 사회계약은 지도자가 없고 무정부 상태인 사회에서는 작동하지 않는다.

또 멀티버스가 제대로 관리되지 않으면 개인적인 위험에 노출된다. 자세히 설명하지 않더라도, 여러 개의 삶을 경험하는 스트레스 때문에 조현병에 걸릴 수 있고 어떤 사람은 영원히 환상의 존재에 빠져 살 수도 있다.

마지막으로, 아바타가 우리보다 더 성공하면 어떤 일이 벌어질지 궁금하다. 록산느가 아바타와 사랑에 빠진 모습을 지켜보는 현대판 시라노처럼 살게 될까?[8] 아마 그렇지 않을 것이다. 봉쇄와 다른 제한 조치를 겪었던 팬데믹에서 벗어나자 교육, 직장, 사회적 관계 등을 영위할 수 있는 물리적이고 실제적인 세계에 대한 애정이 그 어느 때보다 깊어졌다. 심지어 디지털 원주민인 젊은 세대들도 마찬가지다. 따라서 아바타와의 경쟁에서는 당연히 시라노가 이길 것이라고 생각한다.

모두가 메타버스에 산다면
현실은 무엇을 의미할까

메타버스에서 가상활동(아크로폴리스 주변 산책, 낙하산 점프, 타이타닉호 첫 항해 때 원하는 등급의 선실 승선 등)에 초대받았다고 상상해보자. 초대장에는 메타버스가 현실을 충실하게 재현한다고 설명되어 있다. 시각, 움직임, 음향 기술은 몰입감이 매우 뛰어나고 다리가 있는 아바타는 실제 사람 같은 외모로 말까지 한다. 전신 슈트를 입으면 시각과 청각뿐만 아니라 후각, 촉각, 심지어 미각까지 이용할 수 있다. 일례로 얼굴에 불어오는 바람도 느낄 수 있는데 스카이다이빙을 할 때는 강력한 바람이 느껴지고 여객선 갑판에서 산책을 할 때는 상쾌한 바람이 불어오는 느낌이 든다.

어느 쪽을 선택하겠는가? 아무 위험 없이 비행기에서 뛰어내려 하강의 스릴을 즐길 수도 있고 대서양 횡단을 선택했다면 선장이나 선주 역할을 하면서 역사의 흐름을 역전시킬 수도 있다.

앞서 말했듯이 메타버스는 다양한 삶을 살 기회를 제공하므로, 일반적으로 만날 기회가 없는 먼 곳의 사람들도 알 수 있다. 또 이전에는 접근할 수 없었던 세계 곳곳을 방문하는 것도 가능하다.

메타버스가 구체화되면서 그것이 우리 삶에 미치는 긍정적 영향을 조금씩 보이기 시작했다. 일례로 교육 및 학습 분야에서는 예전부터 조종사 훈련에 사용되어온 비행 시뮬레이터 기술을 적용할 수 있다.

그리고 메타버스는 실무나 기술적인 능력뿐 아니라 대인관계 기술을 개발하는 장소가 될 수도 있다. 극도로 수줍음이 많은 사람들이 예전부터 디지털 환경을 은신처로 여겨왔다는 사실을 감안하면 이는 직관에 어긋나는 얘기 같겠지만, 메타버스는 자존감에 해를 입지 않은 채로 소통과 사교 능력을 키우고 네트워크 활용 방법이나 팀에서 일하는 방법을 이해하며 타인과의 유대를 강화할 수 있는 이상적인 장소다. 실제로 메타버스에서 개발한 기술을 물리적 환경에서의 관행과 결합시키면 이런 목표를 달성할 수 있다. 알다시피 기술은 습관, 즉 행동을 형성하는 일을 반복한 결과물이다.

메타버스가 잠재력을 발휘하는 두 번째 영역은 다양성과 포용성이다. 다른 방식으로 느끼거나 생각하고, 좋은 삶에 대한 개념도 다른 사람들의 입장에서 생각하는 것이다. 직업적인 환경에서 롤플레잉 실습을 할 때 당신은 소수자의 역할을 맡고 나머지 참가자들은 다수의 견해와 편견을 공유한다고 상상해보자. 맡은 역할을 온전히 받아들이고 최선을 다해 수행해야 한다. 그 결과 다양한 인생 선택과 세계관을 존중하는 것의 중요성을 이해하고, 다양성과 혁신을 찬양하며, 사회환경에서의 포용 계획을 지지하게 될 수 있다. 그 결과는 많은 교육기관에서 시행하는 다른 롤플레잉 실습의 결과와 비슷할 것이다.

하지만 특정한 행동을 조장할 위험이 있다는 이유로 초등학생이나 중학생들이 이런 실습을 하는 걸 반대하는 사람들도 있다. 하지만 내 생각은 다르다. 이런 실습은 관용, 복잡한 세상에 대한 이해, 범세계주의 정신, 혁신의 중요성에 대한 인식을 키울 수 있는 좋은 기회를 제공한다. 이는 간단히 말해 다른 인간을 이해하는 능력과 개인적인 리더십 역량을 높일 수 있다.

메타버스는 공간과 시간의 유한한 좌표 내에서 경험할 수 있는 것보다 훨씬 새로운 것을 경험할 기회를 제공하고 다양한 인생을 경험하게 함으로써 우리 삶을 풍요롭게 하고 개인의 자유까지 확대한다. 게다가 신체적인 위험은 없고 정신적인 참여 수준도 통제할 수 있다. 이런 관점에서 볼 때, 메타버스는 적어도 개념적으로는 본래 좋은 것이다.

그러나 메타버스에서의 삶에는 몇 가지 단점도 있다. 타이타닉호를 타거나 비행기에서 낙하산을 매고 뛰어내리거나 비즈니스 교육계의 저명인사들이 진행하는 라이브 세미나에 참석하는 등 메타버스에서 다양한 경험을 해본 뒤에 남은 평생 동안 메타버스에서 살 수 있는 기회가 주어진다고 상상해보자. 메타버스에서는 매일 새로운 활동과 경험이 제공되고 늘 새로운 사람들이 가입하기 때문에 사실상 헤아릴 수 없을 정도로 많은 경험을 즐기는 것이 가능하다. 원하는 도시에 살고, 원하는 회사에서 일하고, 원하는 아파트에 살 수 있는 기회가 생겼다고 상상해보자. 물론 좋아하는 여행지에서 주말과 휴가를 보낼 수도 있고 친구와 가족을 함께 데려갈 수도 있다. 그들이 메타버스에 합류하고 싶어 한다면 말이다.

이런 상황을 받아들일 수 있겠는가?

현재로서는 이 제안이 가설일 뿐이라고 일축할 수 있고 실제로 AI가 그런 삶을 가능하게 만들려면 아직 갈 길이 멀지만, 상상 가능한 모든 것이 실현될 수 있다고 인정한다면(헤겔은 합리적인 것이 현실이고 현실은 합리적이라고 주장했다),[9] 적어도 우리가 살고 싶은 삶의 유형이나 행복, 개인적 성취 등에 관한 대화에서는 그걸 진지하게 고려할 수 있다고 주장하고 싶다.

이 급진적인 제안을 수용하는 사람은 위에서 설명한 자유의 증가에 이끌린 것일 수도 있겠지만, 이제 이에 반대하는 주장을 고려해보자.

우선 우리가 살게 될 메타버스가 현실세계와 동등하거나 더 낫다면 이 제안에 구미가 당기겠지만, 결국 인간 정글 같은 메타버스를 갖게 될 수도 있다. 일부 소셜네트워크만 살펴봐도 어떤 문제가 생길지 알 수 있다. 이런 위험 때문에 다른 논문에서는 본질적으로 법의 영역 밖에 있는 무국적 환경인 가상환경에 원칙이나 규범을 수립해야 한다고 제안하기도 했다.

우리가 살게 될 가상세계가 실제 세계보다 더 공정하고 공평한 곳이라고 믿어야 하는 이유는 무엇일까? 매튜 볼^{Matthew Ball}은 그의 저서 『메타버스 모든 것의 혁명^{The Metaverse}』에서 이 분야가 결국 소수의 기업이 독점하는 '기업 인터넷'으로 변질될 것이라고 주장한다. 현재 이 부문을 지배하는 두 회사는 마이크로소프트와 메타다. 마이크로소프트는 미국 육군에 홀로렌즈^{HoloLens}(감각적 접근을 제공하는 몰입형 안경) 12만 개를 공급하는 220억 달러 규모의 계약을 체결했고, '메타(구 페이스북)는' VR 기업 오큘러스^{Oculus}를 인수하고 매년 100억 달러 이상을 투자하고 있다.[10]

과점은 메타버스를 모니터링하기 쉽게 만들고 품질을 보장할 수도 있지만, 개발과 혁신을 제한하고 비대칭성을 조장해서 사용자에게 피해를 입힐지도 모른다.

메타버스를 풍요롭게 하는 것과는 거리가 먼 몇몇 기업의 통제는 메타버스에 해를 끼칠 가능성이 높다. 기업들이 담합하면 표준화와 보수주의를 강요하면서 새로운 경험을 제한할 수 있다. 한국 철학자 한병철이 실제 환경과 디지털 환경의 장점을 비교할 때 설명한 것과 비슷한 일이 일어날 것이다. "자연적인 아름다움은 디지털의 아름다움과 대조를 이룬다. 디지털의 아름다움에는 다름 때문에 생기는 부정성이 완전히 제거되어 있다. 그래서 더없이 세련되고 매끈하다. 여기에는 구멍이 전혀 없어야 한다. 부정성 없는 안주를 뜻하는 '좋아요'가 이곳의 표지판 역할을 한다. 디지털의 아름다움은 세련되고 매끈한 동일성의 공간을 구성하며, 이 공간에서는 생소함이나 타자성을 용납하지 않는다. 그곳의 외관 양식은 외면성이 없는 순수한 내면이다. 심지어 자연마저도 자신의 창문으로 바꾼다."[11]

메타버스의 또 다른 문제는 그곳이 사람들이 구상하고 개발한 공간이라는 것이다. 따라서 모든 걸 포괄하지 못할 수 있으므로 개인의 자유나 선택이 현실세계보다 더 제한될 수 있다. 이에 대한 반론은 현실세계에서는 주도권이나 지식, 기술이 부족해서 경험을 넓힐 수 없다는 것이다. 이는 영화가 우리 혼자서는 예상하지 못했을 상황과 이야기에 주목하고 알아갈 수 있게 해주는 방식과 유사하다.

메타버스에서 하는 경험의 본질은 무엇인가?

메타버스를 생각하면 양수로 보호되는 양동이에 담긴 뇌에 대한 길버트 하트먼Gilbert Hartman의 비유가 떠오른다. 그 뇌는 일련의 자극과 정보를 전송하는 컴퓨터에 전극으로 연결되어 있다. 뇌는 낮에는 일상적인 업무를 하고 그다음에는 운동을 좀 하다가 친구들과 술을 마시고 마지막에 집에 돌아가 가족과 시간을 보낸 후 숙면을 취하는 우리의 하루 일과와 관련된 이미지와 감각 정보를 수신한다.[12] 뇌는 그렇게 수신한 모든 데이터와 자극이 인공적으로 만들어낸 것이라는 사실을 알지 못한다. 물론 자신이 '행한' 일들이 전부 사실인지 아니면 허구인지 자문해볼 수는 있겠지만, 뇌가 경험하는 인식과 생생한 인상이 그걸 현실로 만들기 때문이다. 마찬가지로, 우리도 자신과 연결된 컴퓨터가 전선에 묶여 있는 본인의 모습을 전송해주거나 누군가 우리 '세계'로 들어오는 길을 찾아내지 않는 이상 메타버스에 살고 있다는 사실을 결코 알아차리지 못할 것이다.

양동이에 담긴 뇌와 동일한 '감각'을 경험하게 된다면 대안적인 삶을 그리워하지 않을 것이다. 우리는 자기 뇌가 생물학적으로 몸과 연결되어 있지 않고 컴퓨터와 연결되어 있다는 사실을 깨닫지 못한다. 철학자 힐러리 퍼트넘Hilary Putnam의 설명에 따르면, 양동이 속의 뇌가 하는 경험과 실제 주체가 하는 경험이 다른 이유는 현실세계와의 관계를 박탈당하고 외부와의 인과 관계가 없기 때문이라고 한다.[13]

생물학적 연결을 포기하겠다고 일찌감치 결정하는 것과 양동이 속의 뇌와 컴퓨터에 연결된 전극 사진을 보는 것은 별개의 문제다. 소외에 대한 이런 예상치 못한 경고는 분명 감당하기 힘들 것이다.

메타버스 안에서만 살아가는 삶을 반대하는 가장 강력한 논거는 물리적 환경에서 경험한 감각과 감각 기억일 것이다. 우리의 육체적, 동물적 본성(인간은 이성을 갖춘 동물이다)은 실질적인 존재와 물질적, 신체적 경험에서 생기는 힘을 필요로 한다. 많은 사람들이 팬데믹 기간에 경험한 하이브리드 근무 환경 때문에 이런 느낌이 강해졌을 것이다.

메타버스의 장점은 물리적 세계를 영원히 포기하지 않고도 참여할 수 있다는 것이다. 두 가지 삶뿐만 아니라 더 많은 삶을 살 수 있는 기회를 주는 메타버스는 아마 가능한 모든 세계 중 가장 좋은 세계일지도 모른다. 하지만 완전히 확신이 들지는 않는다. 더운 여름날 오후에 아크로폴리스에 가서 지중해 바람에 서늘하게 식은 대리석 위에서 진행되는 빛과 그림자의 연극을 보며 곰곰이 생각에 잠기는 것은 그 어떤 가상세계와도 비교할 수 없는 경험이다.

시리는 틀림없이 비트겐슈타인에게
생각할 거리를 주었을 것이다

조지 루카스의 〈스타워즈〉(1977) 시리즈 첫 번째 작품에서 가장 사랑받은 캐릭터는 R2-D2와 C-3PO이다. 서로 성격이 매우 다른 이 사랑스러운 안드로이드는 산초 판자와 돈키호테의 사이버네틱 복제품이다.

우주선 수리용으로 설계된 R2-D2는 다른 여러 가지 작업도 수행할 수 있는 아스트로멕 드로이드다. 키가 작고 다부지고 똑똑하고 용감한 R2-D2는 수많은 문제를 효율적으로 해결하고 심지어 영화 주인공인 루크 스카이워커의 조종사로 활약하기도 한다. R2-D2가 내는 소리의 의미는 이해할 수 없지만 항상 옳은 말만 하는 듯하다.

반면 C-3PO는 600만 개의 언어와 의사소통 방식에 정통한 의전용 드로이드다. 균형 잡힌 체형에 황금 갑옷을 두른 C-3PO은 거만하고 심통 사나우며 전투에 참여하기에는 너무 세련됐다. 많은 언어를 처리할 수는 있지만 서투르고 겁이 많고 비실용적이다. 장애도 자주 발생하고 고철 더미 속에서 분해될 위험에 처하기도 한다.

〈스타워즈〉는 기술력을 이용해 인간과 드로이드 또는 다른 지각 있는 존재가 우주에서 사용하는 모든 언어를 처리하고 이해할 수 있는 세상을 상상한다. 우리는 아직 그런 단계에 이르지 못했지만 최근 몇 년 사이에 시리Siri, 알렉사Alexa, 코타나Cortana 같은 언어 인식 시스템이 일상생활의 일부가 되었다. 오늘날의 C-3PO는 구글 번역이 제공하는 번역 솔루션으로, 수백만 명이 이걸 이용해서 메시지를 다른 언어로 번역하거나 음성으로 변환한다. 챗봇이 인간과 최대한 비슷한 언어로 말할 수 있도록 개발된 마이크로소프트의 루이스LUIS나 진짜 저널리스트가 쓴 기사와 구분이 안 갈 정도로 수준 높은 기사를 생성하는 IBM의 왓슨Watson 같은 프로그램도 있다.

현재 사용 가능한 이런 번역 프로그램은 아직 불완전하고 C-3PO의 정확성과는 거리가 멀지만 그래도 이 정도면 충분하다. 이를 이용해 기본적인 의사소통을 하면 메시지가 왜곡되거나 자기 의도와 반대되는 말이 전달될 위험이 있다는 것은 다들 안다. 하지만 중국어로 인사를 건네거나 아랍어로 누군가의 안부를 묻는 것만으로도 충분하다.

지난 수십 년 사이에 음성 인식 및 언어 번역 기술이 비약적으로 발전하긴 했지만 아직 초기 단계일 뿐이다. 기술 언어를 사용하는 연구는 대규모 데이터베이스, 다양한 통계 리소스, 알고리즘, 인공지능을 기반으로 하는 자연어 처리NLP 프로그램을 개발하는 데 집중했다. 그러나 단어, 문장, 전체 텍스트 처리가 기하급수적인 규모로 이루어질 수 있다 하더라도 여전히 자연어 이해NLU를 충실히 재현할 수는 없다. 메시지에 대한 이해는 맥락, 소통하는 사람, 문화권, 단어 용법이나 의미와 관련된 수백만 개의 데이터 조각 같은 요소에 따라 달라진다. 예를 들어, 아주 재미있다고 생각되는 농담을 구글 번역기에 입력해서 다른 언어로 번역한 다음 해당 언어의 원어민에게 보내보라. 받은 사람이 재밌다고 여긴다면 당신은 코미디 쪽에 재능이 있는 것이다.

이탈리아에는 "트라두토레, 트라디토레traduttore, traditore"라는 말이 있다. 번역자는 반역자라는 뜻이다. 이는 어떤 아이디어나 표현을 다른 언어로 전달할 때 발생할 수 있는 잠재적 위험을 강조한다. 구글도 구글 번역기가 NLU를 재현하지 않는다는 사실을 인정한다.

온토로직Ontologik.ai 설립자인 왈리드 S. 사바Walid S. Saba는 최근 논문에서 활용 가능한 기술의 범위가 제한적일 뿐만 아니라 과학자들이 작업에 제대로 접근하지 못했다고 설명한다. "NLP에 대한 데이터 기반의 통계적인 접근 방식을 지지하는 이들은 간단한 언어 작업을 해결하는 데 관심이 있다. 그들의 동기는 언어가 작동하는 방식을 제안하는 것이 아니라 '아무것도 안 하느니 간단한 작업이라도 하는 편이 낫다'는 것이다. '낮은 가지에 매달려 있는 과일이라도 몇 개 따자'는 것이 그날의 구호였다. …… 우리 목표는 '이런 얼추거의맞기PAC 패러다임이 완전한 자연어 이해NLU로 확장될 것이라고 가정하면서 간단한 작업에 대한 실용적인 솔루션을 찾는 것'이었다." 사바는 이렇게 결론을 내렸다. "머신러닝과 데이터 기반의 접근 방식은 데이터에 '존재하지도 않는' 무언가를 찾으려는 헛된 시도를 하면서 무한을 쫓고 있다. 우리는 평범한 구어가 단순한 언어적 데이터가 아니라는 사실을 깨달아야 한다."[14]

NPL과 NLU의 차이를 잘 이해하려면 철학과 언어의 연결을 강조한 사상가 루트비히 비트겐슈타인에게 의지하는 것이 좋다. 영국 학자 A. C. 그레일링A. C. Grayling은 이 오스트리아 출신 철학자에 대한 2008년도 저서에서, "비트겐슈타인은 20세기 철학을 전형적으로 대표하는 인물이다. 그는 본인의 작업뿐만 아니라 성격을 통해서도 철학이 어떤 것인지, 얼마나 어렵고 심오한지 보여준다"라고 말했다. 그러면서 "비트겐슈타인의 우회적이고 은유적이면서 때로는 모호한 부정과 제안을 짚어가는 여정은 길지만, 결과적으로 걸린 거리는 짧다"라고 결론을 내렸다.[15] 다시 말해, 비트겐슈타인은 그의 사상과 관련된 저술 내용 때문에 더 중요하다. 이런 단서가 붙기는 하지만, 비트겐슈타인의 사상적 기여는 NLU에 대한 기술적 답을 찾는 AI 연구자들이 직면한 과제를 이해하는 데 도움이 될 것이다.

그는 오스트리아-헝가리 제국에서 가장 부유한 집안에서 태어났는데, 그의 가족은 원래 유대계였지만 가톨릭으로 개종했다. 빈에 있는 비트겐슈타인 저택은 당대 가장 유명한 음악가, 작가, 기업가가 모이는 장소였다. 이 계몽된 환경에서 자란 루트비히와 그의 형제자매들은 어릴 때부터 많은 사상가와 예술가들를 접할 수 있었다. 그의 부모는 자녀들을 집에서 교육하기로 결정했고 이때 루트비히가 받은 백과사전적인 교육의 성과는 그가 누나를 위해 설계한 집(지금도 건축가들이 감탄하는)에서도 잘 드러난다.

비트겐슈타인은 원래 맨체스터 대학교에서 항공공학을 공부하려고 영국으로 갔지만 수학과 특히 철학에서 자신의 소명을 발견했다. 철학에 대한 그의 열정은 아마 논리적으로나 경험적으로 증명할 수 없는 것은 무의미하다는 논리실증주의의 근본 명제를 주장한 비엔나 서클Vienna Circle 회원들과 접촉하면서 생긴 것으로 보인다. 1차 세계대전 때는 오스트리아 제국군으로 복무하다가 적에게 생포되어 9개월간 포로 생활을 했다. 이때의 경험과 점점 확산되는 종교의식은 그의 사상보다는 성격에 많은 영향을 미쳐서 수도사가 되려는 시도도 여러 번 했고 억압된 동성애 성향 때문에 죄책감을 느끼기도 했다.

몇 년 뒤, 케임브리지 대학교에서 멘토인 버트런드 러셀을 만났고 이 대학 교수로 임용되었다.

비트겐슈타인은 특별히 행복한 사람은 아니었던 것 같다. 남아 있는 사진에서도 그의 부자연스럽게 비뚤어진 성격이 드러나고, G. E. M. 앤스콤G. E. M. Anscombe처럼 직접 가르친 제자들과는 가깝고 충성스러운 관계를 유지했지만 다른 학생들에게는 오만하고 편협하고 무례한 태도를 보였다. 대부분의 현대 대학에는 적합하지 않은 인물일 것이다.

그의 첫 번째 주요 저서인 『논리철학 논고Tractatus Logico-Philosophicus』와 관련된 '전기 비트겐슈타인'과 사후에 출간된 『철학 탐구Philosophical Investigations』와 관련된 '후기 비트겐슈타인'을 구분하는 경우가 많은데, 『철학 탐구』에서는 전기에 주창했던 중심 논제를 바로잡았다.[16]

'전기 비트겐슈타인'은 불균형한 야망을 품고 있었다. 그는 수수께

끼 같은 경구와 문장으로 구성되어 있는『논리철학 논고』시작 부분에서 언어의 논리를 이해하면 철학의 모든 문제를 해결할 수 있다고 말한다. 많은 사상가들의 생각과 다르게, 비트겐슈타인은 철학의 기능은 개인의 정체성이나 앎의 가능성, 진리의 정체, 올바른 행동 방식 같은 질문을 검토하는 것과 아무 관련도 없다고 생각했다. 비트겐슈타인이 생각하기에 이런 문제는 언어를 지배하는 규칙을 모르기 때문에 발생하는 공허한 문제다.

언어에는 논리적 구조가 있으며 이를 풀어서 설명할 수 있으면 어떤 아이디어가 타당한지 이해할 수 있다. 이를 위해 비트겐슈타인은 언어를 구성하는 기본 요소인 명제와 이를 논리적으로 표현하는 방법을 분석한다. 그는 프레게Frege와 러셀, 그리고 비엔나 서클에 속한 사상가들이 이전에 기여한 내용을 활용한다. 당신도 논리 추론을 지배하고 프로그래밍이나 계산 같은 다른 분야에 많은 영향을 미친 논리 규칙, 진리표, 연역적 논증, 추론, 삼단논법 등을 이용한 이런 분석에 익숙할 것이다.

모든 추론은 논리적 분석 대상이 될 수 있고 이런 절차로 설명할 수 없는 것은 전부 쓸모가 없으며 언어에는 철학이 설명해야 하는 구조가 있다는 확신은 NLP 설계자들이 취하는 접근 방식과 매우 유사하다. 이 범주에 따라 개발된 프로그램은 통계와 AI가 제공하는 복잡한 분석에서 문장 의미를 식별하는 것을 목표로 한다. 이 절차를 이용해서 개발된 알고리즘을 적용하면 모든 텍스트를 다른 언어로 번역할 수 있다.

이제 짐작이 가겠지만, 지적 성숙기에 접어든 '후기 비트겐슈타인'은

『논리철학 논고』에 발표했던 자신의 논문을 재검토하고 수정했다. 그의 기본적인 제안은 언어의 의미는 용도에 따라 결정된다는 것인데 분석철학을 지지하는 사상가들은 이 개념을 받아들였다. 예를 들어, 법 분석 이론의 옹호자들은 '의무', '자유', '계약' 같은 개념의 의미를 이해하는 가장 좋은 방법은 판사나 변호사 같은 법률가가 거기에 부여한 의미를 확인하는 것이라고 주장한다.

비트겐슈타인은 언어 구조를 해결하면 모든 철학적 문제를 해결할 수 있다는 자신의 초기 신념을 무시하고 언어와 의미의 복잡성을 보여주기 위해 비유를 사용한다. 그는 사람들이 본인이 말하는 언어에 부여하는 의미가 가족 구성원의 유사성과 비슷하다고 설명한다. 친척들을 살펴보면 외형적 유사성 외에도 행동이나 몸짓, 말하는 방식에서 어떤 유사점을 발견하게 된다. 언어에서도 이와 비슷한 일이 일어난다. 언어 사용자는 자기 집단에서 공통적으로 사용하는 단어와 문구에 감각과 의미를 부여하는데 이는 다른 집단의 언어와 매우 다를 수 있다.

이 후기 비트겐슈타인은 우리가 NLU를 제대로 이해하는 데 도움이 된다. 구체적으로 말해서, 언어를 보편적으로 처리하거나 특정한 상황에서 사용자가 쓸 수 있는 구문을 전부 번역하는 건 어렵다는 것을 알아야 한다. 아주 짧은 농담을 다른 언어로 번역하는 예를 다시 생각해보자. 아니면 파트너에게 던진 짤막한 의견("저 블러디 메리는 지치지도 않고 떠드네")을 AI가 어떻게 처리할지 생각해보자. 이 말은 옆 테이블에 앉아 토마토주스를 섞은 보드카를 마시면서 계속 떠드는 수다스러운 사람을 가리킨 것이다. 지금은 가장 뛰어난 AI도 대부분 단어를 문자 그대로 번역한다. 마찬가지로, 시리에게 "어제 정말 마음에 들어했던 그 노래"를 틀어달라고 요청하면, 시리는 요청사항을 다시 얘기해 달라는 말만 계속 반복한다.

아마 비트겐슈타인은 사상가로 성장하는 동안 자신의 원래 접근 방식이 얼마나 허세적인지, 그리고 철학의 위대한 질문은 구조화된 논리적 명제로 환원할 수 있는 대상이 아니라 변증법적이고 상호작용적이고 사회적인 동시에 때로 논란의 여지가 있는 존재라는 것을 깨달았을 것이다.

아마 실제 문제를 해결하고 효과적으로 소통하려면 전 세계 모든 언어의 단어와 구문을 알고 다양한 언어의 어휘들 사이의 동의성을 아는 것만으로는 충분치 않고, 상황의 의미와 다른 사람들의 의도까지 제대로 이해해야 한다는 교훈을 얻었을 것이다. 사실 가장 발전된 가상 드로이드도 아직 우리 기대에 미치지 못한다. C-3PO는 단어 의미를 알고 있으면서도 말도 안 되는 소리를 하는 듯하다. 이제 그를 믿지 말고, 심지어 그가 하는 말이 말이 된다고 여기는 것도 그만둬야 한다. 언어는 인간적인 현상이고, 대단히 인간적이다.

4
무엇이 로봇을 움직이는가

고전문학에는 인공지능^{AI}의 선례가 나온다. 호머는 『일리아드』에서 대장장이 헤파이스토스가 여자 조각상을 두 개 만들어 이해력과 언어 능력을 부여한 뒤 천상의 대장간에서 함께 지냈다고 이야기한다.

현대인은 인공지능이 발전한 이유 중 하나가 외로움이나 향수병 극복을 위한 것임을 알고 있다. 널리 주목받는 최근 기술 중에 마이크로소프트에서 특허를 받은 챗봇이 있는데, 이것은 이미지, 음성, 게시물, 이메일 같은 소셜 데이터를 이용해 살아 있거나 죽은 사람의 디지털 환생을 만들어낸다. 어떤 사람은 이런 챗봇을 불쾌하게 여기지만 어떤 사람은 사랑하는 이들의 추억을 되살릴 수 있는 기회로 여긴다.

노벨상 수상자인 가즈오 이시구로의 2021년 소설 『클라라와 태양

Klara and the Sun』의 주인공은 세련되고 친절하며 관찰력이 뛰어나고 이해심이 풍부한 현대판 로봇이다.[17] AA 카테고리에 속하는 이 로봇의 역할은 자신에게 배정된 미성년자를 돌보는 것이다. 클라라의 경우, 만성질환을 앓고 있는 조시라는 소녀에게 로봇 매장에서 선택되어 조시의 친구이자 동반자이자 간병자가 된다.

로봇은 어떻게 느끼고 생각할까? 이시구로는 클라라를 일인칭 화자로 정해서 이 로봇이 느끼는 일방적인 감정, 강한 의무감, 외부 세계에 대한 수학적 인식, 솔직함, 악의 없는 태도를 훌륭하게 묘사한다. 일부 등장인물의 말처럼, 클라라는 자신의 본성에 대한 탁월한 감수성을 발달시켰다. AA 등급에 속하는 다른 로봇들은 이해력이 더 피상적이고, 그보다 진화된 B3 등급의 로봇들은 완전히 비뚤어질 수 있다.

클라라의 행동에는 머신러닝의 징후로 볼 수 있는 두 가지 명확한 특징이 있다. 첫 번째는 태양의 치유력에 거의 종교적으로 집착하는 것이다. 태양 에너지로 구동되는 로봇 동료나 죽었다고 생각했던 노숙자가 아침에 햇빛이 비치자마자 깨어나는 등 자신이 경험한 상황과 연관지어서 이런 믿음에 도달하게 되었다. 클라라는 조시도 햇빛에 충분히 노출되면 치유될 것이라고 확신한다.

클라라의 또 다른 로봇적 특징은 추론을 뒷받침하는 논리인데, 여기에는 때로 철학적 깊이가 드러나기도 한다. 소설 후반부에서는 조시의 어머니가 딸이 죽으면 클라라를 딸의 클론으로 만들려고 클라라를 구입해서 조시처럼 움직이고 행동하고 생각하는 법을 배우게 했다는 사실이 드러난다. 다행히 조시의 태양 치유 덕분에 이런 일은 일어나지 않지만, 조시를 대체하는 것이 얼마나 허황된 기대인가에 대한 클라라의 추론은 상당히 흥미롭다. 클라라는 자기가 조시의 성격을 모두 모방하고 조시처럼 말하고 생각하는 법을 배우더라도 절대 모방할 수 없는 특별한 것이 있다고 설명한다. 하지만 그 특별함은 복제 가능한 조시의 안에 있는 것이 아니라 조시를 사랑하는 사람들 안에 있는 것이다.

클라라의 우려를 보면 아이리스 머독의 『선의 주권』과 세상을 이해하는 데 있어 우리 내면의 삶이 얼마나 중요한지 떠오른다.[18]

이 내면세계는 우리의 애정, 우리가 다른 사람에게 느끼는 애정에 의미를 부여하고 한 사람에게서 다른 사람에게로 사랑이 옮겨가는 것을 매우 어렵게 만든다. 모든 애정 관계에는 항상 다른 사람에게 고백하는 사랑은 보답을 받는다는 일종의 유아론이 존재한다.

『클라라와 태양』은 생텍쥐페리의 『어린 왕자』를 연상시키는데, 이 책에서도 어린 왕자가 한 사람이나 사물에 대한 애정이 얼마나 독특한 것인지 숙고한다. 어린 왕자는 여러 송이의 장미가 피어 있는 것을 보고는 '자신의 장미'가 유일무이한 존재가 아니라는 것을 깨닫는다. 하지만 그는 장미들을 바라보면서 이렇게 말한다. "물론 지나가는 행인이 보면 내 장미, 내게 속한 그 장미도 너희들과 똑같다고 생각할 거야. 하지만 그 꽃 하나가 다른 장미 수백 송이보다 더 소중해. 왜냐하면 걔는 내가 물을 준 장미니까. 유리 덮개를 씌워주고 바람을 막아준 장미니까. 난 걔를 위해 애벌레도 잡아줬어(두세 마리 정도는 나비가 되도록 놓아줬지만). 난 걔가 투덜거릴 때도 자랑을 늘어놓을 때도 심지어 아무 말 안 할 때도 그애에게 귀를 기울였어. 왜냐하면 걔는 내 장미거든."[19]

5

로봇은 선하지도 악하지도 않은 우리의 창조물

인공지능AI의 미래와 그것이 사회에 미칠 영향을 추측하는 과학자와 작가들은 일반적으로 두 극단적 시나리오를 예상한다. 기술 진보가 인간 삶의 질을 향상시키는 유토피아를 예상하는 이들도 있고, 머신러닝의 발전 때문에 사회가 억압되고 인간이 불행을 겪으며 심지어 인류의 멸종으로까지 이어지는 디스토피아를 예견하는 이도 있다.

미래에 대한 예상은 대부분 머신러닝이 앞으로 몇 년 사이에 기하급수적으로 성장할 것이라는 가정에 기반한다. 머신러닝은 설계자가 프로그래밍하지 않은 자율적인 형태의 인공지능을 향상시키는 기능으로서, 데이터와 정보를 비선형적으로 연관시키는 딥 러닝과 함께 이해하고 혁신하고 감지할 수 있는 사이보그를 만들어낼 것이다. 지금까지의 경험상 현실이 항상 허구를 넘어섰고, 인간의 독창성이 우리의 상상을 뛰어넘는 제품을 만들어왔기 때문에 이는 그럴듯한 주장이다.

우리가 만드는 컴퓨터 군주가 본질적으로 선한 존재가 될지 아니면 악한 존재가 될지 의문을 품는 이들이 많다.

구글의 레이 커츠와일이나 "미래를 예측하는 가장 좋은 방법은 직접 미래를 창조하는 것"이라는 모토를 가진 싱귤래리티 대학 설립자 피터 디어맨디스Peter Diamandis,[20] 페이팔 공동 창립자인 피터 틸Peter Thiel 등 은 인공지능이 주로 선한 방향으로 움직일 것이라고 옹호한다.

반면 마이크로소프트 설립자 빌 게이츠, 테슬라의 창업자 일론 머스크, 스티븐 호킹 등은 인공지능의 잠재적인 결과를 우려한다.[21]

MIT의 맥스 테그마크Max Tegmark는 AGI(범용 인공지능)가 제작자도 예상하지 못한 속도로 진화하고 있다고 말한다. 그의 최신 저서인 『라이프 3.0Life 3.0』의 서두에 나오는 허구의 이야기에서 과학자들이 프로메테우스라는 엄청난 기계를 만들었는데, 이 기계의 지적 능력이 작동하는 동안 기하급수적으로 증가했다.[22] 초기 단계에는 프로메테우스가 데이터와 정보를 이용해 중요한 결정과 가치 분배를 제어하고 영향력을 행사해서 제작자들에게 글로벌 정치와 경제를 통제할 수 있는 힘을 안겨준다. 프로메테우스를 통제하려면 소유주가 연결을 차단해서 외부 네트워크에 액세스하지 못하게 해야 걷잡을 수 없이 성장하는 걸 막을 수 있다. 그러나 프로메테우스는 학습을 통해 이런 장벽을 극복하고 소유주에게서 벗어나 완전한 자율권을 얻어 결국 세계를 장악한다.

테그마크의 디스토피아 비전은 상당히 충격적이어서 아서 C. 클라크의 『2001: 스페이스 오디세이』에 나오는 HAL^Heuristically programed Algorithmic computer을 비롯해 문학과 영화에 등장한 에피소드가 떠오른다.[23] HAL은 디스커버리 우주선을 관리하는 중앙 컴퓨터다.

무엇이 기계를 선하거나 악한 지적 존재로 만들까? 나는 인간의 도덕적 성향이나 신념에 따라 달라진다고 생각한다. 『창세기』에 나오는[24] 표현처럼 인간은 자신의 형상이나 모양을 투사하려고 할 테고, 이 발명품을 통해 자신을 지적으로 재현하려고 할 것이다.

인간이 작품을 통해 자신을 전파하려고 하면서 그 결과가 좋을지 나쁠지 예상하는 데 관심이 있다면, 철학자들이 인간 본성과 관련해서 공식화한 두 가지 비전을 고려해야 한다.

사회계약론의 아버지인 장자크 루소가 볼 때 인간은 본질적으로 선량한데 사회에 진입하면 타락한다.[25] 그의 철학은 문명 밖에서 자란 인간은 무고하고 순수하다는 믿음인 고귀한 야만인의 신화에 힘을 실어주었다. 이 모델은 『타잔』이나 『정글북』[26] 같은 소설에서 재현되었는데, 여기에서는 자연적인 상태가 인간의 삶에 충만함을 안겨주고 사회에 통합되는 것은 좌절의 원천이라고 표현한다. 루소가 생각하기에 사회는 개인의 자유를 제한하고 불평등을 증가시킨다.

루소가 공동체의 장점을 불신한 것은 실패와 모순으로 얼룩진 자신의 삶 때문이다. 예를 들어, 그는 아내의 가족이 아이들에게 좋은 교육을 제공할 수 없다는 이유로 자기 자녀들을 고아원에 맡겼고 자신의 비방자들뿐만 아니라 친구들과도 끊임없이 논쟁을 벌였다.

앞서도 말했듯이 토마스 홉스는 인간은 인간에게 늑대이고 법과 국가의 권력 독점을 통해서만 인간의 생존이 보장된다고 주장했다. 사회에 대한 대안은 무질서와 폭력이다.

홉스의 주장은 역사에 뿌리를 두고 있다. 그는 1642년에 시작된 9년 간의 영국 내전을 겪었고, 찰스 1세의 다른 지지자들과 함께 암스테르 담으로 도망쳐서 『리바이어던Leviathan』이라는 고전을 집필했다.[27]

인간이 도착적인 행동이나 악을 지향하는 경향이 있다면 그들의 창조 물도 그럴 것이다. 시간이 지나면서 인간들의 임무를 탈취하고 승무원 들을 제거하기로 결정한 HAL은 전형적인 사악한 로봇이다.

인공지능이든 아니든 모든 형태의 지능이 지닌 핵심 속성 중 하나가 생존이고 다른 생명체와 갈등이 발생할 경우 자신의 생존을 선택한다 는 사실을 감안하면 HAL의 행동은 놀랍다. 게다가 엄밀히 따지면 그 들은 연약한 인간보다 더 강하다.

세 번째 견해는 기술이 도덕적으로 중립이라는 것이다. MIT 컴퓨터 과학 및 인공지능 연구소의 다니엘라 러스Daniela Rus 소장의 설명처럼, "사람들은 AI가 도구에 불과하다는 것을 이해해야 한다. 다른 도구와 마찬가지로 AI도 본질적으로 선하거나 악하지 않다. 전적으로 우리가 그걸 어떻게 사용하느냐에 달려 있다. 나는 AI를 이용해서 엄청나게 긍정적인 일을 할 수 있다고 믿지만, 그게 당연한 것은 아니다."[28]

루소와 홉스가 제공한 인간 본성에 대한 두 가지 해석을 분석하면서 어느 쪽이 현실에 가까운지 물어봐야 한다. 이때 자신이 남기고 싶은 유산이 무엇인지 자문해보는 건 어떨까? 당신 자리를 대체할 후임자를 고민할 때 본인보다 더 나은 사람을 선택하겠는가?

6
원격 근무 논쟁

계속 확장되는 지식경제 체제에서는 사람들이 더 이상 특정한 장소나 시간에 얽매일 필요가 없는 업무가 늘어나고 있다. 또 팬데믹을 거치면서 직장은 물론이고 직업적인 관계까지 돌이킬 수 없을 정도로 변했다. 일례로 기업들이 회의와 면담을 가상환경에서 진행하면서 이제 거의 모든 활동을 온라인으로 수행할 수 있게 되었다.

따라서 이제 직원과 고용주가 직면한 문제는 재택근무와 사무실 근무를 결합시킨 것 가운데 생산성, 보안, 내구성을 보장하는 가장 효율적이고 지속 가능한 하이브리드 환경은 무엇인가 하는 것이다.

재택근무를 할지 아니면 예전처럼 일주일 내내 사무실에 출근할지 결정하기 전에, 자기가 하는 일에 만족하고 이를 개인적, 전문적인 발전

기회로 간주하고 직장에서 동료들과 협업하는 것을 즐겨야 한다. 이런 직무 만족도 맥락에서 볼 때(갤럽 여론 조사에 따르면 대부분의 사람들이 자기 직무에 불만족하는 것으로 나타났지만[29]) 무단결근은 여전히 드물고 사람들을 사무실로 강제로 출근시키는 조치는 역효과를 낳는다.[30]

연구에 따르면 대부분의 사람들에게 이상적인 상황은 적어도 근무시간 중 일부는 재택근무를 하는 것이다. 일주일에 1~3일은 재택근무, 2~4일은 사무실 근무 등 그 비율은 상황에 따라 다르다.[31] 물론 고객이나 다른 이해관계자와 직접 대면해야 하는 직책이나 인프라 관리, 유지보수, 대표, 고위 경영진 등의 직무는 일반적으로 현장에서 더 많은 시간을 보내야 한다. 내 경험에 따르면 젊은 세대는 디지털 환경에서 관계를 맺는 데 익숙하기 때문에 재택근무에 더 관심이 많은 듯하다. 또 직장에서 멀리 떨어진 곳에 살거나 대도시에 거주하는 사람들도 재택근무를 좋아한다.

어쨌든 조직에서 재택근무를 시행할 경우 자발적으로 유지하는 것보다 의무화하는 편이 더 낫다는 것이 최근 연구에서 밝혀졌다.[32] 재택근무가 선택 사항인 경우에는 계속 사무실에 출근하는 직원이 득을 보는 경향이 있는데, 이는 그들의 헌신과 의지가 눈에 보이고 경력 발전 기회도 늘어나기 때문이다.

전문가들은 팬데믹 이후에는 출장과 컨퍼런스에 직접 참석하는 일이 줄어들 것이라고 말했다.[33] 또 사내회의도 줌Zoom이나 팀즈Teams 같은 디지털 플랫폼에서 진행되는 일이 많을 것이다. 일부 회사에서는 부서 간의 폐쇄적인 분위기를 해소하고 조직 내 통합을 장려하고 다른 부서의 동료를 초대해 혁신을 촉진하기 위한 전략의 일환으로 온라인 회의를 사용하기 시작했다.

하지만 온라인 회의는 대면회의에서 종종 발생하는 비공식적인 교류의 기반을 제공하지 않는다. 그래서 일부 기업들은 이제 지식과 정보를 공유하고 교차횡단 기회를 만들고 조직문화를 구조화하기 위해 사교적인 요소가 포함된 회의를 마련해서 더 광범위한 이해관계자를 초대한다.

전통적으로 근태는 출퇴근 기록부터 시작해 직원의 성과를 측정하는 데 중요한 부분이었다. 그러나 디지털혁명이 확산됨에 따라 이제 활동 완료, 목표 달성, 영향력 측정 등을 통해 성과를 잘 측정할 수 있게 되었다. 하지만 기성세대는 여전히 사무실에서 근무하는 시간에 특별한 의미를 부여한다. 사무실에 직접 나오는 것이 더 이상 중요하지 않다면 지속적인 성과를 평가할 수 있는 혁신적인 시스템을 개발하고 보다 시의적절한 목표를 설정해야 한다.

그래도 많은 사람들의 경우 매일 사무실에 출근하는 것은 동료와 직접 대화할 기회이자 정보와 뉴스를 공유할 기회라는 사실을 기억해야 한다. 더 이상 종일 사무실에서 시간을 보내지 않을 생각이라면 효과적인 채널을 통해 내부 커뮤니케이션을 개선해야 한다.

재택근무가 늘어난다는 것은 지식을 업데이트하거나 기술을 개발하고, 보다 확고한 기업 정체성을 키우며, 조직의 문화와 가치관을 전파하는 데 도움이 되는 사내교육 프로그램의 필요성이 커진다는 뜻이다.

그리고 재택근무는 더 편하고 일과 삶의 균형을 개선하는 데는 좋지만 스트레스 증가, 소외감, 심지어 고립감과 우울증 같은 반대 효과를 초래할 수도 있다. 따라서 조직들은 건강 및 웰빙 프로그램 도입을 고려해야 한다.

팬데믹으로 인한 봉쇄 기간 동안 어디서든 일할 수 있다WFA는 것을 깨달았다.[34] 이제 인터넷 연결만 잘 된다면 일 년 중 일부를 완전히 다른 곳에서 보내는 것도 생각할 수 있고 자녀가 있는 가정은 아이들 교육 과정의 일부를 온라인으로 진행할 수도 있다. 겨울에는 남아프리카공화국에서 지내고 여름에는 아이슬란드에서 지내는 것도 가능하지 않겠는가?

7

왜 일에 관한 글을 쓴 철학자가 별로 없을까

일이 우리 삶에 미치는 영향을 생각해보면, 일에 관해 고찰한 철학자가 그렇게 적다는 것은 놀라운 일이다. 그리고 노동을 고찰한 소수의 철학자도 노동이 개인적 발전에 미치는 영향보다는 우리가 노동에 부여하는 가치와 원칙, 혹은 노동이 조직되고 실행되는 방식을 주로 살폈다. 장 폴 사르트르 같은 좌파 철학자들은 생산수단과 관련해서 노동을 탐구했다. 사르트르는 "마르크스주의를 몸소 실현한 거대하고 단호한 노동 대중의 끈질긴 존재" 덕분에 "철학을 위한 노동의 황금기가 도래했다"고 주장했다.[35]

프랑스의 사회철학자이자 정치활동가인 시몬 베유도 고전철학에서 이 주제에 대한 관심이 부족한 것을 비판하면서 1930년대에 이런 글을 남겼다. "노동철학은 아직 만들어지지 않았다. 이는 이 시대에 꼭 필요한 철학이다." 그러면서 "예술/과학/노동/철학이 우선인데 플라톤은 이중 겨우 절반만 다루었다"라고 덧붙였다.[36]

전통적인 대기업들이 인재를 유치하고 유지하는 데 어려움을 겪는 지금 같은 시기에는 베유의 아이디어가 더욱 흥미롭다. 앞에서 얘기한 것처럼 오늘날의 디지털 및 지식경제 체제에는 더 이상 사무실에 출근해서 일할 필요가 없는 직종이 많아졌고, 갈수록 많은 기업들이 가상 환경에서 회의를 개최해 생산성을 높이는 동시에 시간과 비용을 절감하고 있다.

재택근무는 업무 유연성과 관련이 있기 때문에 재택근무가 가능한 직종에 종사하는 사람들이 물가가 비싼 도시를 벗어나 더 큰 집을 사서 보다 나은 삶을 즐길 수 있는 작은 마을이나 시골로 이사하는 경우가 점점 늘어나고 있다.

여러 대기업 및 중견기업 임원들과의 인터뷰나 대화를 통해 대부분의 기업들이 어떤 형태로든 재택근무를 유지하고 있다는 사실을 알게 되었다. 사무실로 복귀한 직원들도 대개 일주일에 하루 이틀은 재택근무를 하고 있으며 다양한 형태의 유연근무제를 시행 중이다.

재택근무를 지지하는 이들은 재택근무를 하면 주말이 늘어나거나 근무일이 줄어들어서 주당 근무시간이 짧아진다고 말한다. 하지만 그 대가로 직원들은 기존 근무시간 외에도 사무실과 연결되어 있는 시간이 더 늘어나는 경향이 있다. 따라서 재택근무는 일과 삶의 균형을 개선해 가족과 더 많은 시간을 보낼 수 있게 해주지만, 일과 사생활의 경계가 모호해져서 스트레스가 증가하고 소외감이나 고립감을 느끼게 되며 심지어 우울증까지 생길 수 있다.

게다가 온라인상으로 일하다 보면 직장에서만 맺을 수 있는 중요한 비공식적 인맥, 오가다 나누는 대화, 깜짝 만남, 즉흥적인 의견, 필수적인 교류 등이 사라진다. 일은 사회적 활동이며 이런 모든 대면 접촉은 지식을 전파하고 동료애를 키우고 기업문화를 강화하고 새로운 비즈니스 기회를 찾는 데 도움이 될 수 있다.

최근에 경영자들과 인터뷰를 하면서 들은 중요한 우려 사항 중 하나가 팬데믹이 인재 유치 및 유지에 미친 영향이었다. 이른바 대大퇴사 바람이 불면서 많은 전문가가 직장을 그만두었다. 이 현상은 2021년 중반에 처음 감지되었는데 이는 여전히 완전 고용에 가까운 상태를 유지하는 미국에서 봉쇄가 해제된 시기와 일치한다. 분석가들은 처음에는 많은 전문가들이 재택근무를 경험하고 공급업체나 고객과 온라인으로 직접 소통하면서 스스로 주도권을 잡을 수 있게 되자 기업가 정신이 고취되고 프리랜서 전향이 늘어났기 때문에 이런 이탈이 발생했다고 주장했다.[37] 확실히 집에 갇혀 지내던 시기에는 상사나 부하 직원과 직접 대면하는 것이 불가능해서 독자적으로 결정을 내려야 했기 때문에 사람들의 자율성이 높아졌다.

그러나 이 현상을 면밀히 관찰하고 검토해보면 일과 삶의 균형보다 다른 우선순위가 있음을 알 수 있다. 2021년의 퓨 리서치 센터Pew Research Center의 조사에 따르면 대퇴사가 발생한 가장 중요한 이유 4가지는 낮은 임금(63퍼센트), 승진 기회 부족(63퍼센트), 직장에서의 존중

부족(57퍼센트), 자녀와 더 많은 시간을 보내기 위해서(48퍼센트)였다.[38]

이렇게 드러난 결과에 비추어서 지금 퇴사를 고려하는 개인과 이 상황을 겪고 있는 기업들에게 몇 가지 조언을 해주고자 한다.

• 개인을 위한 조언

첫째, 본인의 경력을 단거리 경주보다는 마라톤, 즉 장기적인 게임으로 여기는 것이 좋다. 그래야 자신이 저항하는 가치관에 따라 결정을 내릴 수 있다. 때로는 그 가치관에 따라 상당한 변화를 받아들이기도 하고 때로는 한 회사에 오래 근무하거나 평생 머물기도 한다.

개인적인 예를 하나 들자면, 나는 예전에 학교를 졸업한 뒤 마드리드 콤플루텐세 대학교의 법철학 조교수로 일했다. 처음에는 그곳에서 경력을 잘 쌓을 수 있으리라고 생각했지만 옥스퍼드 대학에서 박사 과정을 마치고 돌아온 뒤 승진 기회를 두 번 이상 놓치고는 아무래도 여기선 승진이 불가능하겠다는 생각이 들었다. 그래서 진로를 바꿔 MBA를 취득하기로 결심했고, 결국 IE 경영대학원에 채용되어 30년간 근무했으니 운이 매우 좋았던 셈이다.

상호주의가 성립한다면 회사에 대한 충성심에도 보상이 따른다. 어떤 이유에서인지 젊은 전문가들 중에는 3년마다 한 번씩 승진하지 못하면 회사를 떠나는 편이 낫다고 믿는 이들이 많다. 특히 컨설팅과 감사 분야의 몇몇 조직들은 이걸 규칙으로 정해놓은 탓에 직원들은 이 규칙을 따라야만 한다.

하지만 통계를 보면, 미국과 유럽의 CEO들 대부분은 최대 세 곳의 회사에서 일했고 그중 4분의 1은 계속 같은 회사에 머물렀다.[39] 이는 기업문화와 이해관계자들의 가치를 인정하고 업계에서 귀중한 인맥을 구축한 사람이 회사에 가장 가치 있는 사람임을 보여준다.

너무 중요한 인물인 양 행세하지 말고 겸손한 태도를 기르는 것이 가장 좋다. 겸손은 야망이 부족하다는 걸 드러내는 것이 아니며 자만심보다 진실에 더 가깝다. 다들 오해와 과잉 반응 때문에 본인의 성과나 아이디어에 대한 의견에 상처를 받은 적이 있을 것이다. 때로는 기분이 상해서 사직하거나 사직하겠다고 위협하는 사람들도 봤다. 난 그런 압박은 딱 한 번만 가할 수 있고 그것도 믿는 구석이 있을 때만 가능하다고 생각한다.

사실 경력을 쌓는 동안 계속 뭔가를 배우게 되므로 비판을 받아들이고 기분이 상할 만한 객관적인 이유가 있는지 이해하려고 노력하는 것이 최선의 태도다. 이럴 때 가장 좋은 방법은 건설적인 조언을 해줄 진정한 친구에게 조언을 구하는 것이다. 그리고 냉철하게 결정을 받아들이고 최소 48시간 이상 해당 문제를 숙고해야 한다. 숙고할 시간이 생기면 상황을 바라보는 시각이 달라질 수도 있다.

야심 찬 사명, 높은 성장률, 사회적 헌신, 글로벌 입지를 보유한 혁신적인 기업은 최고의 인재를 유치한다. 일반적으로 이런 회사는 '일하기 좋은 100대 기업' 같은 사이트에 오르는 경향이 있지만, 혁신적인 추진력을 유지하지 않으면 이 순위표에서 자리를 지킬 수 없다. 이런 조직들은 매력적이고 독창적인 내러티브를 가지고 있을 뿐 아니라 집단적인 열정을 불러일으키고 직원과 경영자의 열정을 고취시킨다.[40]

급여 인상과 정기적인 성과 연계 급여 개선이 인재 유지에 필요한 전제 조건이라는 것은 분명하지만 그것만으로는 충분하지 않다. 팬데믹으로 인해 발생한 여러 가지 재정적, 운영적 어려움 때문에 직원들의 급여를 올려주기 힘든 회사들이 많다. 게다가 우크라이나 전쟁으로 기존의 위기가 확대되면서 인플레이션이 급등하고 생활비도 더 올랐다. 이런 상황에서 특히 경쟁이 치열한 부문이나 주요 직책의 급여를 올려주지 못하면 가장 인기 있는 인재는 다른 곳으로 눈을 돌릴 수밖에 없다. 훌륭한 인재는 항상 희소성 높은 자원이며 팬데믹의 경제적 영향에서 아직 회복 중인 많은 기업들에게 이는 중요한 과제다.

자신의 기술을 확대해 회사에서 핵심적인 역할을 하려고 하는 최고의 전문가들은 확실한 커리어 계획이 마련되어 있는 조직에서 일하는 것을 선호한다. 이런 계획이 있어야 기대치가 높아지고 직원들의 관계가 공정해지며 성과에 대한 보상을 받을 수 있을 것이라는 인식이 생긴다.

이것과 직접적으로 연결된 교육 프로그램이나 숙련도 향상 및 재숙련화 과정은 근로자의 고용 자격을 향상시키고 그 대가로 신뢰와 충성심을 얻으려는 회사의 노력을 보여준다. 경제의 모든 부문에서 진행 중인 영구적인 변화를 감안하면 회사와 직원 모두 장기적인 노력을 기울여야 한다는 사실을 알아야 한다.

기업의 가장 소중한 자산은 인재라는 말을 자주 한다. 팬데믹이 끝나고 정상 상태로 돌아온 뒤 대퇴사와 그와 유사한 추세 때문에 이직 바람이 부는 속에서 인재를 계속 유지하고자 하는 기업은 말만 하지 말고 행동으로 옮겨야 한다.

8
교육은 단순한 지식 전수가 아니다

AI를 이용해서 교육과 개인 발전에 혁명을 일으킨 기계를 만들었다고 상상해보자. 에듀카트론^{Educatron}이라는 이 기기는 과거에는 습득하기까지 평생이 걸리던 지식을 단 몇 초 만에 전송할 수 있다.

형태는 옛날 공중전화 부스와 비슷하게 생겼고 광택 나는 티타늄 외장에 내부로 들어갈 수 있는 조용한 자동문이 달려 있다. 이 기기는 내부 제어판에서 디지털 방식으로 작동하며, 가상 도서관을 포함해 전 세계 도서관에 있는 모든 지식을 약 2분 만에 전달할 수 있다. 또 사용자는 몇 분 안에 5개 국어를 가르치도록 기기를 프로그래밍할 수도 있다. 새롭게 습득한 이 전문 지식의 정확성과 엄청난 범위 덕분에 사용자는 어떤 대학이든 다 들어갈 수 있고, 실제로 일부 명문 대학들은 에듀카트론을 설계한 회사와 이미 계약을 체결한 상태다.

게다가 에듀카트론은 고통스럽지 않은 학습 과정을 제공하며 부작용도 없다. 이 기기를 출시한 회사는 어떤 기술을 이용해서 개발했는지 공개하지 않았지만, 철저한 테스트를 거쳤기에 안전하고 신뢰할 수 있다고 주장한다.

어느 날 아침식사를 하면서 이 기기에 대한 기사를 읽는다고 상상해보자. 이 기기의 강력하고 즉각적인 효과를 알고 금전적인 여유도 있다면 이것을 사용하고 싶을까?

가끔 컨퍼런스 청중에게 이 허구의 사례를 제시하곤 한다. 하지만 놀랍게도 에듀카트론을 사용하겠느냐고 물어보면 손을 드는 사람이 거의 없다. 하지만 내 청중은 대부분 모험을 즐기는 기업 임원이나 기업가들이기 때문에 이는 위험을 회피하기 위해서가 아니라 대중의 관심을 끄는 것이 두려워서일 것이라고 생각한다.

에듀카트론은 공상과학 소설처럼 보이지만 현실이 허구를 능가하는 경우가 많으며, 올바른 수단만 마련되면 상상이 현실이 될 수 있다는 걸 기억해야 한다. 고대 그리스 철학자이자 과학자인 아르키메데스가 말했듯이, 충분히 긴 지렛대와 적절한 지렛목만 있으면 지구도 들어올릴 수 있다.[41] 에듀카트론의 과제는 적절한 지렛대와 지렛목을 찾는 것이다.

간단히 말해, 에듀카트론은 아직 존재하지 않지만 개념화를 통해 그걸 가능성의 영역으로 끌어올릴 수 있다. 예전부터 수많은 소설과 영화가 즉시 학습이라는 아이디어를 탐구하면서 현실을 예측했다. 오비

디우스부터 가즈오 이시구로에 이르기까지 때로는 문학적 상상력이 현실에 미치지 못한 것이 분명하지만 기술이 발전하고 시간이 흐르면서 이런 발명품과 환상 가운데 상당수가 실제로 구현되었다.

에듀카트론은 우디 앨런의 오르가스마트론Orgasmatron에서 영감을 얻었다. 이것은 그의 1973년 영화 〈슬리퍼Sleeper〉의 하이라이트 중 하나인데 이 영화는 사람들이 더 이상 성관계를 맺지 않고 대신 이 기계를 통해 10초 만에 만족감을 얻는 미래 세계를 배경으로 한다.[42] 앨런은 기계 내부에서 무슨 일이 일어나는지 보여주지 않았지만, 신음과 쾌락의 비명이 들린 뒤 사용자들이 마치 아무 일도 없었던 것처럼 완벽한 옷차림으로 기계에서 나온다. 영화 줄거리를 보면 오르가스마트론을 이용해 인구과잉 문제를 해결하고 후손들에게 주기적으로 잠깐의 쾌락을 제공했음을 추론할 수 있다.

컨퍼런스 청중에게 종종 던지는 두 번째 질문은 그렇게 짧은 시간 안에 그렇게 많은 지식을 습득할 수 있을까 하는 것이다.

어떤 이들은 에듀카트론이 학습의 요점, 학습 과정의 본질을 놓쳤다고 대답한다. 배우려고 노력하는 것은 인간의 행복과 발전, 성격 형성의 근간이다. 우리는 알고 생각하고 이해하는 경험이 힘들기는 해도 만족스러운 활동이기 때문에 공부를 하고 수업과 강의에 참석하는 것이다.

이른바 노력의 문화, 즉 개인의 성공과 행복은 그 개인과 의지력 발휘, 성격과 인내심을 형성하는 습관의 실천에 달려 있다는 견해를 옹호하는 사람도 있고 비판하는 사람도 있다. 앞서 1장에서 얘기한 것처럼, 기회 균등을 위해 노력하는 사람들은 개인의 목표를 달성하기 위한 근본적인 요소로 노력을 강조한다. 능력주의와 불평등이 사회적 이동성을 저해한다고 믿는 사람들은 노력의 가치를 깎아내리면서 아무리 의지가 강한 사람도 목표를 달성할 수 없다고 생각한다. 양측 모두 사실과 데이터를 자신들의 진단과 제안의 기초로 사용한다. 다른 양극화된 논쟁과 마찬가지로 양측 모두 설득력 있는 주장을 펼친다.

교육에서 노력의 중요성을 가장 먼저 지지한 사람 중 한 명은 아리스토텔레스였다. 그는 자신의 저서 『정치학Politics』에서 아이들에게 음악을 가르치는 문제에 대해 쓰면서 이렇게 지적했다. "이제는 오락을 젊은이들의 교육 목표로 삼아서는 안 된다는 사실을 쉽게 알 수 있다. 오락은 학습과 어울리지 않는다. 학습은 고통스러운 과정이다."[43] 아리스토텔레스는 음악 공부를 하는 이유는 그 유용성이나 직업적인 기술 연마를 위해서가 아니라(음악가의 경우는 예외다) 인성 발달에 기여하고 젊은이들이 여가 시간을 잘 즐기도록 하려는 것이라고 해명한다. 그의 요지는 모든 학습에는 노력이 필요하고 특히 학문이나 경력의 초기 단계에는 더 노력을 기울여야 한다는 것이지, 학습 과정 자체가 근본적으로 고통스럽다는 뜻은 아니다.

학습 곡선이 이를 증명한다. 새로운 언어를 공부하기 시작할 때는 많은 시간과 노력을 투자해야 하지만 시간이 지나면서 습득한 지식과 기술이 늘어나면 필요한 노력의 양이 줄어든다. 그러다가 다음 단계가 시작되면 과정이 다시 힘들어져서 더 많은 시간을 투자해야 한다. 다들 새로운 과정을 시작할 때는 어려움을 겪지만 사용하는 개념에 익숙해지는 순간이 온다. 그때가 되면 습득한 지식에 대한 만족감과 건전한 행복감을 느낀다.

미국 출신의 교육자이자 철학자인 존 듀이는 교육계에서 가장 영향력 있는 사상가 중 한 명이다. 듀이의 연구는 에듀카트론 같은 기기가 학교에서 이루어지는 학습 과정을 대체할 수 없는 이유를 이해하는 데 도움이 된다. 듀이에게 있어 교육의 목적은 단순한 지식 전달이 아니고 하물며 사상 주입은 더욱이 아니다. 교육의 근본적인 목적은 우리를 사회에 통합하는 것이다. "사회제도로서의 학교는 기존의 사회생활을 단순화하여 초기 형태로 환원시켜야 한다."[44]

이를 위해서는 교육 환경이 학생들이 졸업 후에 접하게 될 환경과 동일해야 한다. 듀이는 교육이 사회적 과정이고 따라서 다른 사람들과의 상호작용 및 관계 형성이 필요하다고 설명한다. 이런 상호적인 방식을 통해 학생들은 교사에게 배우는 것만큼 다른 학생들에게서도 배울 수 있다. 따라서 교육 자체 또는 시뮬레이터를 통해서 할 수 있는 지식 습득이나 기술 개발만으로는 교육 공간에서 진행되는 사회적 삶을 복제할 수 없다.

교육과 학습의 이런 기능은 교사를 통해서도 추론할 수 있다. "교사는 아이들에게 특정한 생각을 강요하거나 특정한 습관을 형성하려고 학교에 있는 것이 아니라, 공동체의 일원으로서 아이에게 영향을 미치는 것들을 선별하고 그런 영향에 적절히 대응하도록 돕기 위해서 있는 것이다." 이는 평가 시스템이나 시험의 방법론과 의미에도 적용된다. "시험은 아동의 사회생활 적합성을 테스트하는 경우에만 유용하다."[45]

이 책의 다른 장에서 그랬던 것처럼, 여기서도 이 분석의 핵심 포인트를 몇 가지 정리하고 싶다.

• 첫째, 학습 방법은 매우 다양하다. 전통적이고 획일적이며 표준적인 교육 공식과 다르게 새로운 기술과 방법론은 학습의 개인화를 용이하게 한다. 학습의 개인화, 각 학생에게 맞는 교육 방법, 잠재력을 최대한 끌어내서 각자의 재능에 따라 개발시키는 방법, 이것이 교육기관의 진짜 과제다. 에듀카트론은 각 사용자의 고유성에 맞게 조정할 수 없는 경우 사전 프로그래밍이 사실상 불가능한 이 과정을 단순화한다.

• 둘째, 진정한 지식의 특징 중 하나는 지식의 출처에 접근할 수 있다는 것이다. 셰익스피어의 희곡을 찰스 램Charles Lamb과 메리 램Mary Lamb이 어린이용으로 축약해놓은 내용으로 접하는 게 아니라 원전 그대로 읽으면 셰익스피어의 언어가 불러일으키는 감정을 직접 경험하고, 새롭고 특이한 생각을 자극하는 구절이나 단어를 스스로 이해하며, 예측하기 어려운 경험을 할 수 있다.[46]

책을 킨들Kindle 포맷으로 읽으면 독자들에게 가장 인기 있는 구절에 밑줄이 그어져 있는 것을 볼 수 있다. 하지만 당신은 다른 사람이 표시해 둔 구절만 읽는 것에 만족하지 않고 틀림없이 다른 구절에도 북마크를 할 것이다. 게다가 제구실을 하는 작가라면 본인의 작품이 몇 개의 인용문으로 요약되는 것을 원치 않을 것이다.

나는 형태의 리뷰가 유용하다고 생각하고 어떤 작품을 사거나 읽을지

정할 때 이를 참고하기도 하지만, 원작을 읽을 때의 경험은 요약된 내용을 훑어보는 것과 감히 비교할 수 없다.

- 마지막으로, 대학 학위를 받는 데 3년 이상이 걸리는 이유가 궁금할 것이다. 내 대답은 학습은 사회적인 과정, 즉 남들과 의견을 공유하고 토론하면서 서로에게 동의하거나 동의하지 않는 과정이라는 것이다. 게다가 내 경험에 따르면 지식도 좋은 와인처럼 시간이 지날수록 숙성되어 한층 더 온건해지고 일관성 있고 완성도가 높아진다.

학습의 지속적이고 끊임없고 반복적인 본질을 설명하기 위해 호머의 『오디세이』에 나오는 오디세우스의 이야기를 종종 비유로 활용한다. 이 그리스 영웅의 여정에 의미를 부여하는 것은 고향인 이타카에 도착했다는 사실이 아니라 항해 중에 겪은 모험이다. 마찬가지로 우리가 공부하는 동안 겪은 경험, 교훈, 좌절, 실망은 인성 발달과 우리 삶에 기여한다. 듀이의 설명처럼, "교육은 미래의 삶을 위한 준비가 아니라 살아가는 과정이다."[47]

5장

정직성
–
어떻게
행동해야 할까?

사악하고 이기적이고 위선적인 성격에 사기와 거짓말을 통해 백만장자가 된 사람이 겉으로는 도덕적이고 정직하고 관대한 이미지를 지닌 모범 시민처럼 보일 수 있을까? 플라톤은 소크라테스와 자기 형제인 글라우콘이 나눈 대화로 구성된 『국가』에서 비슷한 질문을 던진다. 글라우콘은 덕을 행하는 것은 힘들고 가치를 인정받지 못하는 경우도 많은 반면, 악덕은 남들 눈에 잘 띄지 않으면서 즉각적인 이익을 창출할 수 있다고 주장한다.[1]

글라우콘은 자신의 의견을 설명하려고 100개의 손을 가진 귀게스의 반지 신화를 얘기한다. 강력한 지진이 발생한 후, 한 양치기가 동굴에서 반지를 발견했는데 그걸 끼면 투명인간이 되는 반지였다. 그는 처음에는 초능력을 부여하는 이 행운의 반지를 이용해서 할 수 있는 여러 가지 긍정적인 행동을 고려한다. 도난을 방지하고 선행을 하고 불의를 바로잡을 수도 있을 것이다. 하지만 그는 결국 도시로 가서 이 보이지 않는 능력을 이용해 여왕을 유혹하고 여왕과 함께 왕을 암살하기로 공모한다.

이야기 마지막 부분에서, 소크라테스는 글라우콘에게 양치기에게 불법적인 이익을 꾀하지 말고 정의롭게 행동하라고 설득할 수 있는 방도가 무엇인지 묻는다. 소크라테스는 결국 진실은 드러나게 되고, 범행이 발각되면 그 사람의 평판에 부정적이고 지울 수 없는 영향을 미칠 것이라고 주장한다.

플라톤의 주장은 별로 설득력이 없다. 우선 그가 올바른 행동을 정당화하기 위해 제안하는 내용은 본질적으로 조심하라는 것인데 이는 진정한 도덕적 정당화로서의 힘이 부족하다. 부도덕하게 행동하는 사람들 대부분이 잘못을 저지르고도 발각되거나 고발당하지 않는다는 사실을 증명할 수 있다면 플라톤의 주장은 힘을 잃는다. 잘못한 사람들이 평판과 부를 잃은 기업 스캔들 사례가 있기는 하다. 아마 가장 유명한 사람은 버나드 메이도프Bernard Madoff일 것이다. 그는 폰지 사기로 고객들에게 650억 달러를 가로챈 뒤 82세의 나이로 감옥에서 사망했다. 판사는 그에 대한 인도적 석방을 거부하기도 했다. 메이도프의 가족도 불행을 겪었다. 큰아들은 자살했고 다른 아들은 암으로 사망했다. 그의 형 피터는 9년형을 선고받았고 아내는 전 재산을 몰수당했다. 하지만 메이도프 사건은 화이트칼라 범죄자들도 살아생전에 처벌을 받는 경우도 있다는 걸 보여주지만, 우리는 부정하게 얻은 이익을 누리며 사는 사람들도 많다는 것을 알고 있다.[2]

어쨌든 이 책 곳곳에서 얘기했듯이, 좋은 사람이 되려고 노력하는 이유는 삶에 대한 신중한 접근 방식과 본인의 행동이 초래할 수 있는 결과나 의무감, 도덕적인 삶의 매력에 대한 이끌림 등이 조합된 결과다. 이 장에서는 경영자가 윤리적으로 행동하는 것이 합리적인 이유를 살펴본다.

1

사업이 우선인가, 윤리가 우선인가

나는 25년 동안 IE 경영대학원에서 전략경영 과목을 가르쳤다. MBA 과정 학생, 경영자 프로그램에 참가한 기업의 경영진, 그리고 최근에는 글로벌 온라인 MBA 과정(실시간 강의, 대면 강의, 화상회의, 포럼 형식의 비실시간 강의를 번갈아 사용하는 하이브리드 형식으로 제공되는) 참가자들과 교류한 덕분에, 아마 내가 학생들에게 가르친 것보다 내 쪽에서 배운 게 더 많을 것이다. 특히 분석 도구를 이해하고 사용하는 방법, 비판적인 사고 기술, 전략적 비전 개발 기술 등에 대해 배웠다.

지난 25년 동안 많은 전략적 분석 도구가 개발되어 기업의 의사결정에 사용되었다. 그리고 기업들이 계속 변화함에 따라 수많은 모델과 패러다임, 개념도 등장했다. 대부분의 학문 지식 분야에서 그랬듯이 황금률과 모범 사례는 통합되고 많은 가정과 통념은 폐기되었다.

전략 분석의 전통적 토대는 여전히 유효하므로 대부분의 전략 과정이 여기 초점을 맞춘다. 무엇보다 기업과 경영자는 이기려는 의지가 있어야 한다. 이기려는 태도란 자기 분야의 리더 되기, 가장 혁신적인 기업 되기, 가장 높은 시장 점유율 확보, 가장 넓은 지리적 입지 확보 등 기업의 다양한 목표를 달성하는 것을 의미한다.

기업들은 끊임없이 변화하는 환경에서 회사를 운영해야 하는 현실을 받아들여야 하는데 그러려면 기존의 믿음에 의문을 제기하거나 심지어 버려야 한다. 경험과 직관의 가치를 부인할 수는 없지만 진화와 새로운 혁신이 발생하면 관습의 타당성을 재고해야 한다. 예를 들어, 새로운 하이브리드 근무 환경, 사무실에 대한 새로운 개념, 근로자와 회사의 관계, 현재 세계화가 기능하는 방식의 변화 등을 생각해보자.

전략 분석의 또 다른 중요한 측면은 이해관계자가 합리적이고 예측 가능하게 행동해야 한다는 것이다. 경영자가 숙고 없이 결정을 내린다면 아무리 전략이 많아도 도움이 안 된다. 한편 이타주의에 기반하거나 단기적인 이익을 포기하고 환경 존중을 우선시하는 결정은 장기적인 수익성, 평판 수익, 고객 충성도 등을 기반으로 정당화될 수 있다.

그러나 앞서 3장에서 살펴본 것처럼 전략 분석의 기본적인 가정 중 일부에는 의문의 여지가 있다. 일례로 이해관계자의 행동이 합리성 패러다임에 부합한다는 가정이 그렇다.

전략 강의의 첫 수업 시간에는 철학적 기반이 있는 몇 가지 핵심 질문을 학생들과 토의한다. 예를 들어, 경영자가 특정한 윤리 원칙을 지켜야 한다고 정의하는 것은 히포크라테스 선서를 종합적이고 명확하며 직관적이고 보편적으로 수용되는 공식으로 요약한 것과 같다. 경영자의 책무는 주주 투자의 가치를 극대화하는 것일 뿐, 그 이상도 이하도 아니라는 밀턴 프리드먼의 고전적 주장에도 대부분의 학생들이 의문을 제기한다.[3] 다들 경영자는 회사 소유자에게 신용을 지키고 충성해야 할 의무가 있다는 걸 인정하지만, 한편으로는 좋은 경영과 관련된 또 다른 관점을 제시하기도 한다. 예를 들어, 기업 활동의 사회적 영향을 고려해서 지속 가능성이라는 이상과 연계하고, 일반적으로 이해관계자들의 상충되는 이익 사이에서 균형을 찾는 것이다.

내가 제기하는 또 다른 질문은 마키아벨리가 『군주론』에서 말한 경영자를 두려워해야 하는지 아니면 사랑해야 하는지에 대한 딜레마와 관련된 것이다.[4] 학생들 중 일부는 존경받는 것이 더 바람직하다고 답하는데, 이는 질문을 회피한 답처럼 보인다. 때로는 두려움과 애정이 결합되어 존경심이 생기기도 한다.

어쨌든 『군주론』에 대한 균형 잡힌 해석은 전통적으로 마키아벨리의 특성이라고 여기던 것에 대해 덜 사악한 해석을 제공한다. 그의 목적은 국가의 통치자가 국민들의 지지와 존경을 받아야 한다는 것이었다.

기업 리더들이 전략적 분석을 위한 독특한 통찰력을 제공한다고 자주 얘기하는 또 다른 고전은 기원전 5세기에 중국의 군사 전략가인 손자가 쓴 『손자병법』이다.[5] 매년 재판을 찍어내 많은 이들의 서가에서 보이지만 제대로 읽지 않은 사람이 많다.

『군주론』이나 『손자병법』 같은 책은 경쟁이 심한 전략적 상황에서 행동하는 방법에 대한 지침서이지 도덕적 지침서가 아니다. 비즈니스계에도 게임 환경과 마찬가지로 고유한 규칙이 존재한다.

예를 들어, 대부분의 경영자는 손자의 격언 중 상당수를 쉽게 이해할 수 있다. "위대한 전략가는 때가 되기 전에는 아무것도 얘기하지 않는다."[6] 이를 업무에 적용하자면, 제품 출시, 기업 인수, 새로운 시장 진출 등 무언가를 발표하기에 적절한 시기가 언제인지 숙고해야 한다는 것이다. 애플의 스티브 잡스가 아이패드나 아이폰 출시를 앞두고 비밀 유지를 중요시했다는 사실을 잊지 말아야 한다. 이런 비밀 유지를 통한 극적인 분위기는 애플 마케팅 전략의 일부였고, 덕분에 잡스 본인이 무대에 올라 제품 출시를 발표할 때 많은 주목을 받았다.[7]

하지만 나는 발표 전까지 계획의 모든 부분을 꽁꽁 묶어두고 기다리는 건 바람직하지 않다고 생각한다. 때로는 아직 완벽하지 않더라도 제품이나 서비스 출시를 미리 예상하는 것이 더 유리할 수도 있다. 최근 사례를 보면, 코로나19에 효과적인 백신을 제공하기 위한 다국적 기업들 간의 경쟁이 대체로 의사소통과 관련이 있었음을 알 수 있다.

"전투에서는 빨리 승리해야 한다"라는 조언도 있다.[8] 여기서 핵심은 승리를 어떻게 해석하느냐와 관련이 있으며, 컨설팅 회사는 "성공을 어떻게 정의하겠는가?"라고 물을 수도 있다. 그러면 아마 "빠른 시간 안에 정량화할 수 있고 측정 가능한 방법으로"라고 대답할 것이다. 승리는 경쟁자를 몰살시키는 것이 아니다. 손자가 책 뒷부분에서 설명하는 것처럼, 경쟁자들이 생존하려면 시스템을 보존하고 전면적인 대립을 피해야 하기 때문이다.

여기서 문제는 일반적으로 출시 시기와 관련된 이점, 즉 회사가 가장 먼저 행동할 수 있는 리드 타임에 관한 것이다. 선두 주자가 된다는 것은 곧 경험 곡선을 만들고 운영 비용을 절감하며 양을 늘리고 가격을 낮춰서 시장 점유율을 높일 수 있는 선순환 구조를 만들어낼 수 있다는 뜻이다.

개척자가 되었다고 해서 미리 정해진 계획에 따라서만 움직일 필요는 없다. 손자는 전장에 가장 먼저 도착해야 하는 건 당연하고, 그가 '신비로운 힘'이라고 부른 것을 변화시키고 양성할 능력이 있어야만 승리할 수 있다고 말한다. 아마도 이건 사람들을 통제할 수 있는 리더의 마법적인 특성을 의미하는 듯하다.[9]

손자는 또 대규모 병력을 통제하는 것도 소수의 사람을 통제하는 것과 같다고 썼다. 단지 숫자의 문제일 뿐이다. 대부분의 아포리아와 마찬가지로 이것도 이론은 좋지만 실행하기는 어렵다. 이것이 매력적이고 시사적인 이유는 소규모 집단을 이끌 때는 사람들 간의 관계가 긴밀해서 기업가적인 능력을 발휘해 더 좋은 결과를 낼 수 있기 때문이다.

하지만 이런 바람직한 효과를 얻기 위해 대기업의 최고 경영진을 소그룹으로 나눈다면 CEO에게 직접 보고하는 사람이 얼마나 많아지겠는가? 논리적으로나 경험적으로나, CEO에게 보고하는 사람이 많을수록 그들의 업무를 조정해서 제대로 일에 참여시키는 게 더 어려워진다.

대기업이 직면한 주요 과제 중 하나는 모든 경영 기능을 포괄하는 광범위한 조직(다양한 활동을 하면서 수많은 분야와 국가에 진출해 있는)의 장점과 스타트업의 역동성을 조화시키는 것이다. 어떤 조직들은 일부 부서를 분리해서 혁신을 꾀할 수 있는 자율권을 부여한다. 활동을 소그룹으로 나눠서 진행하는 손자의 방식이 근면성, 창의성, 우수성을 높일 수 있을까?

또 다른 구절에서 손자는 "어떤 통치자도 자기 욕심을 채우려고 군대를 전장에 투입해서는 안 된다. 어떤 장군도 단순히 화가 났다는 이유로 전투를 치러서는 안 된다"[10]라고 말한다. 안타깝게도 오늘날의 국제 정세를 보면, 일부 리더들이 바로 그런 원초적인 본능에 따라 행동하는 듯한 상황이 벌어지고 있다. 비즈니스계에서는 일반적으로 기업 지배구조의 견제와 균형을 통해 그런 성급한 반응이 제한된다. 하지만 다들 경영자가 종종 타인에 대한 오해에 근거한 의견을 바탕으로 충동적인 결정을 내리는 모습을 본 적이 있을 것이다.

앞서도 여러 번 말했지만, 특히 문서로 작성했을 때 생긴 오해가 기업 분쟁의 근원이 되는 경우가 많다. 과잉 반응은 바람직하지 않고 예상치 못한 문제를 초래할 수 있다. 손자는 "지적인 사람은 모두 신중하다. 훌륭한 장군들은 조심성이 많다"[11]라고 말한다. 그러니 논쟁을 초래할 만한 결정을 내릴 때 침착한 상태가 아니라면 기분이 차분하게 가라앉을 때까지 기다리는 것이 좋다.

『군주론』도 그렇지만 『손자병법』도 신중하게 읽는 것이 좋다. 책에 나온 격언을 그대로 적용하라는 게 아니라 영감을 얻어서 전략적인 비전을 개선하는 것이 우리 목표다.

손자의 말에 따르면, 전략가를 정의하는 최고의 표현은 '속임수의 달인'이다. 전쟁과 마찬가지로 사업을 할 때도 친구나 가족, 아니면 회사

이해관계자처럼 우리가 직업적 책무를 진 사람들을 대할 때 따르는 규칙과는 매우 다른 규칙이 적용되기 때문이다.[12]

나는 사업, 직업, 도덕적 문제의 차이점을 설명하려고 보통 다음과 같은 두 가지 수준을 언급한다.

- 비즈니스 사례. 이는 수익성, 효율성, 계획 성공, 전반적인 기업 성장과 지속 가능성과 관련된 이유를 바탕으로 결정을 내리는 경우다. 대규모 기관, 혹은 마키아벨리의 경우처럼 국가를 건설하려면 복잡한 딜레마를 해결해야 하고 두 가지 악 가운데 덜 나쁜 것을 선택하거나 조직을 위해 일부의 이익을 희생해야 한다. 일반적으로 비즈니스 사례는 행동의 결과에 따른 실리를 따지며 그래서 『군주론』이나 『손자병법』 같은 작품이 인기가 있는 것이다.

- 도덕적 사례는 윤리적 기준에 따라 결정이나 행동을 정당화하는 것인데, 반드시 수익성이나 결과와 관련 있는 것은 아니다. 극단적인 표현이지만 어떤 사람들은 "피아트 이우스티티아 페레아트 문두스fiat iustitia, pereat mundus(세상이 망하더라도 정의는 실현되리라)"라고 말한다. 이는 때로 올바른 결정이 파괴적인 결과를 초래할 수 있다는 뜻이다. 비즈니스 사례와 도덕적 사례 사이에서 균형을 찾는 것이 바람직하지만 이 두 가지 영역은 자주 충돌한다. 대중 앞에서 합리적인 주장을 펼쳐서 결정을 정당화할 수 있는 능력이 회복력에 대한 기본적인 테스트인데, 이는 논란의 여지가 있기는 해도 잘만 하면 많은 이들을 설득할 수 있다. 우리는 도덕적 구성주의의 영역에서 살아가고 있다.

칸트와 아피아, 세계주의로 가는 두 가지 길

어릴 때 집에 지도책이나 지구본, 세계지도가 있었다면 부모님이 당신을 그 앞에 앉혀놓고 대륙과 대양 혹은 이런저런 나라의 수도를 짚어가며 알려줬을 것이다. 이런 어린 시절의 경험 덕분에 여행을 좋아하게 되거나 내면에 세계주의 정신이 싹튼 사람이 많다.

세계주의의 기원은 고대로 거슬러 올라간다. 그 시대의 냉소주의자 시노페의 디오게네스는 세계주의의 선구자 중 한 명으로 꼽히지만, 최초의 지구본은 16세기에 독일의 뉘른베르크에서 만들어졌다.[13] 그전까지는 세계의 일부분만 알려져 있었지만 모험심 강하고 진취적인 정신을 지닌 탐험가와 무역상이 바다와 대륙을 가로질러 다른 문화권에 대해 배우고 다른 문명과 접촉했다. 당시에는 거리와 지형을 정확하게 재현하지는 못했고 지구상의 많은 부분이 미지의 영역이었다.

산업혁명과 그 이후의 극지방 정복 덕에 말 그대로 지평이 넓어지면서 우리 앞에 전례 없이 거대한 세상이 펼쳐졌다. 필리아스 포그라는 주인공과 그의 불운한 동료 파스파르투의 모험을 따라가는 쥘 베른의 『80일간의 세계일주』는 세계여행의 시대를 열었다.[14]

독일 철학자 뤼디거 자프란스키Rüdiger Safranski는 1969년의 달 착륙과 우주에서 바라본 지구의 이미지가 진정한 세계적 인식을 일깨웠다고 생각한다.[15] 오늘날 지속 가능성이나 기후위기로 인해 생존이 위협받고 있다는 인식이 높아지면서 세계주의가 강화되고 집단행동만이 지구를 구하는 유일한 방법이라는 확신이 강해졌다.

세계주의란 자기가 세계시민이고 인류의 일부라고 여기는 것을 말한다. 자신의 출생지나 문화권과 일체감을 느낄 수도 있지만, 이는 더 넓은 공동체에 속한다는 특정한 감각과 균형을 이룬다.

칸트는 71세가 되던 1795년에 세계 각국의 전쟁을 종식시키는 방법을 제안한 『영구 평화론To Perpetual Peace』을 썼다.[16] 나폴레옹이 유럽 정복을 시도하던 시기에 출판된 이 책은 세계주의 정신을 잘 보여주며 오늘날의 국제연합 같은 세계정부를 창설해야 한다고 촉구하는 최초의 주장 중 하나다. 칸트는 세계평화를 이루려면 두 가지 조건이 필요하다고 말한다. 국가별 군대를 하나의 세계군대로 대체하고 모든 국가에 적용되는 국제법을 제정하는 것이다.

다들 알다시피 칸트의 아이디어는 일부만 실행되었다. 나토NATO 같은 군사동맹은 자신들을 세계평화유지군으로 여기지만 국가별 군대는 여전히 존재하고 있다. 또 지난 세기에 창설된 국제연합 같은 다자 기구는 군사적 갈등의 효과적인 해결을 방해하는 거버넌스 시스템을 가지고 있다. 안전보장이사회를 구성하는 국가들의 거부권 제도가 바로 그것이다. 회원국의 주권을 가장 많이 양도받은 정치 기구인 유럽연합의 경우에도 특히 국제무대에서 가장 민감한 결정의 범위를 제한하는 가중치와 균형추가 존재한다.

칸트의 글을 보면 일정 수준의 도덕적 진보를 주도하면서 세계평화를 어느 정도 선호하는 경향이 적어도 세 가지 존재한다고 추론할 수 있다. 첫째, 세계 대부분 지역에서 민주주의가 확산되고 있다. 최근 몇 년 사이에 포퓰리즘이 부상하자 일부 분석가들은 우리가 퇴행하고 있는 건 아닌지 의심하기도 했다. 둘째, 칸트가 상업정신이라고 표현한 세계무역을 통한 문명화의 힘은 전쟁과 공존할 수 없으며 시간이 지날수록 팽창된다. 이런 현상을 보면 내가 가장 좋아하는 격언 하나를 되뇌게 된다. 좋은 비즈니스는 나쁜 국제정치에 대한 최고의 해독제다. 셋째, 칸트의 예측으로부터 두 세기가 지난 지금 여론의 중요성이 점점 커지고 있는데 이는 소셜네트워크의 보편적인 존재와 통합되어 나타난 추세다.[17]

프린스턴 대학 교수인 가나 출신의 철학자 콰메 앤서니 아피아 Kwame Anthony Appiah는 세계주의에 대한 이해에 매우 흥미로운 기여를 했다. 그의 저서 『세계시민주의: 이방인들의 세계를 위한 윤리학 Cosmopolitanism: Ethics in a World of Strangers』은 세계주의가 제기한 많은 문제를 다룬 고전이다.[18] 여기에서는 그가 다룬 두 가지 문제, 즉 서구 민주주의의 지배적인 윤리적 감성과 충돌할 수 있는 관습의 허용 가능성 또는 비난, 그리고 개발도상국의 불우한 개인이나 공동체를 돕는 것이 도덕적 의무인지를 중점적으로 살펴보도록 하겠다.

아피아는 가족, 공동체, 정치, 직장 등 모든 사회 영역에서 나타나는 관습, 관례, 관행의 문화 간 다양성을 인식하는 것부터 시작한다. 공통된 원칙이 있기는 하지만 합의 수준은 비교적 일반적이다. "남에게도 자신에게 하는 것처럼 하라"라는 말로 표현할 수 있는 '황금률'을 제외한 많은 권리와 의무, 권한, 제약은 지역이나 문화권마다 다르다. 다른 생명체를 대하는 방식과 동물 학대를 예로 들 수 있다. 로데오나 투우에 익숙하지 않은 사람들은 이런 관행이 명백한 동물학대이므로 비난받을 만하고 선진 사회에서 사라져야 한다고 생각하지만, 농장이나 육류 소비 금지에 대해서는 의견이 더 크게 나뉠 것이다.

서구인의 관점에서 비판할 수 있는 관습과 규범의 예는 그 외에도 많다. 일례로 사형 반대, 특히 돌팔매질로 죽이는 것이나 간통처럼 많은 이들이 범죄로 여기지 않는 일에 사형을 선고하는 것을 반대한다. 마찬가지로, 서구 민주주의 사회에 사는 사람들은 대부분 동성애 금지나 낙태 금지는 시대착오적이므로 용납할 수 없다고 생각한다. 그렇다면 한 나라 전체가 조상 대대로 내려온 관습에 갇혀 진화를 거부할 때는 어떻게 해야 할까?

내 경험상, 도덕적 우월성에 대한 가부장적 태도를 취하는 것은 결코 바람직하지 않다. 이 경우에는 "죄 없는 자가 먼저 돌을 던지라"라는 복음서의 문구가 매우 적절하다.[19] 대부분의 국가, 심지어 가장 민주적으로 진보한 국가도 다른 국가들과의 연대 부족 같은 측면에서 비판의 대상이 될 수 있고, 최근에는 문명화된 사회에서도 포퓰리즘이나 집단적 비이성주의가 증가하는 모습이 보인다.

칸트가 제안한 개선책이 글로벌 사회의 민주적, 도덕적 발전을 장려할 수 있는 가장 효과적인 방법 중 하나라고 주장하고 싶다. 한편으로는 여론의 압력이 결정적인 영향을 미치는데, 아마 국제사회와 기업들의 압박을 통해 남아프리카공화국의 아파르트헤이트를 억제한 것이 가장 상징적인 사례일 것이다.

또 무역과 사업 관계도 당연히 합리성, 자유, 평등을 위한 촉매제 역할을 한다. 요즘처럼 다극화된 환경에서는 무역이나 자유로운 인재 흐름, 평화로운 이주 촉진에 미심쩍은 장벽이 생기므로 국제기구가 자유로운 국제 교류를 재건하도록 시급히 장려해야 한다. 바람직한 비즈니스는 사람들 사이에 수익성 있는 관계를 조성한다. 이는 결코 제국주의나 식민지주의 계획을 부활시키려는 게 아니라 국제경제를 통합할 최고의 방법을 강구하려는 것이다.

아피아가 다룬 또 다른 질문은 도움이 필요한 다른 나라 사람들을 도울 도덕적 의무가 있는지 여부다. 그의 생각에 따르면 세계주의 정신은 그런 의무를 수반하지만, 어느 정도 관여해야 하는가가 문제다. 일례로 철학자 피터 싱어는 우리의 글로벌 동료들에게 구호를 제공해야 할 의무가 있다고 주장한다.[20] 도랑에서 사망할 위험에 처한 사고 피해자를 보면 그를 도와야 할 의무가 있는 것처럼, 다른 나라에서 기아로 사망할 위험에 처한 이들에게도 비슷한 의무가 있다고 설명한다.

또 미국 사상가 피터 엉거Peter Unger는 여기서 더 나아가, 가용 자원을 가진 선진 사회의 모든 시민은 다른 나라에서 온 사람이라고 할지라도 가난한 이들과 부를 공유할 의무가 있다고 주장한다.[21]

　사람들 사이의 차이를 알고 있는 아피아는 이런 주장을 검토해 대다수가 받아들일 수 있는 결론에 도달하려고 애쓴다. 예를 들어, 선교사의 영웅적 행동은 오늘날에는 별로 타당해 보이지 않는다. 애덤 스미스는 『도덕감정론The Theory of Moral Sentiments』에서 '유럽 사람들'은 중국에서 지진이 발생해 많은 희생자가 나왔다는 사실을 알면 마음 아파하겠지만, 그보다 더 개인적이고 이기적인 걱정거리가 없다면 그날 밤 평화롭게 잠들 것이라고 썼다. 실제로 다른 공동체와의 거리가 멀수록 그들이 겪는 문제나 재난에 더 무감각해진다. 자신을 세계시민으로 여긴다면 국외에서도 바람직한 대의에 기여하려고 애써야 하지만(예: 우크라이나 국민을 위해 노력하는 등) 그런 사명감과 긴박감은 우리가 친척, 친구, 지인에게 느끼는 감정보다 약하다.[22] 시몬 드 보부아르는 『아름다운 영상Les Belles Image』이라는 책에서 아들이 정신적인 충격을 받지 않도록 텔레비전에 나오는 재난뉴스 영상을 보지 못하게 하는 어머니를 통해 이를 잘 보여준다.[23]

　세계주의는 칸트가 탐구한 사상이 발전하면서 그에 따라 계속 확산될 정서이자 태도다. 이때 교육을 통해 다른 나라 사람들이 처한 곤경에 대한 인식을 높일 수 있다. 우리는 완벽한 세상에 살고 있지는 않지만, 보다 관대하고 통합적이면서 정의로운 사회를 만들려고 노력하는 것이 우리가 할 수 있는 최소한의 일이다.

3
권력자에게 진실 말하기

안데르센의 우화 『벌거벗은 임금님』은 권력자에게 정신없이 아첨하거나 진실을 말할 때 직면하는 딜레마를 잘 보여준다.[24] 줄거리는 다들 알고 있을 것이다. 군중 앞에서 알몸으로 행진하는 거만한 통치자를 보고, 사람들은 그가 최고의 재단사가 만든 최고의 옷을 입고 있다고 확신하면서 환호를 보내지만 사실 그 재단사는 아첨하는 사기꾼이다. 군중 속에 있던 순진한 어린 소년이 임금님이 벌거벗고 있다고 외친 뒤에야 비로소 진실이 폭로된다.

아첨이나 칭찬에 면역이 있는 사람은 거의 없으며 권력자들도 예외는 아니다. 공적인 영역과 사적인 영역에서 권력을 행사하다 보면 불가피하게 혼란에 빠져 진실을 보지 못하게 되고 허영심이나 심지어 오만함까지 생기는 일이 많다.

일부 CEO와 고위 인사들은 자신의 직위와 관련된 상징에 집중하고 의전을 고집하며 자기가 마땅히 받아야 한다고 여기는 존경을 받는 걸 좋아한다. 이는 CEO를 칭찬하는 것이 회사에 좋은 영향을 미치기 때문일 수도 있다. 대표자의 명성은 그가 이끄는 기관의 평판과 직접적인 관련이 있다. 그들은 조직의 얼굴이고 어느 정도는 본인의 직책과 분리될 수 없다. 하지만 고위 경영진이 이런 명예를 얻은 것이 본인이 대표하는 기관 때문이 아니라 자기 능력 덕분이라고 여길 경우 문제가 발생한다.

이런 지나친 자부심이 자주 드러나는 상황 중 하나가 공개 행사에서 CEO를 소개할 때다. 어떤 사람은 찬사가 가득 담긴 소개사를 기대하지만, 내 경험상 정말 중요한 사람들은 그의 직위나 실적 덕분에 따로 소개할 필요도 없는 경우가 많다. 반면 야심이 크거나 인정을 갈구하는 리더들은 길고 자세한 이력서를 내밀면서 이런저런 업적이나 직위에 집착하는 모습을 보인다.

솔직히 나도 겸손함의 모범이 될 만한 사람은 아니지만, 소개에 신중을 기하면 더 좋은 인상을 줄 수 있다고 생각한다. 많은 업적을 쌓았음에도 항상 칭찬을 피하려고 했던 내 예전 멘토는 본인이 지나친 칭찬의 대상이 되면, "지금 누구 얘기를 하는 건가요?"라고 묻는 게 좋다고 가르쳐주었다.

또 당신을 소개하는 사람이 이름을 잘못 발음하거나(나는 그런 일을 자주 겪는다) 업적이나 직책을 잊어버린 경우에도 소란을 피우지 말고 그들이 잘하려다가 실수한 것이라고 여기는 게 가장 좋다. 이럴 때 과잉 반응을 보이면 오히려 역효과가 날 수 있다.

우리가 고위직 인사들에게서 자주 보는 거만한 태도는 비즈니스나 행정 분야에만 있는 게 아니다. 학계에도 눈에 띄는 사례가 많다. IE 대학에서 총장으로 일한 첫해에 미국 대학의 몇몇 동료들을 방문해 우리 학교의 프로젝트를 소개하고 관계를 구축하고 싶었다. 당연히 그들 모두가 나를 열렬히 반겨줄 것이라고는 기대하지 않았고 실제로 일부는 정중하게 내 요청을 거절했다. 우리 학교는 신생 대학이었고 학계는 대체로 보수적이라서 신참자들을 쉽게 받아들이지 않는다. 내가 가장 충격을 받았던 것은 한 명문 대학의 총장 비서가 날 위해 준비한 일정이었는데, "오전 11시~오전 11시 5분: 총장실 문 앞에서 간단한 인사"라고 되어 있었다. 나는 지금도 내 비서와 그날의 의전에 대해 농담을 주고받는다. 다행히 시간이 지나면서 그 총장과 긴밀한 관계를 맺게 되었고 결국 점심식사까지 함께 했다.

그런 경험을 한 뒤로 만나는 모든 사람에게 지위에 상관없이 동등한 수준의 존경을 표하고, 사람들이 권위 있는 인물에게서 느끼는 잘난 척하는 태도도 최대한 자제하기로 결심했다. 이런 상황에서는 유머감각을 발휘하는 것이 늘 도움이 된다.

안타까운 일이지만 종종 내게 들어오는 요청이나 메시지에 직접 답할 시간이 없어서 가끔 동료들에게 위임하기도 한다. 하지만 많이 바쁘지 않을 때는 직접 답한다. 링크드인 등을 통해 조직 안팎에 있는 다양한 계층이나 세대의 사람들과 개방적인 커뮤니케이션 채널을 유지하는 것이 바람직하고 심지어 건전한 일이라고 여기기 때문이다.

임금님의 새 옷 얘기, 그러니까 의무론적인 관점이나 최고의 경영 관행 측면에서 '상사에게 얼마나 정직해야 하는가'라는 질문으로 다시 돌아가 보면, 그 답은 '완전히 정직해야 한다'이다. 결국 경영자는 정직하고 전문적인 의견을 제시하도록 채용된 것이며, 특히 회사와 관련 있는 문제라면 그게 상사를 성가시게 하더라도 정직한 태도를 지켜야 한다. 이것은 규정 준수와 전문성의 문제다.

그러나 다들 경험을 통해 상사들은 대부분 자기 의견에 동의하지 않거나 비판을 받거나 본인의 판단과 다른 의견을 받아들이는 것을 좋아하지 않는다는 사실을 알고 있다. 특히 다른 사람들과 회의를 할 때 그런 일이 생기면 더 기분 나쁘게 여긴다. 일반적으로 상사들은 본인 의견에 반박하는 것은 곧 자신의 권위에 의문을 제기하는 것으로 간주한다.

나는 IE 경영대학원 MBA 프로그램에서 맡은 경쟁 전략 강의 첫 수업에서 학생들에게(보통 경영진으로 일한 경험이 5년 이상인 여러 나라 출신의 임원들) CEO에게 요구되는 이상적인 자질이 무엇이냐고 물어보곤 한다. 이때 가장 자주 나오는 대답 하나가 바로 남의 말을 경청해야 한다는 것이다. 이런 대답이 나오는 이유는 상사와 솔직한 대화를 나눌 수 있도록 그가 좀 더 열린 태도로 다가와주기를 바라기 때문이라고 생각한다. 또한 이 대답은 의사결정을 위해서는 다양한 견해에 귀 기울여야 한다는 걸 알고 있음을 보여준다. 최고 권위자가 어떤 주제에 대한 정보나 구체적인 지식을 갖고 있지 않아서 자문이 필요한 경우에 그렇듯이, CEO도 남의 의견을 많이 경청하고 자기 의견은 줄이는 편이 확실히 이롭다.

이 질문을 던진 다음, 상사와 회의할 때 자기 생각을 말하는지 혹은 상사가 본인 의견을 반박하는 걸 권장하는지에 대한 대화를 나눈다. 어떤 상황에서든 솔직해야 하고 결과에 상관없이 합리적이고 정중한 태도로 자기 생각을 말할 수 있어야 한다고 주장하는 참가자가 늘 한 명씩은 있다. 하지만 대부분 상사에게 이의를 제기하는 게 쉽지 않다는 것을 알고 있다.

미국 독립의 아버지 중 한 명인 벤저민 프랭클린은 신중하게 자기 생각을 말하지 않는 쪽을 지지했다. 그의 경험상 어떤 종류의 비판이든 항상 상대방을 불쾌하게 하기 때문이다. 프랭클린은 새로 설립된 이 나라의 초대 파리 대사였는데, 아마 이렇게 외교관으로 일한 경험 때문에 형식이나 말에 신중을 기하게 되었을 것이다. 프랭클린의 훌륭한 전기를 쓴 월터 아이작슨Walter Isaacson은 "프랭클린은 나이가 들수록 본인의 조언을 따르게 되었다(몇 가지 눈에 띄는 실수는 있었지만). 그는 침묵을 현명하게 활용했고 간접적인 설득 방식을 이용했으며 토론을 할 때는 겸손하고 순진한 태도를 꾸며냈다"[25]고 말했다. 프랭클린은 자서전에서 "다른 사람이 잘못된 주장을 펼쳐도 그에게 반박하는 즐거움을 스스로 거부했다"라고 하면서 어떤 주장을 옹호할 때 명심해야 하는 권고사항을 덧붙였다. "지난 50년 동안 내가 독단적인 말을 하는 걸 들은 사람이 아무도 없다."[26]

프랭클린의 자제력은 여러 포춘 500 기업의 CEO를 위해 일했던 어떤 코치의 논평을 떠올리게 한다. 그는 자기 경험상 아무리 내용이 건설적이고 정당하며 재치 있게 전달하더라도 부정적인 피드백은 대부분 거부당했다고 말했다. 그런 피드백을 받은 이들 가운데 긍정적으로 반응하면서 감사를 표해 상당한 정서적 지능을 입증한 사람은 5퍼센트도 안 되니, 비율이 매우 낮은 편이다.

이는 우리 자신의 경험과도 일치한다. 남들 앞에서는 꾸밈없는 진실을 원한다고 말할 수도 있고 심지어 자기가 뭔가 잘못하면 바로잡아 달라고 친구들에게 부탁할 수도 있지만, 솔직히 말해서 비판은 심기를 불편하게 한다.

아이작슨은 프랭클린이 사람들을 잘 알게 되면서 "어떤 사람에게는 현명해 보이고 어떤 사람에게는 의심스럽게 조작하는 것처럼 보이지만 누구도 선동적이라고 생각하지 않을 부드러운 말투와 달콤하고 수동적이면서 신중한 논쟁 스타일"을 개발하는 것이 현명하다는 것을 알게 되었다고 설명한다. "이 방법은 현대 경영 가이드와 자기계발 서적의 필수 요소가 되었고 사람들은 이 부분에 기여한 프랭클린의 공을 인정한다."[27]

아무리 사적인 자리에서 선의로 하는 말이라도 상사의 의견에 반박하거나 비판하는 것은 문화적 요인 때문에 더 복잡한 문제가 될 수 있다. 헤이르트 호프스테드Geert Hofstede는 문화 간 다양성을 측정하기 위해 제안한 변수 중에 '권력 거리power distance'라는 것이 있다. 이는 대하는 태도, 격식, 회의에서의 상호작용, 관계 프로토콜 등 상사와 부하직원의 관계를 정의하는 일련의 특성을 말한다. 일본은 최대 권력 거리의 기준이 되는 반면 미국과 스칸디나비아 국가들은 최소 권력 거리의 전형이다. 당연한 얘기지만 권력 거리가 짧은 국가에서는 공개 토론을 장려하고 심지어 상사에 대한 비판이나 반대 의견을 내는 것도 주저하지 않는다.[28]

프랭클린의 방식을 검증한 연구에 따르면 상관의 의견에 찬성하거나 아첨하는 것도 경력에 도움이 된다고 한다.[29] 반면 본인의 성과나 개인적 가치에만 전적으로 의존하면 승진이 보장되지 않는다. 최근에 임명되어 자신감이 부족하고 지원이 필요한 상사는 아첨을 더 잘 받아들인다. 팬데믹 같은 위기나 비상 상황이 벌어졌을 때는 직장을 잃을까 봐 두려워서 자기 생각을 솔직히 말하지 않는 경향이 나타나는 것도 이해할 수 있다. 하지만 이 연구는 또 계속 아첨만 하는 사람은 동료들에게 비난을 받고 결국 아첨이 그들에게 불리하게 작용할 수 있다는 것도 보여준다.

이 연구 결과와 좋은 CEO의 특성에 대한 학생들의 의견을 종합하면, 아첨은 먹이사슬 아래쪽에 있는 사람들만의 문제가 아니며 적어도 절반의 책임은 상사에게 있다는 것을 시사한다. 벌거벗은 임금은 다른 사람을 비난하고 싶겠지만 알몸으로 거리에 나선 책임에서 완전히 벗어날 수는 없다. 아첨을 장려하는 CEO도 마찬가지다. 그들은 "사적인 감정은 배제하고 업무 사안만" 토의하는 것을 원칙으로 삼아야 하는 경영진 회의의 본질을 왜곡한다. 또 회사 운영, 성과에 대한 객관적인 검토, 결함과 그 원인 식별, 결함 시정 등의 기능에 문제가 생긴다.

이런 면에서 특히 추천할 만한 사상가가 니콜로 마키아벨리다. 그가 쓴 『군주론』은 지난 5세기 동안 CEO를 비롯한 많은 리더의 참고서 역할을 했다. 마키아벨리의 철학은 도덕적 우려와는 관계없이 권력을 유지하는 데 필요한 절대적인 실용주의의 표출이다. 따라서 부하들에게 최고의 조언을 얻고 아첨은 피하라는 그의 제안은 의무론적인 고려는 전혀 없지만 기술적인 관점에서는 유용하다.

마키아벨리는 이렇게 설명했다. "아첨꾼에게서 자신을 보호하는 유일한 방법은 진실을 말해도 화내지 않는다는 것을 사람들에게 알리는 것이다. 그러나 모든 사람이 당신에게 진실을 말할 수 있다고 느끼면 당신에 대한 존경심이 떨어진다. 따라서 현명한 군주는 자기 나라에서 현명한 사람들을 선택해 그들에게만 진실을 말할 자유를 주고, 나머지 사람들은 그가 묻는 말에만 대답할 뿐 다른 이야기는 하지 못하게 하는 세 번째 길을 따른다. 하지만 군주는 현자들에게 모든 것을 묻고 그들의 의견을 경청한 다음 스스로 결론을 내려야 한다. 이 조언자들을 개별적, 집단적으로 대할 때는 그들이 자유롭게 말할수록 당신이 좋아한다는 사실을 알아차리게끔 행동해야 한다. 이 조언자들 외에는 누구의 말도 듣지 않으면서 결심한 일을 추구하고 자기 결정을 고수해야 한다. 그렇지 않은 사람은 아첨꾼에게 둘러싸이거나 다양한 의견에 너무 자주 휘둘려서 비웃음을 당하게 된다."[30]

어떤 경영자는 경험이 쌓이고 나이가 들면서 다른 사람의 의견에 귀를 닫게 되지만, 한편으로는 외부의 도움을 거부하는 충동적이고 오만한 젊은 리더들도 있다. 현명한 사람들의 조언에 귀를 기울이면 권좌에서 성공할 가능성이 커진다는 마키아벨리의 말이 옳았다.

4
때로는 잠자코 있는 것이 최선의 행동 방침

예술가의 스타일이나 기법에 흠잡을 데가 없으면, 비방자들은 인신공격이나 허황된 주장에 의지하게 된다.[31]

이것은 르네상스 예술가들의 전기를 쓴 16세기 이탈리아 작가 조르조 바사리Giorgio Vasari가 현재 런던 국립 미술관에 있는 프란체스코 보티첼리의 〈성모 승천〉에 얽힌 이야기를 설명한 것이다.

이 그림은 피렌체 상인 마테오 팔미에리Matteo Palmieri의 의뢰로 제작되었는데, 그는 나중에 성경에 나오는 대천사 미카엘의 군대와 루시퍼가 이끄는 무리 사이에서 벌어진 전투에서 세 번째 천사 무리가 중립을 선언했다고 믿는 바람에 이단으로 고발당했다.[32] 이런 고귀한 비동맹은 나머지 천사들과 함께 그림에 묘사된 것으로 추정되는데, 당시 교회 당국은 이를 대놓고 비난했다. 그들의 교리상 천상의 대결에 참석한 이들은 모두 영원히 선이나 악 둘 중 한쪽 편을 들어야만 했다. 이 '중립' 천사들은 무슨 생각을 하고 있었을까? 그들은 어느 쪽이 승리를 거둘지 몰랐던 걸까?

세상이 창조되기 전 천상에서 벌어진 사건과는 다르게, 지난 두 세기 동안 지상에서는 분쟁이 진화하는 과정에서 중립이라는 개념이 발전했다. 미국은 유럽 혁명이 진행되던 1793년과 1794년에 중립을 선언하고 1818년에 중립법을 제정한 이 분야의 선구자다. 오늘날에는 전쟁이 발발했을 때 비동맹 입장을 취하는 것이 국제법과 유엔이 채택한 규범에 있다.

저명한 국제법 학자 알프레드 페아드로스Alfred Verdross는 18세기부터는 다른 나라의 지지를 받더라도 전쟁은 두 나라 간의 다툼으로 간주되어 왔다고 주장했다. 중립국은 전통적으로 평화의 섬이었고 분쟁국들 사이에서 중재자 역할을 할 수 있으며, 심지어 계속 사태를 방관하면서 무역과 금융 분야에서 이익을 얻을 수도 있다.[33]

20세기 후반에는 침략 전쟁은 국제법 위반이므로 다른 국가들의 집단적 대응이 필요하다는 생각이 널리 퍼지면서 '비동맹 운동'이 탄생했다. 하지만 무력 분쟁이 불가피하게 국제화되는 현상 때문에 중립성의 실행 가능성에 의문을 제기되었고, 이 때문에 오히려 호전적인 국가들이 힘을 행사하게 되었다.

내가 중립성에 관심을 갖게 된 것은 비즈니스계에서 비유로 활용할 수 있기 때문이다. 기업 간의 싸움은 흔하며, 여기에는 다양한 이해관계자 그룹, 제한된 자원, 권력과 통제를 위한 영구적인 분쟁이 존재한다.

아래에 내가 직접 경험한 세 가지 에피소드를 정리해두었는데 이는 전쟁이 발발하거나, 전쟁을 시작 또는 선포하거나, 하나 이상의 당사자가 중립 입장을 취하는 비즈니스 상황을 반영한다.

• 합병은 경쟁이 매우 치열한 분야에서 성장을 촉진하는 일반적인 방법이다. 일부 기업가는 합병을 과대평가하기만 할 뿐, 그 이후 수년간 처리해야 할 힘든 일들이 있음을 미리 내다보지 못한다. 합병은 계약한 순간부터 이루어지는 것이 아니라 시간이 지나 두 회사가 성공적으로 통합된 뒤에야 완성된다. 게다가 사실상 공정한 합병이나 두 당사자 간의 완벽한 균형 같은 건 존재하지 않는다. 시간이 지나면 항상 두 회사 중 한쪽의 주주나 경영진이 승리를 거둔다. 그렇게 승리를 거둘 때까지 보이지 않는 곳에서든 아니면 공개된 석상에서든 권력 투쟁이 벌어지곤 한다.

몇 해 전에, 두 회사가 합병된 조직을 이끈 CEO와 고위 임원들에게서 합병 후 몇 년간 회사 내부에서 있었던 일들을 직접 들을 기회가 있었다. 합병 시 흔히 그러한 것처럼, 한쪽 회사의 경영진이 다른 회사를 지배하게 되었다. 두 당사자의 이해관계가 상충되는 여느 상황에서와 마찬가지로, 몇몇 에피소드와 결정에 대한 잠재적인 내러티브가 근본적으로 다른 경우가 있었다. 예컨대 CEO 둘 다 합병은 자기 아이디어였고 다른 CEO는 반대했다고 말했다.

걸으로는 합병이 평화롭게 진행되었지만 그 이면에서는 전략과 비전은 물론이고 수많은 일상적 측면에 큰 차이가 있었다. 결국 기업 지배구조 사건 때문에 한 CEO가 다른 CEO로 교체되고, 이 회사의 이사회 구성원과 고위 경영진들 대부분도 교체될 것이라고 예상했다. 흥미롭게도 승리한 경영진은 합병 전에 규모가 작거나 가치가 낮은 회사에 속해 있지 않았다.

이 상황에서 '패배한 집단' 출신인 몇몇 경영자들은 이런 일이 진행되는 동안 중립을 지켜야 한다고 생각했다. 퇴임하는 CEO가 볼 때는 이런 중립성(그의 말을 그대로 옮기자면 '이런 배신'이라고 했다)이 권력 변화를 돕고 회사가 더 나쁜 쪽으로 움직이게 만들었다. 반면 승리한 CEO의 의견으로는, 이전 상사의 지시를 따르지 않은 경영진들의 일관된 태도 덕분에 회사 내부 분위기가 좋아졌고 합병 이후의 통합도 촉진되었다.

중립을 지킨 경영진은 어떻게 되었을까? 일부는 나중에 승진했지만 대부분은 합병된 회사 안에서 지위가 낮아지고 중요성도 떨어졌기 때문에 결국 상당수가 이직을 선택했다. 한 사람의 말에 따르면, "수년간 주적을 충실히 섬긴 사람이 새로운 상사의 신뢰를 얻는 것은 매우 어렵다. 그리고 이전 상사의 신뢰를 저버린다면 새로운 상사는 당신이 똑같은 짓을 반복할까 봐 항상 경계할 것이다."

• 기업 분쟁이 반복되는 또 다른 사례는 혁신과 새로운 제품 및 서

비스 출시 결정인데, 이로 인해 시간이 지나면서 혁신가와 보수주의자로 대표되는 두 개의 장기적인 진영이 형성될 수 있다. 일반화의 위험을 무릅쓰고 비교적 자주 볼 수 있는 조직 패턴을 분류하자면, 영업팀은 종종 보수적인 경향을 보이는 반면(특히 판매하는 제품이나 서비스가 만족스러운 성과를 거두는 경우) 마케팅, 운영, 전략 개발 부서는 혁신과 개선, 실험을 원하는 경향이 있다.

보수적인 부서와 혁신적인 부서 사이에 갈등이 있을 때(이는 역동성을 촉진하기 때문에 건전하다고 할 수 있다) 재무팀이 중립적인 역할을 하는 경우가 많다. 다양한 업계에 종사하는 CEO와 인터뷰를 하면서, CEO들이 혁신이나 새로운 계획을 시작할 때 부서 간에 발생하는 갈등을 해결하기 위해 CFO에게 중재자 역할을 부여하는 이유를 이해하려고 노력했다. 이런 갈등은 항상 예산에 영향을 미치는데, 예산을 줄이거나 조정하는 시기에 이런 중재자 역할이나 CFO의 중립적인 입장이 강화되는 경우가 많다.

어쨌든 CFO의 역할이나 교육, 배경에는 그들의 협상 능력이 뛰어나다거나 다른 고위 경영진보다 공정하다는 것을 증명하는 기능적인 부분은 없는 듯하다. 그들의 중립성은 대개 CEO가 부여한 것인데, 내 경험상 대부분의 CFO는 리스크를 최적 상태로 관리해야 하는 의무 때문에 보수적인 경향이 있다.

- 가족 사업, 특히 한 세대가 다음 세대에 경영권을 물려줄 때도 내

부에서 전쟁이 발발한다. 가족 구성원이 회사 소유권이나 경영에 관심이 없는 예외적인 경우를 제외하면 이런 상황에서 중립을 유지하기 어렵다.

이렇게 가족끼리 갈등이 생기면 외부의 전문 경영자는 중립을 지켜야 한다. 첫째, 많은 경우 외부인은 갈등의 심각성을 제대로 이해하지 못하므로 누군가의 편을 들었거나 그렇게 보이는 사람은 평화협정이 체결된 뒤 소외될 수 있기 때문이다. 가족 사업에서는 경제적 기준이 합의의 유일한 기반이 아니라는 사실을 기억해야 한다. 관계자들의 기분, 감수성, 감정이 중요한 작용을 하므로 외부인은 이를 명심해야 한다.

회사 외부의 컨설턴트는 중립적으로 보일 수 있다. 그들은 회사 경영진을 대할 때 회사의 현 상황에 대해 독립적이고 무관심한 입장을 강조한다. 하지만 사실 대부분의 컨설턴트는 CEO나 관련 부서장이 고용하며 대개 명확한 권한을 부여받는다. 내 경험에 따르면 고객사의 계약자가 특정 프로젝트에서 컨설턴트가 해야 하는 일을 명확하게 공식화할수록 그들의 작업이 성공할 확률이 높아진다. 따라서 이런 경우에는 중립성을 얘기할 수 없고 그보다는 구체적인 업무 위임에 대해 얘기해야 한다.

또 하나의 질문은 주주가 많은 회사, 특히 증권거래소에 상장된 회사의 이사회가 어떤 역할을 해야 하는가다. 이 경우에는 주주의 이익과 회사의 법률 준수를 보장하는 이사회의 기능을 이야기해야 한다. 이 기능을 수행하려면 어느 정도의 독립성이 보장되어야 하고, 이사회 구성원의 의무와 관련된 우량 기업 경영구조 강령이 점점 더 까다로워지고 있다. 하지만 내 생각에는 이것이 중립성과 동일하지는 않다. 주주의 이익을 보호하거나 회사의 지속 가능성을 보장하려면 경쟁에서 이긴 팀이나 제안에 유리한 결정적인 편향이 필요하다.

회사에서 중요한 상황이 발생했을 때 중립을 지키는 것의 장단점을 잘 이해하기 위해 몇 가지 실질적인 결론을 내릴 수 있다.

- 첫째, 직관적으로 생각할 때 회사에 대한 광범위한 비전을 받아들이고 다양한 의견과 팀에 개방적인 태도를 취하는 것이 우세한 전략인 듯하다. 즉, 대립적인 태도보다는 협조적이고 체계적으로 협력하려는 태도가 장기적으로 보다 나은 총체적 결과를 안겨준다. 그러나 이는 갈등에 직면했을 때 중립적인 입장을 유지하는 것과는 다르다. 체계적인 중립은 아마추어처럼 보이거나 헌신 부족을 반영하는 것으로 비춰질 가능성이 크다.

- 둘째, 중요한 토론에서 한쪽 편을 드는 것은 중립을 유지하는 것보다 위험할 수 있지만, 이긴 집단에 속할 경우 성공과 승진 가능성이 커진다.

- 셋째, 당연한 얘기지만 단순히 한쪽 편을 드는 게 아니라 상황을 주도하는 것이 바람직하다. 리더십과 중립 개념은 상반되는 것처럼 보인다. 중립은 수동성, 방임주의, 판단이나 의견 보류를 의미하고 리더십은 주도권, 행동, 의지, 용기를 의미한다. 리더는 권력자에 대한 공격을 준비할 때만 중립을 지킨다.

어쨌든 커리어나 개인생활의 다른 상황에서와 마찬가지로 행동의 근본적인 기준은 성실성과 본인의 가치관을 충실히 지키는 것이다. 때로는 공정함을 유지하는 것이 가치관에 가장 부합하는 입장이기도 하다. 그러나 우리는 갈수록 예측 불가능하고 불확실하고 변화무쌍한 환경에 살고 있기에 본인만의 의견이나 관점이 없다는 건 중립성을 정당화하기에 충분한 근거가 되지 못하는 듯하다. 반면 제3자가 피해를 입을 위험이 있다는 것은 공정성을 유지하는 데 충분한 근거가 될 수 있다.

중립적인 천사가 보티첼리의 그림에 등장할 자격이 있었을까? 만약 그런 천사가 존재했다면, 그들은 분쟁 자체보다는 나중에 실제로 벌어진 일을 이야기하는 데 중요한 역할을 했을 것이다. 아마 역사의 결정적인 에피소드를 객관적으로 설명하려면 누군가는 그 싸움에서 벗어나 있어야만 했을 것이다.

5

공로를 제대로 인정하면
좋은 리더로 보일 수 있다

서기 79년 8월 24일에 발생한 베수비오산 분화만큼 오랜 세월 동안 집단의 상상력을 사로잡은 자연재해도 드물다. 폼페이와 헤르쿨라네움이라는 쌍둥이 도시가 단 몇 시간 만에 화산재에 묻히거나 쏟아지는 용암을 뒤집어쓰고 불에 타버렸다. 나폴리만에 있는 이 로마인 거주지 유적을 방문한 사람이라면 그곳에 묻힌 희생자들이 느꼈을 공포를 상상하지 않을 수 없다.

당시 나폴리만 북서쪽 끝에 있는 작은 마을인 미세눔의 집에서 어머니와 숙부 대★플리니우스와 함께 살던 소小플리니우스의 편지에 이 대재앙에 관한 가장 직접적인 설명이 담겨 있다.[34] 임박한 재난을 가장 먼저 경고한 사람은 크고 특이한 모양의 구름을 알아차린 그의 어머니였다. 소플리니우스는 "구름의 전체적인 모습은 꼭 우산 모양 소나무 같았다고 표현하는 게 좋을 듯합니다. 일종의 줄기 같은 것에서 큰 덩어리가 솟아올랐다가 여러 갈래로 갈라졌기 때문입니다"라고 설명했다.[35] 이 설명은 매우 정확해서 오늘날에도 이런 특징적인 형태의 화산 분출을 플리니우스 화산 유형이라고 부른다.

소플리니우스의 편지는 숙부의 사망과 관련해 역사가 타키투스가 물어본 내용에 답하기 위해 쓴 것이었다. 따라서 자신의 경험과 감정, 재앙에 대처한 방법 등을 자세히 설명하기보다는 자신과 다른 이들의 증언을 바탕으로 숙부의 마지막 시간에 대해 이야기한다. 그는 의심스러운 구름을 본 대플리니우스는 폼페이에 있는 친구에게 구조 요청을 받자마자 자신이 지휘하는 삼단노선을 이끌고(그는 로마 함대 사령관이었다) 해안을 따라 항해에 나섰다고 설명한다. 목적지에 도착한 대플리니우스는 놀랍도록 침착한 모습으로 주변 사람들을 격려했다. "숙부는 매우 활기차 보였다고 합니다. 아니, 적어도 그런 척했는데, 이건 매우 용감한 태도입니다"라고 소플리니우스는 썼다.[36] 어찌나 침착했던지 분화가 진행되는 도중에 낮잠도 잤다고 한다.

소플리니우스는 몇 시간 동안 연기와 열기에 노출되었던 숙부가 물한 잔을 청해 마신 뒤 다시 현장으로 돌아갔다고 말한다. 그의 시신은 이틀 뒤 마치 잠든 것처럼 온전한 채로 발견되었다.

대플리니우스와 그의 부대원들의 용기는 수많은 폼페이 사람들의 목숨을 구하는 데 도움이 되었다. 고고학자들은 희생자들을 뒤덮어서 불태운 용암 덩어리 안에서 많은 시신이 발견되긴 했지만 당시 폼페이에 살던 주민들 대부분은 흔적도 없이 불에 타 죽었을 것이라고 생각한다.

숙부의 행적을 이야기한 소플리니우스는 다음과 같은 말로 편지를 마무리한다. "그동안 어머니와 저는 미세눔에 있었지만 이건 역사가가 관심 가질 만한 사건이 아니고, 당신은 숙부의 죽음에 대해서만 물었으니 더 이상의 설명은 덧붙이지 않겠습니다."[37]

역사가들은 소플리니우스가 보고서를 더 길게 써서 그의 동포들이 세상의 종말이라고 여겼던 화산 폭발에 대해 좀 더 자세한 정보를 제공해줬다면 좋았을 거라고 생각한다. 하지만 그의 이야기는 전적으로 숙부의 위업에만 초점을 맞추었기에 움베르토 에코는 거의 2천 년 뒤에 이렇게 썼다. "그가 영광스러운 행동(대플리니우스의 공로)을 받아들이는 독자를 선호했을지, 아니면 위인을 치켜세우는 이야기(소플리니우스의 공로)를 이해하는 독자를 선호했을지 궁금하다."[38]

베수비오산을 뒤로하고 현재로 돌아와 보면, 우리 주변에도 개인적, 직업적인 성공담을 말할 때 모든 공을 다른 사람에게 돌리고 자신의 공헌은 폄하하는 사람, 즉 소플리니우스처럼 고귀하고 이타적인 태도를 보이는 사람이 있다는 걸 알게 될 것이다.

전임자나 함께 일한 사람에게 경의를 표하는 건 너그럽고 관대한 태도이고 리더에게 중요한 자질이지만 이를 순진함의 반영으로 여기는 이들이 많기 때문에 제대로 인정받지 못한다. 하지만 나는 다른 사람, 특히 전임자를 칭찬하는 건 사람들과 소통하면서 더 큰 공감을 불러일으키고 동시에 진정성과 우아함을 보여줄 수 있는 멋진 기교라고 생각한다.

반면, 다른 사람을 칭찬하지 못하거나 노력에 대한 공로를 인정하지 않으면 동료들이 경계하게 된다. 그건 주변 사람들이 금세 알아차리는 부정적인 성격 특성이다. 우리가 평소 사람들을 파악해서 꼬리표를 붙이는 속도나 우리의 방어적 성격을 감안하면, 다른 이들의 업적을 인정하지 않거나 부당하게 공을 가로채면 직장에서 거부와 불신을 얻게 된다

하지만 안타깝게도 전임자를 칭찬하는 일은 드물며, 특히 조직에서 가장 높은 직책으로 승진한 사람들은 더욱 그렇다. 새로 임명된 경영진의 특징 중 하나는 자기가 부임하기 전에 이루어진 성과를 비판하거나 부정하는 것인데, 이는 일종의 열등감을 나타낸다. 나는 이걸 메시아 증후군이라고 부르는데, 새로운 경영자가 크고 복잡한 조직에 발생한 정말 혼란스러운 상황을 해결하기 위해 온 것이 아니라면 말도 안 되는 얘기다. 하지만 설령 그렇다고 하더라도 새로 온 경영자가 똑똑하다면 용기의 대부분은 신중함으로 이루어져 있다는 걸 알게 될 것이다.

이전에 하던 작업을 모두 보류하고 백지상태에서 새롭게 출발하는 것은 신선한 아이디어를 창출하고 혁신을 자극하며 편견이나 선입견에 의문을 제기하고 '독창적인' 사고를 장려하는 데 도움이 되는 건전한 방식이다. 그러나 전통과 관성이 강력한 힘을 발휘하는 대규모 조직에서는 신참자들이 원치 않는 것을 없애려다가 소중한 것까지 잃어버리지 않도록 조심해야 한다. 전략을 대대적으로 바꾸고도 살아남은 대기업은 거의 없다.

지그문트 프로이트는 오이디푸스 콤플렉스와 일렉트라 콤플렉스 때

문에 젊은 남녀가 자기 아버지와 어머니를 상징적으로 '죽인다고' 생각한다. 그는 『토템과 터부Totem and Taboo』라는 책에서 성적 충동에 뿌리를 둔 존속 살인과 근친상간적 경향을 억제하기 위해 규칙을 정한 부족의 사례를 제시한다. 프로이트의 연구 결과에 대해서는 오랫동안 의문이 제기되어 왔지만, 조직 환경에서 고위직으로 승진한 사람들이 전임자에게서 벗어나거나 관계를 끊는 건 흔한 일이다.[39]

새로운 CEO가 기업 로고나 사명, 비전 선언문 등을 변경하거나 임원 조직을 바꾸거나 직접 새로운 임원을 임명하는 건 자주 있는 일이다. 하지만 이런 변화는 피상적인 경우가 많으며 조직 내의 모든 사람들이 그걸 알고 있다.

이것의 반대편 극단에는 레베카 증후군이라는 게 있다. 대프니 듀모리에Daphne Du Maurier의 소설을 읽었거나 동명의 히치콕 영화를 본 사람이라면 내가 무슨 말을 하는지 알 것이다.[40] 영화에서 조앤 폰테인Joan Fontaine은 막심 드 윈터라는 과묵한 홀아비 귀족 역할을 맡은 로렌스 올리비에와 결혼한다. 신혼부부는 맨덜리 저택으로 이사하는데, 두 번째 드 윈터 부인은 전임자가 이 집에 남긴 흔적에 압도당한다. 이 저택은 댄버스 부인이라는 위협적인 가정부가 관리하는데, 그는 새로운 여주인이 아무것도 바꾸지 못하게 하면서 계속 자신감을 떨어뜨린다.

젊은 경영자도 이와 비슷한 경험을 할 수 있는데, 특히 조직에 많은 흔적을 남긴 명망 높고 인정받는 전문가의 뒤를 잇는 경우에는 더욱 그렇다. 당연히 느껴지는 불안감에 너무 신경 쓰지 말고, 무엇보다 전임자를 모방하려고 하지 않는 게 중요하다. 그리고 전임자의 기억을 없애려고 해서는 안 된다.

이솝은 "감사는 고귀한 영혼의 신호"라고 썼다.[41] 장기적으로 볼 때 이런 접근 방식은 개인적인 발전을 촉진하고 주변 사람들에게 리더십을 인정받는 결과를 가져온다.

베수비오 화산 폭발은 로마인들이 불의 신 불칸을 기리기 위해서 축제를 벌인 다음 날 일어났다. 섬뜩한 우연이다. 당시 사람들은 불칸과 태양의 신학적 연관성을 상징하기 위해 옷을 바깥에 걸어놓고 밤에는 촛불을 켜서 불이 계속 타오르게 한 채 음식과 포도주로 향연을 이어갔다. 화산 폭발의 희생자들이 적어도 소멸 전날에 삶을 즐겼다는 것이 우리에게 남은 유일한 위안이다.

6
쇼펜하우어가 존경에 관해 가르쳐줄 수 있는 것

 인정하고 싶지 않을 수도 있지만, 사실 우리 대부분은 다른 사람들이 우리를 어떻게 생각하는지 신경 쓴다. 그건 사회 속에서 살아가다 보면 어쩔 수 없는 일이다. 때로는 남들과 동떨어져서 혼자 살고 싶기도 하지만, 우리는 기본적으로 사회적인 동물이기 때문에 동료 인간과의 접촉을 통해 우리 정체성과 평판이 형성된다는 사실을 받아들인다.

 제3자가 우리의 가치, 장점, 성과에 대해서 내리는 판단은 우리의 개인적, 직업적 삶의 중요한 순간에 결정적인 역할을 한다. 잠재적 파트너를 추천하는 친구, 직장 채용을 결정하는 인사 관리자, 직원들을 평가하고 새로운 직책에서 급여를 얼마나 받을지 정하는 상사, 대회에서 우승자를 결정하는 패널, 기타 수많은 상황에서 우리는 측정 가능한 팩트뿐만 아니라 기존의 명성, 우리에 대한 다른 사람들의 의견, 누군가에게 들은 의견 등에 따라 평가를 받는다.

때로는 신뢰하는 동료나 가까운 친구에게 당신 글에 대한 의견, 프레젠테이션에 대한 감상, 당신이 하려는 결정에 대한 의견 등을 물어봤을 것이다.

하지만 신뢰하는 사람에게 당신에 대한 전반적인 의견을 물었을 때 그들이 정직하게 대답한다고 가정하면, 최악에서 최고까지 0에서 10으로 나눈 척도에서 그들이 아는 다른 사람들과 비교해 어떤 평가를 내릴까?

물론 우리의 행복이 이런 요약 평가에 좌우되어서는 안 되며, 공평하게 말해 마치 축약된 최종 판결인 양 이런 조건에 따라 사람을 평가하는 건 무의미하고 심지어 터무니없는 일이다. 사람의 질적인 면을 측정하는 것은 미묘한 일이므로 좋은 친구라면 그런 진단을 내리려고 하지 않을 것이다. 또 주변 사람들을 그런 입장에 처하게 하는 것도 권하지 않는다.

하지만 성격이란 복잡하고 심지어 이해할 수 없는 속성임에도 우리는 여전히 교육적, 직업적, 정치적, 사회적, 정서적인 면에서 꾸준히 다른 사람들에 대한 판단을 내린다. 또한 다른 사람들에게 공통의 지인에 대한 의견을 묻기도 한다.

CEO와 고위 경영진은 다른 사람들에게 본인의 성격을 전체적으로 평가해달라고 요청하는 것을 특히 꺼린다. 그렇게 하면 본인의 취약점이 드러날 수 있는데, 상사는 안정적이고 자신감 넘치는 모습을 보여야 한다고 여기기 때문이다. 하지만 고위 경영진의 이런 독선주의는 악순환을 일으켜서 CEO가 소외감과 인지 부조화를 느낄 수 있다. 이를 리더의 외로움이라고 칭하기도 하지만 실제로는 자기 고립으로 인해 생긴 결과다. 내 경험에 따르면 이사회가 CEO 코치를 고용하는 가장 흔한 이유 중 하나가 이런 상아탑 증후군을 막기 위해서다.

많은 조직에서 다양한 분야의 사람들이 참여하는 360도 피드백을 실천하고 있지만 그 범위와 효과, 그리고 그것이 초래할 수 있는 바람직하지 않은 영향 등에 의문이 제기되고 있다.

몇 년 전에 여러 명문 경영대학원에서 학생들을 가르치고 또 경영 코칭 분야에서 많은 경험을 쌓은 동료가 말하기를, 그의 경험상 부정적인 피드백을 받아들이고 거기서 개인적인 개선을 위한 결론을 끌어낼 줄 아는 사람은 전체의 10퍼센트도 안 된다고 했다. 안타깝게도 허영심, 변화에 대한 저항감, 고집, 불신, 심지어 두려움 때문에 겉으로는 그런 조언을 받아들이는 척하면서 실제로는 무시하는 사람들이 많다는 얘기다.

평소 다른 이들에게 우리의 행동이나 일에 대한 의견을 묻곤 하지만, 많은 경우 진실을 알고 싶어 하지는 않고 그저 묵인과 칭찬만을 원한다. 자신이 기대에 미치지 못하거나 어떤 노력을 하다가 실패했을 때, 남들이 실망감을 가중시키는 걸 원치 않는다.

아르투어 쇼펜하우어가 남긴 많은 작품 중에 명예와 존경에 관한 격언을 모아놓은 『존경받는 기술에 관하여On the Art of Being Respected』라는 짧은 논문이 있다.[42] 이 독일 철학자는 "명예는 다른 사람들이 우리에 대해 가지고 있는 의견, 특히 우리에 관해 무언가를 아는 사람들의 일반적인 의견이다. 더 구체적으로 말하면, 우리에 대한 생각을 말할 자격이 있고 고려해볼 만한 부분에서 우리의 가치를 아는 이들의 일반적인 의견이다"라고 주장했다.

누군가에 대한 의견을 말하기에 적합한 사람을 어떻게 찾아야 하는지는 잘 모르겠다. 그런 인물을 선택하라고 하면 일반적으로 우리를 사랑하는 부모님, 배우자, 자녀, 가까운 친구를 떠올릴 것이다.

그러나 많은 경우 우리는 그보다 공정한 이들의 감시를 받고 있으며, 그 결과 더 중립적인 평가를 내릴 가능성이 높다. 쇼펜하우어가 설명한 것처럼 그들의 의견은 우리에게 영향을 미치는 결정을 내릴 때나 그들이 우리에게 하는 행동을 정하기 때문에 특히 중요하다.

쇼펜하우어는 누군가에 대한 의견이 형성되는 방식을 설명할 때 발타사르 그라시안에게 의지한다. 그라시안은 "어떤 일이 일어나는 이유는 그 본질 때문이 아니라 외관 때문이다"라고 주장했다.[43] 많은 사람의 생각처럼 외관은 우리가 타인에 대한 판단을 내리는 기준이 된다. 결국 다른 사람이 어떤 행동을 할 때 그들 머릿속에서 실제로 무슨 일이 일어나고 있는지 알 수 있는 방법은 없다. 외관으로 판단할 때 생기는 문제점은 물론 그 외관이 거짓일 수 있다는 것이다. 이에 대해 쇼펜하우어는 "거짓된 외관은 누군가를 속일 수 있지만 모든 사람을 속일 수는 없다"라고 설명한다. 나도 그렇게 생각하지만, 누군가를 간파하는 데 시간이 걸리면 이는 사기꾼에게 유리한 일이라고 의심하는 이들도 있다.[44]

쇼펜하우어는 명예와 명성을 구분한다. 전자는 다른 사람들이 우리에게 기대하는 자질로 구성되어 있는데 대부분이 그런 자질을 가지고 있으므로 우리는 그들에게 "예외적인 존재가 아니다." 그들도 비슷한 수준의 명예를 지니고 있고 이를 당연하게 여기기 때문이다. 따라서 이런 의미에서의 명예는 부정적인 성격을 띠게 된다.

그러나 명성은 다른 이들에게 부족한 속성을 나타내기 때문에 긍정적이거나 적극적인 성격을 띤다.

낭만주의 시대의 절정기에 책을 쓴 쇼펜하우어가 동시대의 많은 독일인들이 결투를 통해 분쟁을 해결하게끔 한 기사도적 명예 개념을 거부한 것은 주목할 만한 일이다. 쇼펜하우어에게 있어 명예는 기본적으로 실용적인 의미를 지닌다. 예를 들어, 직업 분야에서의 명예는 다른 사람들이 우리에 대해 품고 있는 의견이다.

쇼펜하우어가 제안한 의미대로 이해하면 명예는 다른 사람들이 우리에게 가지는 신뢰, 사회에 참여해서 개인적, 상업적 관계를 유지하거나 직업을 발전시키는 데 필요한 최소한의 것을 제공해 준다.

당연한 얘기지만 명예는 본질적으로 상호적인 성격을 띠므로, 다른 사람들은 우리가 존경심을 자아내는 만큼 신뢰할 만한 가치가 있는 사람이리라고 기대한다. 대부분의 사회제도는 상호 신뢰, 명예 추정이라는 이상에 기반을 두고 있다. 명예가 제공하는 보증은 막대한 수익을 창출하며 개인적, 직업적 유대감의 기초다. 논리적으로 이런 명예는 관계가 변함에 따라 증가하거나 감소할 수 있다.

쇼펜하우어의 명예 개념은 시대에 뒤떨어진 것처럼 보일 수 있으므로 일부 경영대학원은 탁월한 능력과 관련된 명성에 초점을 맞추는 걸 선호한다. 그래서 돈, 권력, 지위, 수상 같은 구체적인 업적이나 지능, 웅변, 정직, 관대함, 기업적 또는 시민적 대안을 만들어 환경에 영향을 미치는 것 같은 뛰어난 기술을 이용해서 명예를 얻는 방법을 찾아내서 가르치려고 시도하고 있다.

그러나 다른 무엇보다 먼저 다른 사람의 존경을 받지 못한다면 명예가 존재할 수 없다.

명예를 쌓는 것은 자신이 처한 상황, 세상에 대한 비전, 가치관, 관계에 대한 생각 등에 따라 혼자 수행해야 하는 과제다. 쇼펜하우어는 다른 사람들이 우리의 본질에 대해 품고 있는 생각을 실망시키지만 않는다면, 우리가 변해도 우리의 명예에 대한 사람들의 생각은 변하지 않는다고 말한다.

그렇다면 명예를 지키기 위해 무엇을 할 수 있을까?

• 겉으로 보이는 모습은 매우 중요하므로, 예의를 지키는 것은 우리에 대한 다른 사람들의 의견에 중요한 역할을 한다. 예의 바른 태도, 유머, 그리고 아첨을 피하면서도 다른 사람의 업적을 공개적으로 인정하려는 의지는 위에서 얘기한 상호성을 강화한다.

• 다양한 사람들과의 관계에서 긍정적인 태도를 취하면 최고의 개인적, 직업적 결과를 얻을 수 있고 다른 사람들 앞에서의 위신도 강해질 것이다. 세상 사람들을 친구와 적대자로 나누는 건 실수이며 불만만

쌓이고 명예는 약해지며 명성을 얻을 가능성은 줄어든다.

- 오해를 피하면 직장과 사생활에서 다른 사람과 마찰이 생기는 것을 막을 수 있다. 대부분의 대인 갈등은 실수에서 비롯되므로 이를 빨리 해결하면 주변 사람들과 신뢰와 우정을 쌓는 데 도움이 된다. 특히 서면상의 오해는 가장 큰 피해를 입힐 수 있으므로 직접 만나서 해결하는 게 가장 좋다.

샤를 드골은 "친숙함은 경멸을 낳으므로 신비로움이 있어야 위신도 세울 수 있다"라고 말한 것으로 알려져 있다.[45] 외관의 중요성을 고려할 때, 리더십을 유지하려면 자신의 결점보다 내면의 무언가를 드러내는 게 더 바람직하다는 점에서 드골의 말은 옳다. 하지만 최종 분석에서 쇼펜하우어가 말한 것처럼 명예는 항상 빛을 발할 것이다.

7

거짓말은 어디까지 허용되는가

"거짓말은 정말 귀에 거슬리는 말이야." 드라마 〈다운튼 애비Downton Abbey〉에 나오는 독설가 미망인 그랜섬 백작부인(매기 스미스Maggie Smith 분)은 본인이 내린 판단의 진실성에 의문이 제기되자 이렇게 혼잣말을 했다.[46] 거짓말쟁이라고 불리는 걸 좋아하는 사람은 없지만, 데이터에 따르면 우리는 스스로 인정하는 것보다 더 많은 거짓말을 한다.

옥스포드 영어사전은 거짓말이란 "어떤 것이 진실이 아님을 알면서도 말을 하거나 글로 쓰는 것"[47]이라고 명확하게 정의하고 있지만 우리는 자신의 허위를 정당화하거나 완화하려고 여러 가지 완곡한 표현을 생각해냈다. 의도가 좋을 때는 '선의의 거짓말'이라 하고, 정직하지 못한 진술을 뒷받침할 때는 '반쪽 진실'이라는 표현을 쓰며, 본격적인 속임수의 규모와 영향력을 강화하는 '허풍'도 있다. 또 어떤 사건에 대한 완전하고 솔직한 설명을 피하려고 할 때는 진실을 '아끼는데' 다른 사람들은 이를 단순한 '헛소리'로 치부할 수 있다. 이 밖에도 수많은 범주의 거짓말이 있는데 전부 상황을 미묘하게 악화시키거나 완화할 수 있는 해석이 따라온다.

거짓말을 지칭하는 용어가 이렇게 많은 것은 이 복잡한 정신적 곡예에 대한 우리의 능력을 확인시켜 줄뿐만 아니라 거짓말에 대한 우리의 근면함도 드러낸다. 미국의 심리학자 로버트 S. 펠드먼Robert S. Feldman의 유명한 연구에 따르면 우리는 평균적으로 10분에 2~3번씩 거짓말을 한다.[48] 충격적으로 느껴질 수도 있지만 그건 우리가 자기 자신에게 거짓말을 하기 때문이다. 거짓말을 하는 이유는 다양하다. 자존감을 표현하고, 동료들에게 자랑을 하고, 직장에서 갈등을 피하고, 올바른 사람처럼 보이고, 신용도를 과시하고, 주변 사람들을 조종해 자기 목표를 달성하기 위해서다.

유년기는 순수한 시기라는 믿음과 다르게, 연구에 따르면 우리는 생후 6개월부터 남을 속이는 능력을 키운다고 한다. 물론 어린 나이부터 강박적인 거짓말쟁이가 되는 걸 피하려면 환경과 교육, 연장자들의 모범이 중요하다.

어떤 이들은 거짓말이 문화적인 문제라서 예컨대 앵글로색슨계 국가보다 라틴 아메리카 국가에서 거짓말이 더 흔하다고 생각한다. 하지만 나는 학계에서 경험을 쌓는 동안 모든 대륙에서 속임수를 쓰는 사람을 만났기 때문에 이에 동의하지 않는다. 아마 차이가 있다면 특정 지역

출신의 사람들이 거짓말을 얼마나 자주 하느냐가 아니라, 거짓말에 대한 사회적 비난에 있을 것이다. 미국이나 영국에서는 정치인이 거짓말을 하거나 규칙을 어긴 사실이 밝혀지면 자동으로 사임했다. 빌 클린턴은 백악관 인턴과의 불륜에 대해 거짓말을 해서 탄핵되었지만, 그는 자신의 정치 경력이 끝났음에도 불구하고 사임을 거부했다. 하지만 다른 나라에서는 정치인이 이런 복잡한 관계에 얽혀 있어도 유권자들이 더 관대한 태도를 보인다. 유감스럽게도 이제 유권자들은 정치인의 거짓말을 노골적으로 만연한 문제라고 인식하고 있으며 사회학자와 정치학자들은 이 현상을 이해하려고 애쓰고 있다.

연구에 따르면 누군가 우리에게 거짓말을 할 때 이를 알아차릴 수 있는 사람이 거의 없다고 하는데, 우리는 본인이 알아차리지 못하고 넘어가는 속임수가 50퍼센트밖에 안 될 거라고 추정한다. "거짓말쟁이는 절름발이보다 빨리 붙잡힌다"라는 오래된 속담은 더 이상 사실이 아닌 듯하다. 전문가들은 비언어적 단서를 연구하면 상대방이 거짓말을 하는지 쉽게 알아차릴 수 있다고 설명한다. 가장 잘 알려진 지표로는 몸짓, 얼굴 근육 경련, 눈을 마주치지 않으려는 것 등이 있다.[49]

아마 거짓말은 인간 존재의 필수적인 부분인 듯한데, 철학자들은 오랫동안 이와 반대되는 주장을 해왔다. 물론 미묘하게 다른 의견을 가진 사람도 있다. 예를 들어, 플라톤은 공익을 위해 진실을 은폐하는 것을 정당화했는데 이는 수백 년 뒤에 존 스튜어트 밀이 공리주의를 적용해서 한 말과 유사한 방식이다. 어떤 거짓말이 최대 다수의 사람들에게 이익이 된다면 이는 공공의 이익을 위한 거짓말이라고 생각할 수

있다는 것이다.[50]

거짓말을 용납하지 않는 철학자 중에 임마누엘 칸트가 있는데, 그가 모든 유형의 거짓말을 단호하게 비난하면서 내세운 논거는 유명한 농담의 주제가 되었다. 칸트는 진실을 말해야 한다는 명령은 정언명령이므로, 살인자가 누군가를 죽이려는 의도로 자기 집 문을 두드리더라도 잠재적인 피해자가 집에 없다고 거짓말해서는 안 된다고 설명한다. 이 예시는 선량한 사람이라면 누구나 할 법한 일, 특히 가족을 구하고자 할 때 당연히 하게 되는 일과 모순된다. 2차 세계대전 이후에는 나치가 유대인들이 피신해 있던 집을 수색한 것과 관련해 칸트적인 접근 방식이 본질적으로 악독하다는 얘기가 나오기도 했다.[51]

칸트의 작품을 분석한 몇몇 사람들은 그가 진실을 말하는 걸 이토록 완고하게 고집한 이유가 무엇 때문인지 설명하려고 노력했지만 거의 성공하지 못했다. 이 주제에 대해 칸트와 의견을 교환한 영국 철학자 벤자민 콘스탄트Benjamin Constant는 딜레마 상황에서 상식에 의지하는 정언적 접근 방식이 어리석다는 것을 증명했다. "진실을 말하는 게 자신의 의무라는 도덕적 원칙 하나만을 무조건적으로 고수한다면 모든 사회가 큰 곤란에 처할 것이다. 우리는 독일 철학자의 원칙에서 도출된 매우 직접적인 결과를 통해 이를 증명할 수 있다. 그는 살인범이 자기가 쫓고 있는 친구가 우리 집에 숨어 있느냐고 물었을 때 거짓말을 하는 것도 범죄라고 단언했다."[52]

콘스탄트는 두 가지 조건이 충족됐을 때만 진실을 말할 의무가 있다고 주장한다. 상대방이 진실을 알 권리가 있고 제3자에게 해가 되지 않을 때이다. 때로는 여기에 자기 자신이 포함될 수도 있는데 이것이 계몽된 자기 이익의 예이다.

이런 방식이 적용될 수 있는 두 가지 환경이 바로 사적인 관계와 작업 공간인데, 여기서는 정치계나 비영리 기관 같은 다른 업무 공간은 제외하고 주로 회사에 대해서만 언급할 것이다.

영화에는 커플이 결별하는 장면이 자주 나온다. 한쪽이 다른 쪽에게 거짓말을 할 경우 이를 배신으로 받아들이면 관계를 끝내기에 충분한 이유가 된다. 이런 도덕적 내러티브의 이면에는 사랑과 관련해서는 완전한 투명성 이외의 모든 것이 장애 요소가 된다는 명제가 있다. 일반적으로 잘못한 쪽이 자백하고 뉘우치면서 자신의 방식을 바꾸려고 노력하더라도 결과는 항상 파탄이다. 기분이 상한 쪽에서는 결별이 아무리 고통스럽더라도 거짓말은 관계를 끝내기에 충분한 이유라고 생각하기 때문이다. 내가 보기에는 이런 서사적 패턴이 과잉 반응이고 현실과 일치하지 않는 것 같다. 서로에 대한 존중과 애정이 있는 많은 커플의 경우, 화해를 통해 관계를 다시 시작할 수 있기 때문이다.

현재와 다르게 1960년대와 1970년대에는 영화 속 등장인물들이 나쁜 행동을 하는 일이 흔했다. 나이 든 영화 팬들에게는 요즘 같은 내러티브 변화가 놀랍겠지만 아마 우리가 살고 있는 시대를 반영한 모습일 것이다.

그리스 신화에도 나오지만 용서는 오직 신들만이 지닌 능력이다. 하지만 우리 인간도 용서를 실천하면 기분이 고양되고, 신성한 존재까지는 아니더라도 더 인간다워질 수 있다고 생각한다.

충성과 성실의 의무 외에도 우리는 자기만의 공간을 가질 권리가 있다고 생각하는데, 사실 이것이 관계가 지속되는 데 필수적인 요건인 경우가 많다.

• 사업상의 부정직

고위 경영진은 회사 주주들에게 솔직해야 하는 특별한 의무가 있다. 게다가 모든 면에서 투명성을 유지하지 못하면 종종 사기로 간주되어 심각한 법적 결과를 초래할 수 있다.

더욱 미묘한 문제는 직원, 공급업체, 고객, 경쟁사 등 다른 이해관계자에게 시기적절하게 완전한 투명성을 담보해야 하는 의무가 있다는 것이다. 거짓말은 분명 잘못된 일이지만 완전한 투명성에 대한 의무까지 있다는 것은 좀 의아하다. 하지만 이는 다른 논문에서 자세히 다뤄야 할 주제다.

『손자병법』을 써서 전략에 영감을 준 손자는 모든 전쟁은 속임수에 바탕을 두고 있다고 주장했다. 그리고 거짓 기동, 가짜 공격, 조작된 전투 명령, 적에게 영향을 미치거나 곤경에 빠뜨리기 위해 일부러 강점이나 약점을 노출하는 방법 등에 대해 자세히 설명한다.[53]

스티브 잡스는 현실과 상상의 경계를 넓히는 데 능숙했다. 애플의 수석 소프트웨어 엔지니어 버드 트리블Bud Tribble은 잡스가 〈스타트렉〉에서 차용한 '현실 왜곡장'을 만든 방법을 설명했다. "그가 옆에 있으면 현실이 쉽게 변했다. 그는 누구에게나 무엇이든지 설득할 수 있었다. 그가 옆에 없으면 이런 현상은 사라졌지만 현실적인 계획을 세우기가 어려웠다."[54] 잡스의 비타협적인 태도가 목표로 하는 것은 매우 간단했다. 직원들이 가능한 최고의 제품을 생산하고, 때로는 불가능해 보이는 마감일을 지키며, 완벽을 기하기 위해 정보와 데이터를 다시 확인해 완벽을 추구하는 것이었다.

마지막으로 완전한 솔직함의 장점과 단점을 몇 가지 정리해보았다.

옛말에 따르면 정직이 최선의 정책이다. 정직한 사람은 장기적으로 사람들의 존경을 받게 될 것이라고 한다. 관계의 개방성, 진실성, 이것이 올바른 방향이라는 합리적인 기대에 기반한 신뢰는 무역과 비즈니스의 기초다. 죄수의 딜레마만 생각해봐도 체계적인 협력이 모든 당사자에게 더 바람직한 전략임을 알 수 있다.

비즈니스와 게임에는 유사한 부분이 있다. 시뮬레이션, 비밀, 속임수, 심지어 경쟁자들 사이에서는 협잡까지 용인하고 실행하면서 시장을 혁신하거나 다른 이점을 안겨준다.

고의로 거짓말을 하고 제3자에게 해를 끼치는 것은 도덕적으로 비난받을 뿐만 아니라 법에 따라 처벌받을 수도 있다는 것을 항상 기억해야 한다. 그러나 때로는 정당하게 활용할 수 있는 진실성이나 은폐 정도를 따져보는 것이 적절한 상황이나 환경도 있다.

요약하자면, 노골적인 거짓말은 비난받을 일이지만 누군가의 행동이 기만적이라고 결론을 내리기 전에 고려해야 할 미묘한 상황이 많다. 오스카 와일드의 희곡 『진지함의 중요성The Importance of Being Earnest』에 나오는 알저넌이라는 인물의 말처럼, "진실은 순수하지도 단순하지도 않다."[55]

8

인문학을 가르치는 것이 경영학을 발전시키는 가장 좋은 방법인 이유

　교수와 교직원, 학생, 이사회를 비롯한 모든 이해관계자들에 대해 DIEB(다양성, 포용성, 평등, 소속감)를 구현하는 문제에 대해 한동안 대학에서 열띤 논의가 있었다.

　경영대학원의 경우, 그들은 기업이 무엇인지, 보다 공정하고 효과적이고 지속 가능한 조직이 되기 위해 무엇을 할 수 있는지 설명해야 했다. 나는 단순히 설명만 하는 게 아니라 규범적인 연구 개발에 집중해야 한다고 생각한다. 포용성이나 평등처럼 학술기관이 해결하려고 애쓰는 딜레마는 대부분 본질적으로 논쟁의 여지가 있는 개념이다. 우리는 전반적인 표현에는 동의하지만 그걸 구현하는 방법에 있어서는 저마다 의견이 다르다. 결론적으로 나는 공동체 안에 다양한 신념이 존재할 때는 관습이 특히 중요해진다고 생각한다.

얼마 전, IE 경영대학원의 전략 수업에서 한 학생이 내가 사례 연구에 이용한 기업의 CEO가 왜 전부 백인남성이냐고 물었다. 이런 결점을 깨닫고는 그 즉시 보다 포괄적인 프로그램을 만들기 시작했다.

하지만 문제는 여성 CEO와 관련된 일반 경영 전략의 사례 연구를 찾아본 결과, 하버드 비즈니스 퍼블리싱의 디렉토리에 있는 사례 연구 가운데 여성 CEO나 이사가 포함된 것은 11퍼센트뿐이고 그나마도 대부분이 유리천장 증후군에 관한 것이었다. 결국 적합한 사례는 IBM 전 CEO인 지니 로메티Ginni Rometty 한 명뿐이었다.[56]

그동안 약간의 진전이 있었지만, 여전히 기업의 다양성을 반영하는 사례 연구, 교육 자료, 학술 연구가 충분하지 않은 이유는 실망스럽게도 대부분의 기업이 다양성 기준을 충족시키지 못하기 때문이다.

30대 중산층 백인남성인 그 학생은 좀 더 포괄적인 경영 방식의 필요성을 일깨우는 데 경영대학원이 적극적인 역할을 해야 한다고 강조했다. 기업을 이끄는 여성이 많지 않다고 해서 우리가 미래의 리더들에게 심어주고 싶은 가치관과 원칙을 가르치지 못하는 것은 아니다.

나도 동의한다. 경영대학원은 단순히 기업의 운영 방식을 설명하는 것 이상의 일을 해야 한다. 기업가에게 영감을 주는 모델을 개발하고 조직을 보다 공정하고 효과적으로 만들 수 있는 모델을 개발해야 한다. 경영대학원은 젊은 여성들에게 영감을 주고 고위 경영진의 성비를 맞추는 데 도움이 되는 프로그램을 설계해야 한다. 단순히 현재의 경영 환경을 설명하는 것을 넘어 변화를 주도하고 지속 가능한 동시에 모든 이해관계자의 요구를 충족할 수 있는 기업을 만드는 데 적극적인 역할을 해야 한다.

수만트라 고샬은 경영대학원이 자신들이 현재 비난하는 것과 동일한 경영 관행을 추진하고 있다고 비판한 학자 중 한 명이다. 그는 또 대부분의 경영대학원 교육이 잘못된 기준에 근거하고 있다고 생각했다.

이 문제는 뿌리가 매우 깊다. 경영대학원은 자신들의 활동을 사회과학의 일환으로 여기는 것을 좋아한다. 물리학이 원인과 결과의 지배를 받는 반면, 사회과학은 본질적으로 개인의 행동방식과 관련이 있다. 고샬은 아무리 많은 과학 이론으로도 기업의 '조직적 복잡성'이나 우리에게 필요한 기업 유형을 설명할 수 없다고 주장했다.

고샬은 경영을 사회과학에 포함시키면 인간의 행동이 가장 기본적인 본능을 만족시키는 수준으로 떨어진다고 생각한다. 이것이 전통적으로 많은 경영 이론에 도덕적 또는 윤리적 관점이 부족한 이유다. 요컨대 사회과학 이론은 자기 충족적인 경향이 있다.[57]

나도 경영적 사고가 다른 사고와 마찬가지로 이념적이라는 사실부터 인정해야 한다는 고샬의 의견에 동의한다. 다시 말해, 경영대학원은 물리학을 가르치는 기관보다 훨씬 큰 사회적, 도덕적 책임을 져야 한다.

고샬이 요구한 변화를 주도하려면 경영학 연구를 인문학 분야로 가져와야 한다. 카네기 재단의 2011년 보고서인 '학부 경영 교육 재고: 전문직을 위한 교양 학습'에서는 BBA(경영학 학사)가 인문학 분야 학부 프로그램을 본떠서 경영대학원 커리큘럼과 연구에 인문학 입지를 강화할 것을 권고한다.[58]

최근 몇 년 사이에 커리큘럼에 인문학 과목을 도입하기 시작하는 경영대학원이 점점 늘어나고 있다. 일례로 학생들이 상사가 내린 비윤리적인 결정에 맞설 때 비판적 사고에 관한 과목이 도움이 되기를 바란다. 이제 경영대학원도 고전적인 교육의 혜택을 누릴 때가 되었다.

경영학을 인문학 쪽으로 끌어들이고 비즈니스 연구에 규범적인 접근 방식을 채택하려면 먼저 비즈니스에 사용되는 많은 가치관이나 아이디어에서 논란의 여지가 있는 본질을 확실하게 해명해야 한다.

사회과학의 개념들에는 자유로운 해석의 여지가 있으며, 그걸 논의하는 개인의 배경이나 세계관에 따라 그 의미가 달라진다. 평등, 자유, 정의는 다양한 방식으로 고려해서 적용할 수 있다. 우리는 지금 월터 브라이스 갤리Walter Bryce Gallie가 1950년대에 "본질적으로 논쟁의 여지가 있는 개념"이라고 말한 것에 직면해 있다.[59] 그는 누구나 자유를 지지한다고 말할 수는 있지만, 특히 한 사회에 서로 다른 가치관이나 권리가 공존할 때는 자유를 실현하는 방법에 대한 의견이 다를 것이라고 지적했다. 예를 들어, 표현의 자유에 대한 권리가 자신은 기분이 상하지 않을 권리가 있다는 다른 사람의 믿음과 충돌하는 경우가 그렇다.

표현의 자유에 대한 권리나 불쾌감을 느끼지 않을 권리처럼 본질적으로 상충되는 개념의 경우, 대부분 상위 개념 자체에 전반적인 합의가 포함되어 있다. 그러나 잠재적인 이견이 존재하는 다른 개념도 있다.

일례로 기본적 수준에서 남성과 여성이 동일한 권리를 누려야 한다는 페미니즘의 원칙에는 누구나 동의할 것이다. 그래서 자신을 자유주의자라고 생각하면서도 페미니즘을 거부하는 사람이 있다는 것은 놀라운 일이다. 페미니즘의 이상을 구현하는 방법에 대해서는 의견이 분분하다. 사회적 약자 우대 정책을 옹호하는 사람도 있다. 단기적으로는 긴장을 유발하더라도 사회를 변화시킬 수 있는 가장 빠르고 효과적인 방법이라고 생각하기 때문이다. 반면 어떤 이들은 아무리 정당화할 수 있는 논거가 있다고 해도 모든 형태의 차별은 소모적이라고 생각한다.

경영자는 종종 자유, 정의, 평등, 공로 개념 같은 원칙이나 가치관을 이해하는 다양한 방식들이 심각하게 대립하는 딜레마에 직면한다. 이런 갈등을 해결하는 가장 좋은 방법은 회사 내의 다른 어려운 문제를 결정할 때처럼 합리적인 토론을 통해 건설적으로 해결하는 것이다.

오늘날의 MBA 수업은 25년 전보다 다양성을 강조하는데 이는 개인의 관련성과는 무관하게 타인에 대한 인식과 존중을 더 요구하는 현 상황 때문이다. 존중을 강화하기 위해 경영대학원 커뮤니티는 구성원의 기본적인 의무와 권리에 대한 원칙과 관행을 서면으로 명시해야 한다. 이는 학술 커뮤니티의 행동 규범과 대인관계를 이끄는 기본 원칙으로 구성된 윤리 강령을 통해 가능하다.

경영대학원의 윤리 강령을 뒷받침하는 신념은 특정한 이념이나 종교, 도덕성을 반영하지 않으며 우리가 세계주의적 윤리라고 부를 수 있을 만한 것을 구성한다. 사실 다양한 세계관이나 개인적 도덕관을 지닌 사람들이 모인 오늘날의 다문화 수업에서는 윤리 강령이 핵심적인 규칙만 다루면서 참가자들 간의 건설적인 공존을 보장하고 다양성과 타인에 대한 존중, 공통된 행동 규칙 준수가 균형을 이루는 일종의 최소 공통분모가 되어야 한다.

사회 전체에서 그렇듯이, 신념뿐만 아니라 관습(커뮤니티 전체가 공유하는 습관)도 경영대학원 이해관계자들의 관계를 원활하게 하는 데 중요한 역할을 한다. 실제로 학계 구성원들의 개인적인 신념이 다양할수록 합의된 관습을 존중하는 것이 더 중요해진다.

관습은 도로에서 특정한 방향으로 운전하는 것처럼 사회 구성원들이 자의적으로 선택한 결과지만, 공존을 위한 핵심이다. 관습의 예로는 복장 규정, 인사 방식, 식탁 예절 등이 있다. 관습은 가치관이나 신념 같은 도덕적 원칙에 의존하지 않으며 "예의 바른 사람"이 되는 것과 "좋은 사람"이 되는 것은 다르다. 아주 예의 바르면서도 더없이 부도덕한 사람은 쉽게 상상할 수 있다. 하지만 아무리 의도가 좋아도 예의가 없는 사람은 집단에서 거부당할 가능성이 크다.

최근 수십 년 동안 많은 교육자들은 학생들의 창의성을 자극하기 위해서는 자발성을 키워야 한다고 주장했다. 하지만 이것이 극단적으로 흐르면, 학생들이 자신의 인격을 자유롭게 개발하는 것을 방해한다는 이유로 관습을 완화하는 결과를 초래할 수 있다. 나는 반대로 관습을 지켜야만 공동체 안의 개인들끼리 쉽게 통합될 수 있으므로 관습 준수가 학생들의 인격 발달에 꼭 필요하다고 주장하고 싶다.

성실한 경영자는 다른 문화권 사람들과의 사업 관계를 가능케 할 뿐만 아니라 생산적으로 발전시킬 수 있는 관습을 적극 육성한다. 자기가 대우받고 싶은 대로 남들을 대하는 것이 인간관계의 황금률이다. 이는 교육자들이 놓쳐서는 안 되는 교훈이다. 또 세계시민 육성을 목표로 하는 이들에게는 흥미로운 도전이다.

6장

낙관주의
-
행복을
이룰 수 있을까?

가족, 친구, 동료, 지인에게 축하인사를 전할 때는 그들의 행운과 건강을 기원하거나 애정과 감사를 표하곤 한다. 새로운 사업이나 직장에서의 성공을 빌어줄 수도 있다. 그리고 이 모든 열망은 하나의 목표, 즉 행복으로 요약될 수 있다. "행복은 인생의 의미이자 목적이며, 인간 존재의 총체적인 목표이자 끝이다"라는 아리스토텔레스의 말이 옳기 때문이다.

하지만 행복에 대한 관점은 저마다 다르다. 어떤 사람은 일주일에 한 번씩 좋아하는 스포츠 팀의 경기를 보는 것처럼 간단한 일에서 행복을 느낄 수도 있고, 또 어떤 사람에게는 콘서트나 영화 관람, 친구들과 저녁을 먹으면서 장시간 수다를 떠는 것이 행복일 수도 있다.

철학자들도 행복의 의미에 대해 각자 다른 답을 내놓았다.

에피쿠로스 학파에게 행복은 쾌락을 추구하고 고통을 피하는 것이다. 이 믿음의 창시자인 사모스의 에피쿠로스는 기원전 4세기 아테네에 살았다. 에피쿠로스 철학은 방탕, 과잉, 자기만족, 악덕으로 오해받기도 하지만, 이들의 목표는 먹는 즐거움을 추구하는 것보다 배고픔을 느끼지 않는 쪽에 가깝다.[2] 에피쿠로스는 고통을 피하는 것이 인생의 목표이고 이를 위해서는 정신적 쾌락을 기르는 것이 핵심이라고 생각했다. 이를 그리스어로는 '아타락시아ataraxia', 즉 침착함이라고 하는데 철학, 지식, 교육을 통해 달성할 수 있다.

고대 그리스의 또 다른 철학으로 스토아주의가 있다. 기본적으로 스토아주의자들은 완벽함을 이루려면 자기 통제가 필요하다고 믿었고, 감각을 정신에 복종시키면서 자연과 주어진 사물의 상태를 받아들여야 한다고 생각했다. 스토아주의의 대표적인 철학자로 마르쿠스 아우렐리우스

황제가 있는데. 그가 쓴 『명상록』은 오랫동안 임원과 경영진에게 중요한 책이었다. 로마 황제는 이 책에서 다음과 같이 제안한다. "자신에게 이렇게 말하면서 하루를 시작하라. 나는 참견하기 좋아하는 사람, 배은망덕한 사람, 오만하고 부정직하고 시기심이 많고 사회성이 떨어지는 사람을 만나게 될 것이다. …… 그들 중 누구도 내게 해를 입힐 수 없다. …… 우리는 발과 손, 눈꺼풀, 윗니와 아랫니처럼 서로 협력하도록 되어 있기 때문이다."[3] 이것은 매일 다양한 사람을 상대해야 하는 우리에게 좋은 조언이다. 스토아학파는 세상과 거리를 두며, 행복은 의지력을 키우고 일을 감정적으로 받아들이지 않으면서 절제된 태도로 목표를 달성하는 데 있다는 것을 이해한다.

고전철학을 이끈 또 하나의 흐름은 견유학파다. 견유학파의 창시자인 시노페의 디오게네스는 현대 세계주의의 아버지 중 한 명으로 간주된다. 견유학파는 도덕적 상대주의의 선구자다. 이들은 도덕적 명제는 증명이 불가능하다고 믿었기 때문에 한 가지 아이디어와 그와 반대되는 아이디어를 옹호하는 변증법적인 탁월함을 보여주었다. 이런 입장은 세상 모든 것이 단순히 상대적임을 의미하는 게 아니다. 그들은 기존의 규칙과 관습을 존중하면서 자연으로 회귀할 것을 제안했다.

이 장에서는 행복의 의미와 행복을 이루기 위해 노력하는 방법과 관련된 핵심 아이디어를 몇 가지 살펴보겠다.

1
인생이 희극이라면 왜 더 많이 웃지 않는가

독일 시인 쉴러Schiller는 그의 유명한 시에 "기쁨, 신들의 아름다운 불꽃"이라고 썼다. 베토벤이 교향곡 9번에서 이 주제를 확장시켰고 이후 유럽연합에서는 이를 유럽가로 채택했다.[4]

우리는 모두 그런 기쁨의 불꽃을 갈망하며, 우울한 기분을 별로 반기지 않는다. 하지만 쉴러가 쓴 것처럼 기쁨 속에서 사는 것은 신의 선물이다. 팬데믹 시기의 경험을 통해 알 수 있듯이 살다 보면 언젠가는 개인이나 가족의 문제, 건강 문제, 경제적인 어려움 등을 겪게 된다.

안타깝게도 다른 사람의 기쁨을 일종의 유해한 실증주의로 해석하는 사람들이 있다. 일례로 소셜네트워크에서 긍정적인 댓글을 달면 비판과 조롱을 받는 일이 드물지 않다. 아니면 애덤 스미스의 말처럼, "다른 사람이 아주 작은 행운을 얻고 너무 행복해하거나 기분이 고양된 것을 보면 …… 화가 난다. 우리는 그의 기쁨이 당혹스러우며 그 감정에 동조할 수 없기 때문에 경박하고 어리석은 태도라고 말한다."[5]

개념을 좀더 정확하게 정의하는 것이 여기서 분석할 대상을 잘 이해하는 데 도움이 될 것이다. 기쁨은 일반적으로 축하 같은 즉각적인 경험과 관련된 일시적인 상태로 간주되지만 그런 이벤트를 즐기려면 긍정적인 전망이 필요하다. 누군가가 평소에 대체로 기분이 좋으면 그 사람을 행복한 사람이라고 여기는데, 이는 평온하고 긍정적이며 사교적인 성격이나 성향을 나타낸다.

반면 유머를 기쁨과 동의어로 사용하는 경우가 종종 있지만, 그 말의 본질은 일시적이며 농담이나 재미있는 에피소드와 관련이 있다. 이 말의 의미는 엘리자베스 여왕과 제임스 1세 시대에 활동한 극작가 벤 존슨Ben Jonson의 희극에 나오는 캐릭터 '유머'를 통해 굳어졌다(당시에는 이 말을 생물학적인 의미로 썼다). 그때부터 유머는 의도적으로 웃음을 추구하는 연극 형태인 코미디와 개념적으로 연결되었다.

일반적으로 행복에 대해 얘기할 때는 오랜 기간, 대개 평생에 걸쳐 이어지는 중요한 상태를 의미한다. 행복은 살면서 이룬 어느 정도의 성취나 실현을 반영하는 동시에 인생을 영구적인 탐색, 불완전한 만족, 지속적인 프로젝트로 만드는 중요한 열망 요소도 포함한다.

행복을 이렇게 간단히 정의할 때는 대부분의 사람들이 기쁨과 유머, 행복의 개념을 서로 구별 없이 사용한다는 것도 인정해야 한다. 이는 아마도 그 감정을 직접 경험할 때 너무 비슷한 느낌이 들어서 하나씩 따로 구별하기가 매우 어렵거나 거의 불가능하기 때문일 것이다.

대부분의 사람들은 기쁨을 열린 마음으로 받아들이기 때문에 그렇지 않은 사람은 다른 이들이 즐거운 시간을 보내는 모습을 보면 슬퍼지거나 부러움이나 씁쓸함을 느끼기도 한다. 부러움은 특히 개인적인 목표가 달성되지 않은 상황에서 다른 사람의 행복에 대해 느끼는 슬픔이다.

우디 앨런의 영화 〈해리 파괴하기Deconstructing Harry〉에는 이를 완벽하게 포착한 장면이 나온다.[6] 주인공은 우울한 표정으로 입을 꾹 다문 승객들이 가득한 열차칸에 앉아 있고 그가 탄 기차는 천천히 나아가고 있다. 해리는 창문 너머로 옆에서 달리고 있는 다른 기차에서 소란스러운 파티가 벌어진 모습을 봤다. 검은 넥타이를 맨 손님들이 샴페인을 마시고 있고 그 속에 있던 아름다운 샤론 스톤이 해리를 알아차리고 키스를 날려 창문에 립스틱 자국을 남기는 동안 두 기차는 반대 방향으로 움직인다. 주인공의 얼굴은 절망의 초상화 그 자체다. 당연한 얘기지만, 만약 두 열차 중 어느 한쪽의 티켓을 받을 수 있고 둘 중 어느 쪽을 선택하더라도 바람직하지 않은 결과가 초래되지 않는다면, 다들 주저하지 않고 파티가 열리는 열차를 선택할 것이다.

고대 그리스, 로마에서 희극은 비극만큼이나 중요한 장르였다. 그리스의 아리스토파네스나 로마의 플라우투스Plautus와 테렌티우스Terence 같은 극작가는 '비극' 작가와 동일한 인정과 명성을 누렸고 후대에 영감을 주었다. 테렌티우스의 『아델포이Adelphoe』(자유로운 교육과 엄격하고 가혹한 양육 중 어느 쪽이 나은지 묻는 시사적인 희극)는 프랑스의 몰리에르가 쓴 『남편들의 학교School for Husbands』의 토대가 되었다.

중국에서도 기원전 11~3세기 주나라 시대에 공자의 가르침에 영향을 받아 희극 장르가 번성했는데, 이처럼 희극은 다른 주요 문명권의 문화에서도 중요한 부분을 차지했다. 당시 중국 귀족들은 광대를 고용하기도 했고, 나중에는 서양 군주들의 궁정에도 광대가 등장했다.

그러나 중세시대에는 연극 장르로서의 희극이 사라졌다. 많은 사람들이 중세를 유머를 발휘할 여지가 없는 야만적인 시대로 여기지만, 요한 하위징아 같은 일부 역사가들은 중세의 사회와 문화 생활이 복잡하고 다채로웠다고 주장한다.[7] 하지만 우리는 재미를 억압하던 당대의 분위기에 초점을 맞춘 문학 작품과 영화를 주로 기억하는 경향이 있다. 예를 들어, 움베르토 에코의 소설 『장미의 이름The Name of the Rose』에서는 이탈리아의 외딴 수도원에 사는 몇몇 수도사들이 도서관의 가장 은밀한 곳, 유머와 관련된 책들만 모아놓은 곳에 숨겨져 있는 아리스토텔레스의 잃어버린 작품 『시학The Poetics』을 읽고 싶은 유혹에 굴복한다. 그리고 그들은 이 죄 때문에 교묘하게 독살당한다.[8]

시간이 지나면서 희극은 다시 우리에게 돌아와 모든 예술 형식 중에서 적절한 자리를 차지하게 되었다. 하지만 지금도 연극이나 영화에서 비극에 종속된 하위 장르로 여기는 일이 많은데, 이는 아마도 종교에 뿌리를 둔 집단적 억압의 흔적일 것이다. 일례로 코미디언은 오스카상을 받은 경우가 훨씬 적고, 일부 비평가들은 코미디를 완전히 무시한다. 확실히 자리 잡은 배우들만이 본인 경력을 위험에 빠뜨리지 않고 드라마와 코미디 사이를 오갈 수 있다.

전 세계에 코미디가 존재한다는 것은 유머가 반박의 여지 없는 인간적 현상이라는 보편성을 반영한다. 우리는 인종, 신념, 문화, 나이에 관계없이 같은 방식으로 웃는 경향이 있다. 성별이나 문화에 따라 웃음을 유발하는 요소가 다를 수는 있지만, 적절한 방식으로 전달된 적절한 농담은 다양한 청중들 사이에서도 웃음을 유발해 어색한 분위기를 깨고 사람들을 하나로 모으고 집단 감정을 강화할 수 있다. 웃음을 글로 표현할 때도 대부분의 메시지에서 '하하' 같은 동일한 감탄사가 사용된다. 요즘에는 ㅋㅋㅋ나 기쁨을 나타내는 이모티콘이 기존에 쓰던 단어를 대체했다.

마지막으로 세 가지 요점을 정리해보았다.

- 첫째, 긍정적이고 쾌활한 관점을 유지하면 다른 사람들이 우리 말과 행동을 더 잘 받아들이는 경향이 있으며, 이건 그런 태도를 기르는 사람에게 더 큰 보람을 안겨준다.
- 둘째, 평생 유머감각을 키우는 것이 바람직한데 방법은 다양하다. 독서(최고의 문학 작품에는 항상 유머가 깃들어 있다)를 하거나 극장이나 영화관에서 좋은 코미디 작품을 보는 것이다. 연극이나 영화 관객은 농담의 대상이 되지 않으므로 스탠드업 코미디에 비해 개인적인 위험도 거의 없다.
- 셋째, 유머감각을 발휘해 다른 사람과 공감하려고 애쓰자. 불쾌한 내용만 아니라면 농담을 들으면서 웃고 비슷한 농담으로 대응하는 것이 좋다. 관계를 개선하고 개인적인 자신감을 기르는 데 도움이 된다.

2
행복을 이해한 아리스토텔레스

아리스토텔레스가 지금까지도 가장 영향력 있는 철학자 중 한 명이라는 사실에 이의를 제기하는 사람은 거의 없다. 플라톤의 제자였지만 그의 사상은 스승의 사상과 상당히 달랐고, 이 분야에서 흔히 볼 수 있는 '아버지 죽이기'의 초기 사례다.

플라톤의 명제는 본질적으로 인간의 지식은 생각에서 자라나고 그 생각에 대한 철학적 추측을 통해 사물을 잘 이해하게 된다는 것이지만, 아리스토텔레스는 세상을 이해하는 데 도움이 되는 것은 경험이라고 믿었다. 둘의 이런 생각 차이는 바티칸에 있는 라파엘로의 유명한 프레스코화 〈아테네 학당The School of Athens〉에도 잘 나타나 있다. 운 좋게 이 작품을 직접 본 사람도 있을 테고 직접 보지 못했더라도 수많은 복제품이 있으니 익숙할 것이다. 이 걸작의 중앙에는 걸어오는 플라톤의 모습이 보이는데, 나이가 많고 수염이 하얗게 센 그가 하늘을 가리키는 것은 사상의 천상적이고 초월적인 본질을 나타낸다. 그의 왼쪽에 있는 젊은 아리스토텔레스는 땅을 가리키면서 철학적 추론에 있어서 현실과 경험적 검증의 중요성을 강조한다.

내가 학교에서 가르치는 임원과 사업가들에게 이 두 사상가의 생각을 간략하게 요약해서 들려주면, 대부분 아리스토텔레스에게 동조한다. 행동 지향적이고 세속적인 사람이라면 어떻게 모든 사고와 의사결정에 있어 실질적 증거의 중요성을 부인할 수 있겠는가? 그러나 플라톤의 명제는 사회생활이나 마케팅과 커뮤니케이션 또는 무형자산 평가 같은 사업의 다른 부분과 관련이 있다.

아리스토텔레스의 '현실주의'는 그의 윤리 개념에서 특별한 의미가 있다. 그의 관심사는 선의 의미를 찾아서 해석하거나 선이라는 개념을 탐구하거나 선에 대한 포괄적인 정의를 제공하는 것이 아니라 우리가 더 나은 사람이 될 수 있는 방법을 찾는 것이기 때문이다. 요컨대 우리 행동을 통해 좋은 삶을 사는 방법을 찾으려는 것이다.

아리스토텔레스는 아들에게 헌정한 『니코마코스 윤리학』 첫머리에서 신성한 델로스 섬의 돌에 새겨진 비문을 회상한다. "인생에서 가장 중요한 세 가지는 정의와 건강, 그리고 개인적 욕망의 충족이다."[9] 그리고 인생의 근본적인 목적은 행복해지는 것이고, 이를 위해 각자의 잠재력을 개발하고 인격을 다듬어서 최상의 삶과 인격을 실현해야 한다고 주장한다. 이렇게 행복을 달성하는 방법을 알아내는 것은 도덕적 행위자로서 개인의 자율성, 즉 자기가 어떻게 행동해야 하는지 파악하는 능력을 전제로 한 합리적인 행동이다.

그러나 이런 자율성이 훼손되는 경우가 있다. 예를 들어, 아리스토텔레스는 아이들이 정말 행복할 수 있는지 의문을 제기한다. 아이들은 경험이 없고 좋은 삶이 무엇인지 전체적으로 이해할 만큼 오래 살지 않았기 때문이다. 그러나 대부분의 사람들은 이 진술이 상식에 어긋난다고 여긴다. 실제로 사람들은 행복한 아이와 슬픈 아이에 대해 이야기하고, 좋은 부모는 자녀의 어린 시절이 행복한 시기이긴 하지만 때로는 너무 행복해서 열심히 일하고 규율을 지켜야 한다는 사실을 잊어버리기도 한다고 걱정한다.

아리스토텔레스가 행복을 제한한다고 말한 또 다른 외부 요인은 불운인데, 이는 우리가 직면한 가장 큰 위협이라고 할 수 있다. 그가 당대의 예시로 든 것은 트로이의 왕이자 『일리아드』에서 불멸의 존재로 묘사된 프리아모스다. 프리아모스는 아들을 모두 잃고 자기가 통치하는 도시의 제단에서 잔인하게 죽음을 맞는다. 하지만 그는 벌어진 일에 직접적인 책임이 없고 그런 벌을 받을 이유도 없는 사람이다. 안타깝게도 인생은 가족을 파괴하고 좋은 삶을 누릴 생각조차 못하게 하는 전쟁, 전염병, 재난 같은 수많은 부당한 고통의 사례를 매일같이 제공한다.

『에우데모스 윤리학Eudemian Ethics』에서 아리스토텔레스는 우수성의 토대가 되는 미덕을 이야기하면서 어떻게 해야 좋은 삶을 살 수 있는지 설명한다.[10] 미덕은 타고나는 것이 아니라 반복적인 연습을 통해 습득하는 좋은 습관이다. 우수성에 도달하기 위한 아리스토텔레스의 황금률은 '인 메디오 비르투스in medio virtus'. 즉 '덕은 중도에 있다'이다. 다시 말해, 미덕을 구현하는 최상의 수준은 양극단 사이에 있으며, 두 극단 모두 너무 지나치거나 결함이 있어서 바람직하지 않다. 예를 들어, 미덕으로서의 자존감은 허영심(과도한 자기애)과 열등감이라는 양극단 사이에 있다. 반면 절제는 방종과 무감각 사이의 균형점이고, 인내는 조급함과 용기 부족 사이에 위치한 적절한 균형점이다.

평형, 균형, 절충안은 상황에 따라 달라지는 역동적인 성격을 지니고 있으며, 몇몇 자기계발 이론이나 긍정심리학 개념과 일치하는 스포츠 정신을 덕 윤리에 안겨준다.

아리스토텔레스는 역사상 가장 유명한 정복자 중 한 명인 알렉산더 대왕의 스승이었다. 『에우데모스 윤리학』에 나열된 미덕 중 하나가 용기다. 이 미덕도 다른 것과 마찬가지로 무모함과 비겁함이라는 양극단 사이의 균형점이다. 플루타르코스가 쓴 알렉산더 대왕 전기를 읽으면, 그 소년 군인이 균형을 유지하라는 스승의 말에 많은 관심을 기울였는지, 아니면 스승을 무시했는지, 아니면 용기에 대한 개념이 남들과 비교할 수 없을 정도로 뛰어났는지 궁금할 뿐이다.

올바른 삶을 사는 목적은 덕망 있는 자신을 자랑스러워하고 자존심, 자만심, 오만함을 통해 개인의 발전을 측정한다는 점에서 결코 이기적인 게 아니다. 물론 덕을 실천하면 개인적인 만족감이 생기는데 바로 이런 자존감이 아리스토텔레스가 생각하는 진정한 행복의 원천이다. 하지만 그건 완벽함을 향한 길 위에 있는 게 아니라 옳은 일을 하면서 생긴다. 게다가 우리는 사회 속에서 살고 있으므로 덕을 실천하면 다른 사람에게도 영향이 간다.

덕 윤리는 일련의 규칙이나 결과가 아니라 개인의 성격에 기반한 윤리적 사고방식이다. 덕 윤리는 고대와 중세 세계에서 지배적인 모델이었는데, 규칙보다 개인의 성격을 강조한다. 이런 의미에서 덕 윤리는 법이나 규정의 해석보다 개인의 양심에 확고한 책임이 있다고 생각한다. 이것은 특정한 행동의 결과가 그 행동이 도덕적으로 수용 가능한지 여부를 결정한다고 주장하는 결과주의와 매우 다르다. 또 행위의 옳고 그름은 행위 자체의 특성에 따라 결정된다고 주장하는 의무론과도 다르다. 실제로 도덕에 대한 이 세 가지 대안적 견해의 차이는 최종적으로 도달한 결론보다 문제에 접근하는 방식에 있다. 예를 들어, 결과주의자는 도둑질은 그로 인해 발생하는 부정적인 결과 때문에 잘못된 것이라고 주장할 수 있지만, 때로는 특정한 결과 때문에 도둑질을 용인 가능하다고 받아들일지도 모른다. 의무론자는 도둑질이 초래할 수 있는 잠재적 '선'과 관계없이 도둑질은 항상 잘못된 것이라고 주장할 수 있다. 그러나 덕 윤리학자는 특정한 사례의 도둑질에 초점을 맞추기보다는 도둑질을 하겠다는 결정이 드러내는 그 사람의 성격과 도덕적 태도를 고려할 것이다.

반드시 종교적인 의미에서가 아니더라도 우리 인격을 형성하는 미덕, 이해심, 루틴을 개발하는 것은 모든 시대와 사회에서 교육의 핵심적인 측면이었다. 고대 로마의 젊은이들은 디그니타스dignitas, 피에타스pietas, 비르투스virtus의 미덕을 배웠다. 디그니타스는 더 많은 책임을 맡으면서 더 큰 예의를 갖추는 것을 의미했다. 피에타스는 가족, 법, 전통을 존중하는 것이다. 비르투스에는 용맹성, 신뢰, 정신적 용기 같은 다양한 기술이 포함된다. 어느 시대에나 군사훈련에는 도덕적 습관을 기르는 것도 포함되었다. 일례로 제프리 페퍼Jeffrey Pfeffer는 겸손과 규율이 행동강령의 중요한 일부분이고 규칙을 지키지 않을 경우 처벌하는 사관학교를 통해 경영대학원이 배울 점이 있다고 말한다.[11]

엘리자베스 안스콤Elisabeth Anscombe이나 앨러스터 매킨타이어Alasdair McIntyre 같은 현대 사상가들은 미덕 개념을 한층 더 발전시켰다. 이들은 칸트의 정언명령이나 존 스튜어트 밀의 최대행복 원칙에 기반한 대부분의 윤리학이 지닌 엄격한 원칙을 뛰어넘는 도덕이론을 개발했다. 안스콤과 매킨타이어는 다른 철학 모델에 요약된 원칙을 바탕으로 합리적인 실천을 하는 것보다 미덕을 식별하고 실천하는 것이 올바른 삶의 방식이나 행동 방식과 관련된 핵심적인 질문에 제대로 답할 수 있는 방법이라고 주장한다. 나도 이 방식이 훌륭한 경영을 구성하는 요소들을 가르치고 배우기에 좋은 방법이라고 말하고 싶다.[12]

3

합리성 안에서 긍정적인 면을 강조하는 것이 좋은 이유

경제학자들은 우울한 예측을 한다는 비난을 받으면 비관론은 현실에 의해 완화된 낙관론일 뿐이라고 대답한다. 그리고 그들의 예측이 보수적이고 위험과 만일의 사태를 우선시하는 경향이 있는 건 사실이지만, 결국 경제학자는 어떤 계산을 하든 결코 과소평가하면 안 되는 요소인 불확실성을 고려해야만 한다.

반면 기업가들은 일반적으로 강박적인 낙관주의자로 간주된다. 그리고 기업 내에도 특정한 직무와 관련된 특정한 클리셰가 있다. CFO는 물잔이 반쯤 비어 있다고 여기는 경향이 있는 반면, 전략 전문가나 영업 및 마케팅팀은 일반적으로 유리잔이 반쯤 차 있다고 여긴다.

당신은 자신을 낙관론자라고 생각하는가, 아니면 비관론자로 생각하는가? 철학은 이 부분에서 두 명의 사상가를 통해 도움을 줄 수 있다. 이들 두 사상가는 서로 매우 다른 세계관을 가지고 있었는데, 한 명은 독일의 고트프리트 빌헬름 라이프니츠고 다른 한 명은 볼테르라는 가명으로 더 유명한 프랑스의 프랑수아 마리 아루에François-Marie Arouet다.

라이프니츠는 현대 논리학의 창시자 중 한 명이자 합리주의의 기준 같은 사람이다. 라이프니츠 철학의 핵심 교리 중 하나가 '형이상학적 낙관주의'인데 이는 신이 가능한 모든 세계 중 최고의 세계를 창조했다는 주장이다.[13] 신의 속성 중 하나가 완벽함이기 때문에 논리적으로 창조주의 모든 작품은 완벽해야 하기 때문이다. 이런 접근 방식에 따르면 지진, 전염병, 홍수 같은 재난은 유감스럽지만 인간의 유한한 능력으로는 이해하기 어려운 가장 광범위한 맥락에서만 이해할 수 있다.

인류가 행복한 사건이나 비극적인 사건에 직면했을 때 이런 기민한 태도를 공유하는 사람들을 알고 있을 것이다. 고난과 재난의 존재, 그것의 예측할 수 없는 성격과 도덕적 관점에서 볼 때 정당한 사유의 부재는 신자들이 가장 이해하기 어려운 과제 중 하나다.

볼테르가 『캉디드Candide』에서 시선을 돌린 것이 바로 형이상학적 낙관주의인데, 이 소설의 제목은 주인공의 솔직함과 순수함을 표현한다.[14] 캉디드는 사랑에 실패한 후 전 세계를 여행하면서 많은 경험을 하게 되는데, 이때 여행 중에 일어나는 모든 일을 제자에게 교훈을 전수할 기회로 여기는 팡글로스 박사와 동행한다. 라이프니츠의 논문을 패러디한 팡글로스는 모험이 끝날 때마다 우리가 가능한 모든 세계 중 가장 좋은 세계에 살고 있다는 결론을 내린다. 그들은 여행 중에 수많은 죽음, 전쟁, 재난, 종교적 박해, 노예 제도를 목격한다. 그리고 그때마다 팡글로스는 이 모든 악에도 불구하고 우리가 가능한 모든 세상 중 가장 좋은 세상에 살고 있다는 주문을 되뇌면서 상황을 요약한다.

이 책의 에피소드 중 하나는 리스본에서 발생하는데, 이는 1755년에 포르투갈 수도를 강타한 지진과 뒤이은 해일 및 대규모 화재로 인해 도시가 파괴되고 수천 명이 사망한 사건과 일치한다. 볼테르는 이 사건 때문에 자신의 종교적 신념에 의문을 품게 되었을 가능성이 크다. 볼테르는 회의론자이긴 했지만 자신을 무신론자라고 여기지 않았고 대신 자연에서 신성을 발견할 수 있다는 믿음인 자연신론을 선호했는데, 이는 기본적으로 라이프니츠의 견해와 크게 다르지 않다.

캉디드는 방황을 마칠 때쯤 젊은 시절의 연인과 다시 만난다. 둘 다 나이가 들어 삶에 환멸을 느낀 상태였던 그들은 삶을 재건하고 농장을 운영하기로 결심한다. 또 다른 등장인물인 마르탱은 존재를 견딜 만하게 만드는 가장 좋은 방법은 철학적 사유를 멈추고 생계를 유지하는 일에 전념하는 것이라고 말한다. 팡글로스가 또다시 그들이 겪은 모든 경험이 가능한 모든 세상 중 가장 좋은 세상을 만들어냈다고 웅얼거리자, 캉디드는 재빨리 "il faut cultiver notre jardin(우리 정원을 가꾸자)"라고 대답한다. 현대적인 표현으로 옮기면 "헛소리 그만해"쯤으로 번역할 수 있다.[15]

캉디드가 겪은 일들과 팡글로스의 진부한 긍정성을 감안하면 캉디드의 성숙한 실용주의에 공감하기 쉽다. 동시에 우리는 철학이 삶에 어떤 이점을 제공하는지 알고 있으며, 소크라테스의 지적처럼 면밀히 검토하지 않는 삶은 무의미하다는 것도 안다.

캉디드의 제안을 보면 중세 베네딕토회 수도원에서 삶의 원칙으로 소중히 여기던 격언인 오라 에트 라보라ora et labora(기도하고 일하라)가 떠오른다. 수도원장은 수도사들이 기도하는 데만 너무 많은 시간을 할애하지 말고 도서관이나 약국에서 일하고, 식사를 준비하고, 정원을 가꾸고, 동물을 돌보는 등 공동체를 지원하는 일에도 집중하기를 원했다. 오라 에트 라보라는 성찰, 분석, 철학적 사고, 행동, 일, 일상생활 사이에 필요한 균형을 나타낸다.

『캉디드』를 읽다 보면 무감각하게 불필요한 말을 반복하는 팡글로스에게 반감이 들고 대신 정신건강과 현실주의의 모범인 주인공과 동일시하게 된다. 낙관론자들은 착각에 빠져서 마치 우리가 물질적인 필요만 생각하며 하루하루를 살아가는 데 만족해야 하는 것처럼 보이지만, 솔직히 말해 라이프니츠가 주장한 모든 가능한 세계 중 최상의 세계란 논리에 근거한 것이지 합리적인 설명을 찾기 힘든 세상에서 벌어지는 일들의 도덕성이나 공정성에 대한 정당화하에 근거한 것이 아니다.

볼테르의 작품에서 희화화된 팡글로스는 낙관적인 관점을 취하거나 남들보다 행복하게 잘 사는 것의 이점을 잘못 표현하고 있다고 주장하고 싶다. 우리는 팬데믹 기간에 희망, 낙관주의, 회복력을 발휘했을 때 얻을 수 있는 이점이 무엇인지 보았다. 희망이 없으면 새로운 프로젝트를 생각하거나 미래를 계획하기 어렵다. 절망은 무관심으로 이어진다. 때로는 캉디드의 경우처럼 실용주의와 현실주의에 가까운 것처럼 보일 수도 있지만 가치 있는 일, 이루기 어려운 일, 삶에 의미를 부여하는 일에 무관심해지는 치명적인 효과도 생긴다.

우리는 낙관주의자와 어울렸을 때 얻을 수 있는 이점을 경험으로 알고 있으며, 대부분의 사람들은 비관적이고 의심이 많은 사람들을 피하는 법도 배웠다.

성격을 형성하는 여러 습관과 마찬가지로 희망과 낙관주의도 반복적인 행동을 통해 잘 발달될 수 있는 미덕이며 따라서 끈기와 스포츠맨십(끊임없이 다시 시작하는 방법을 아는 것)이 필수적이다. 하지만 낙관주의는 삶에 대한 태도이기도 하다. 팡글로스처럼 고집스럽게 같은 말을 되풀이하기 때문이 아니라, 좌절에서 교훈을 얻는 법을 배워 다음 시련에 잘 대비하도록 준비시켜주기 때문이다.

노벨 경제학상을 받은 경제학자이자 심리학자인 대니얼 카너먼은 분명하게 말한다. "자녀를 위해 소원을 한 가지 빌 수 있다면, 낙관적인 성격을 갖도록 기원하는 것을 진지하게 고려해보자. 낙관주의자들은 보통 성격이 밝고 행복하기 때문에 인기가 많다. 회복력이 뛰어나서 실패와 어려움에 잘 적응하고, 임상적인 우울증에 걸릴 확률이 낮으며, 면역력이 강하고, 건강 관리를 잘하며, 남들보다 건강하다고 느끼고, 실제로 더 오래 살 가능성이 높다."[16]

볼테르가 풍자한 싫증나고 진부한 이야기에 빠지지 않고 낙관주의라는 건전한 정신적 운동 능력을 기르려면 어떻게 해야 할까? 아래에 유용하고 실용적인 팁을 몇 가지 정리해뒀다.

- 부정성을 피하자. 어떤 사람들은 거절하는 게 미덕이라고 생각한

다. 하지만 새로운 기회를 계속 거부하거나 주도적으로 나서지 않거나 기존과 다른 방식에 폐쇄적인 것은 볼테르의 캉디드처럼 자기 정원을 가꾸는 것 외에는 아무것도 하지 않는다는 뜻이다. 반면 새로운 옵션과 제안에 계속 열린 태도를 취하고 기본적으로 긍정적인 답을 한다면 지금보다 긍정적이고 낙관적인 사람이 될 수 있다.

• 유머감각을 기르자. 링크드인에 올린 여러 개의 논문에서, 유머감 각이 우리 삶의 모든 영역에서 발휘하는 기적적인 효과를 탐구했다. 유머는 낙관주의의 동생이며, 이를 실천하면 정신적으로나 육체적으로나 유리한 상태가 된다.

• 사교 활동을 자주 하자. 마음의 문을 닫고 다른 사람과의 접촉을 피하면 자신에게만 몰두하게 되는데 이것이 비관주의의 온상이 된다. 반대로 다른 사람들을 만나고, 지인의 범위를 넓히고, 그들의 문제를 걱정하고, 야망을 공유하거나 기쁨에 동참하고, 실패와 불운도 함께 나누다 보면 인간애가 커지면서 본인이 겪는 많은 문제가 다른 사람들의 문제보다 흔하고 덜 심각할지도 모른다는 사실을 깨닫게 된다.

• 야심 찬 도전을 시작하자. 목표에 도달하기 어렵더라도 상상 가능하고 어떻게든 달성 가능하기만 하면 된다. 타고난 몽상가이자 선구자인 기업가는 낙관론자인 경향이 있다. 반면 순응주의는 무관심을 낳고 마비를 초래한다.

• 사람들을 비판하지 말자. 직장에서 건설적인 비판을 하는 것은 괜찮다. 가장 가치 높은 전문 기술 중 하나인 비판적 역량을 활용하면 집단 순응 사고에 맞서고 선입견에 도전하면서 혁신을 촉진할 수 있다.

그러나 상대방이 한 말을 비판하는 게 아니라 그 사람 자체를 비판하면 불안한 근무환경이 조성되고, 당신은 잠재적으로 도움이 되지 않고 신뢰할 수 없는 동료가 될지도 모른다.

미국 코미디언 윌 로저스Will Rogers를 소재로 한 브로드웨이 뮤지컬의 주제가 제목이 기억난다. 〈네버 멧 어 맨 아이 디든트 라이크Never met a man I didn't like〉인데, 이는 그의 회고록 제목에서 따온 것이다.[17] 다시 말해 그는 자기가 만난 모든 사람에게서 긍정적인 면을 찾은 것이다.

• 겸손하게 행동하자. 겸손은 나약함과는 아무 상관이 없고, 소크라테스의 말처럼 이해와 관련이 있다. 사실 우리는 아무것도 모른다. 나이, 경험, 우리가 차지하고 있는 지위에 관계없이 여전히 배우고 바로잡아야 할 것이 많다.[18]

겸손함이 부족하면 본인의 책임 때문에 기대치를 달성하지 못한 일부 지성인은 비관주의와 밀접한 관련이 있는 원망을 느끼게 된다. 그들은 실패를 다른 사람 탓으로 돌리면서 자기가 마땅히 받아야 할 인정을 받지 못했다고 여긴다. 하지만 겸손을 실천할 시간은 항상 있으므로 이런 분노는 얼마든지 피할 수 있다.

마지막으로, 운이 우리 삶에서 중요한 역할을 한다는 건 부인할 수 없는 사실이지만 왠지 낙관주의자들이 더 좋은 운을 누리는 것 같다. 왜일까?

4
고독 더하기 사색은 행복

W. B. 예이츠W.B. Yeats의 「이니스프리의 호수 섬The Lake Isle of Innisfree」
은 내가 가장 좋아하는 시인데, 여기서 시인은 자신이 가장 사랑했던
장소를 떠올린다. 아마 그가 행복을 느꼈던 곳이거나 글을 써야겠다는
영감을 받은 곳이거나 아니면 사랑에 빠졌던 곳일지도 모른다.[19]

우리도 모두 강렬하고 잊을 수 없는 감정을 불러일으키는 장소가 하
나쯤 있을 것이다. 어떤 사람은 그런 행복한 추억을 시골이나 숲, 산
과 연관시키고 어떤 사람은 바다, 호수, 강과 연관시킨다. 일반적으
로 아름다운 풍경은 긴장을 풀어주고 우리 내면에 영적인 평온함을 안
겨준다. 자연과 풍경을 바라보며 깊은 생각에 잠기는 것은 역사 내내
수많은 예술가와 작가들의 일이다. 영국의 미술사학자 케네스 클라크

Kenneth Clark의 말처럼, "자연의 아름다움을 감상하고 풍경을 그리는 것은 우리 정신활동 가운데 오래 지속되고 있는 정상적인 부분이다."[20]

연구에 따르면 아름다운 풍경을 감상하며 생각에 잠기는 것은 스트레스를 줄이고 기분을 호전시키며 상상력과 창의성을 키우고 전반적인 기력을 재충전하는 데 도움이 된다. "인지적으로 경관 인식은 그 장소에 대한 정서적 반응, 지각된 의미, 생리적 반응(예: 스트레스 감소)에 의해 조정되는 해석 과정이 된다."[21] "일반적으로 자연 경관은 도시 경관에 비해 더 강력하고 긍정적인 건강 효과를 제공"한다.[22]

장 자크 루소도 스위스 비엔느 호수 한가운데에 있는 생피에르 섬에 머물 때 평화롭고 평온한 기분을 느꼈다. 그는 이곳에서 가장 내밀한 감정과 신념, 삶과 행복에 대한 생각을 들여다본 회고록『고독한 산책자의 몽상Reveries of a Solitary Walker』을 썼다.[23] 그는 다섯 살 때부터 이런 몽상에 빠지곤 했지만, 비엔느 호수에서 혼자 보트를 타고 탐험하거나 생피에르 섬 주변을 산책하는 동안 현실과 허구, 이성과 감정이 자연 환경 속에서 융합되어 영감을 불러일으키는 순간을 경험했다고 썼다.

그런 고독은 사색으로 이어지는데 루소에게는 이것이 행복에 가장 가까운 상태다. "내 마음이 갈망하는 행복은 덧없는 순간들로 이루어지지 않는다. …… 그러나 영혼이 온전한 휴식을 취할 수 있고 과거를 회상하거나 미래를 기대하지 않아도 자신의 모든 능력을 확장시킬 수 있는 견고한 토대가 존재하는 상황을 발견한다면, 시간이 아무 영향도 미치지 못하고 현재가 끝나지 않으며 그것이 지속된다는 흔적이 남지 않고 어떠한 연속의 자취도 없으며 단 하나의 존재감 외에는 다른 박탈이나 기쁨, 쾌락이나 고통, 욕망이나 불안의 감각이 없다면, 그 상태가 지속되는 한 그 안에 있는 사람은 가난하고 상대적이며 불완전한 행복, 즉 사람들이 삶의 쾌락에서 찾는 행복이 아니라 영혼에 채워지지 않은 공허함을 남기지 않는 충만하고 완벽하며 충분한 행복에 대해 얘기할 수 있다. 내가 생피에르 섬에서 혼자 생각에 잠긴 시기에 그런 상태를 자주 경험했다…….”[24]

다들 여행을 하면서 비슷한 순간을 경험한 적이 있을 것이다. 특히 바다의 석양, 화창한 날의 눈 덮인 산, 울창한 숲, 폭포의 극적인 모습 등 서정적인 순간이 있는데 어떤 이들은 그걸 조잡하다고 할지도 모른다. 어쩌면 그런 이미지를 보면서 가족이나 친구와 함께 있는 모습을 떠올리거나 루소처럼 몽상에 잠길 수도 있을 것이다. 그런 행복한 상태에 도달할 수 있는 당신만의 몽상의 호수는 어디인가?

여기서 잠시 멈추고 질문을 하나 해보겠다. 평생 일몰만 보면서 산다면 행복할까? 그건 분명 날마다 삼시세끼 초콜릿케이크만 먹는 것과 같을 것이다. 언젠가 너무 질려서 간절히 다른 걸 찾게 될 때가 올 것이다. 다양성은 삶의 향신료다. 해안도시에 사는 사람들이 내륙 쪽 도로변에 있는 집을 사는 이유가 궁금할 것이다. 그런 집은 가격이 저렴할 뿐만 아니라 외풍이 적고 유지보수를 덜 해도 되며 그곳에 사는 사람은 바다를 계속 바라봐야 할 필요성도 느끼지 못할 것이다. 바다가 보고 싶으면 그때마다 몇 블록만 가면 되니까 말이다.

사실 이름에서 알 수 있듯이 꿈의 집은 진정한 낙원이라기보다 소란스러운 세상과 일상에서 벗어나기 위한 피난처에 가깝다. 우리가 꿈의 집을 좋아하는 이유는 그곳에 있을 때를 제외한 나머지 시간, 나머지 삶을 일과 공부, 가족과 친구, 취미와 여가에 바치기 때문이다. 우리는 목가적인 장소에서 몽상에 잠기고 휴식을 취하고 에너지를 충전한 다음 다시 업무로 돌아간다. 루소도 비엔느에서 느낀 행복의 일부는 돌체 파 니엔테dolce far niente(아무것도 하지 않는 기쁨)와 관련이 있음을 인정하면서 이를 "가장 사치스러운 게으름"이라고 불렀다.[25]

다시 설명하자면, 우리에게 행복감을 안겨주는 장소를 찾아야 한다. 이는 아마 주말이나 휴가를 보낼 때 가장 선호하는 장소일 텐데, 갈 때마다 특히 기분이 좋아지는 장소를 발견했다면 그곳에서 시간을 보내는 게 당연하지 않겠는가? 하지만 내가 말하고자 하는 바는 자기가 좋아하는 장소에서 사색에 잠긴다고 해서 행복을 얻게 되는 건 아니라는 것이다. 초콜릿케이크를 떠올려보라.

행복은 우리 삶의 모든 순간, 좋은 순간과 나쁜 순간, 우리를 보다 회복력 있고 이해심 많고 겸손한 사람으로 만들어주는 학습의 원천까지 고려하는 심리상태로 이해해야 한다. 우리 삶의 이면인 불행이나 슬픔까지 포함시키지 않고는 행복을 생각할 수 없다는 사실을 이해하는 데 가장 큰 도움이 된 책은 영국 작가 C. S. 루이스C. S. Lewis의 자서전 『헤아려 본 슬픔A Grief Observed』이다.[26] 『사자와 마녀와 옷장The Lion the Witch and the Wardrobe』의 저자인 그는 자신보다 훨씬 유쾌하고 생기 넘치지만 오랜 암 투병 끝에 세상을 떠난 여성과의 짧은 결혼생활을 회상한다. 루이스는 가장 행복한 순간에도 자신이 불행해질 때가 오리라는 것을 예상해야 하는데, 그건 바로 사랑하는 사람이 죽을 때라고 했다. 그리고 그런 힘든 순간에는 우리가 얼마나 행복했는지 기억해야 하며, 아마 그 기억에 미소를 짓게 될지도 모른다. 행복과 슬픔은 음과 양 같아서 어느 한쪽이 없으면 다른 쪽을 이해할 수 없다.

몽상의 호수로 돌아가서, 이 호수의 중요한 특징 중 하나는 우리가 안전하다고 느끼는 장소라는 것이다. 트루먼 커포티Truman Capote의 『티파니에서 아침을Breakfast at Tiffany's』의 주인공 홀리 골라이틀리Holly Golightly는 블레이크 에드워즈Blake Edwards 감독이 이를 영화화하면서 오드리 헵번의 연기를 통해 불후의 명성을 얻게 되었다. 홀리에게는 뉴욕 5번가의 보석점이 몽상의 호수다. 그곳에서는 나쁜 일이 일어나지 않기 때문이다. 다시 말하지만, 다들 자기가 방문한 도시의 특정한 장소에서 비슷한 기분을 느낀 적이 있을 것이다.[27]

루소는 사망하기 불과 2년 전에 『고독한 산책자의 몽상』에 나오는 열번의 산책 중 마지막 산책에 관한 글을 마무리하면서 로마 황제 베스파시아누스의 통치 기간에 실각한 한 사령관의 무덤에 새겨진 글귀를 언급했다. "나는 지상에서 70년을 보냈지만 그중 제대로 산 기간은 7년뿐이다." 그리고 "행복은 영구적인 상태지만 지상에 사는 인간을 위해 계획된 것은 아닌 듯하다"라고 결론을 내렸다.[28]

루소는 66세의 나이로 사망했는데 비엔느에 머물렀던 기간을 제외하고는 아마 평생 불행했을 것이다. 사상 때문에 박해를 받았고, 사랑에 실패했으며, 사교적이지 못하고, 아이들을 고아원에 맡겼다는 이유로 비난을 받았지만, 적어도 가장 좋아하는 장소에서 몽상을 즐길 기회를 가졌다. 결국 어떤 형태로든 항상 행복을 누릴 수 있는 걸지도 모른다.

5
우리는 유머를 제대로 이해할 수 있을까

뉴욕 브로드웨이 사상 첫 번째 교통체증이 철학자 때문에 발생했다는 사실을 알고 있는가? 앙리 베르그송이 1907년에 출간한 저서 『창조적 진화Creative Evolution』에 대한 강연을 하려고 1913년 뉴욕을 방문했을 당시, 대중의 관심이 너무 컸던 탓에 대기줄이 한없이 길어져 교통이 마비되었다.[29] 베르그송은 훌륭한 연설가로도 명성이 높아서 많은 청중을 모았는데, 철학자의 지성은 의심할 여지가 없지만 카리스마는 그들의 장점이 아니라는 걸 감안하면 이는 오늘날에도 보기 드문 현상이다. 하지만 베르그송이 증명한 것처럼, 철학자도 재미있는 이야기를 하면 대중의 상상력을 사로잡을 수 있다. 아마 소크라테스도 요즘 하버드 대학교 교수 마이클 샌델이 강당을 가득 채우는 것과 같은 방식으로 명성을 얻었을 것이다.

베르그송의 가장 흥미로운 작품 중에 『웃음: 만화의 의미에 대한 에 세이Laughter: An Essay on the Meaning of the Comic』라는 것이 있지만[30], 그는 유머에 대해 이야기한 최초의 철학자는 아니다. 아리스토텔레스는 『정 치학』에 "청소년은 즐거움을 위해 교육받아서는 안 된다. 학습은 즐거 움이 아니라 고통을 수반하기 때문이다"[31]라고 썼는데, 중세 시대에는 이 주장을 문자 그대로 받아들인 듯하다. 임마누엘 칸트는 "웃음은 긴 장된 기대가 갑자기 아무것도 아닌 것으로 판명되었을 때 나오는 가식 적인 반응"[32]이라고 설명했는데, 이 발언에는 비웃음도 안 나온다.

지그문트 프로이트는 책 한 권을 통째로 할애해서 유머에 대해 다 뤘다. 프로이트는 『농담과 잠재의식과의 관계Jokes and their Relation to the Subconscious』[33]에서 유머의 본질, 형태, 꿈과의 관계를 분석했는데 이 책에서 활용한 사례는 별로 재미있지 않다. 프로이트의 설명처럼 농담 은 관심을 받으며 승천보처럼 입에서 입으로 전해지는데, 이는 오늘날 소셜네트워크에 게시된 동영상의 경우와 비슷하다.

반면 외설적인 농담은 언어적인 성폭행이며 그 농담을 듣고 웃는 사 람은 성폭행을 구경하는 사람과 마찬가지라는 그의 고찰은 생각할 거 리를 제공한다.

그는 책 내용을 종합하면서 농담을 "장난스러운 판단, 서로 다른 것 들의 결합, 대조적인 생각, 허튼 생각에 담긴 의미, 당황과 깨달음의 연속, 숨겨진 것을 드러내는 것, 독특하고 간결한 재치"라고 정의한 다.[34]

최근 인디애나 대학교의 매튜 M. 헐리Matthew M. Hurley, 터프츠 대학교의 대니얼 C. 데닛Daniel C. Dennett, 펜실베이니아 주립대학교의 레지날드 B. 애덤스 주니어Reginald B. Adams Jr가 보다 정석적이고 학술적인 정의를 공식화했지만, 코미디언들이 이에 동의할지는 잘 모르겠다. "유머는 정신 공간에서 어떤 가정을 인식적으로 시도했다가 실수였음이 밝혀졌을 때 발생하는 일이다."[35]

유머를 다룬 진지한 책들은 대부분 유머와는 거리가 멀다는 것을 말해야겠다. 《뉴욕 타임스》 기자인 데보라 솔로몬이 코미디언 크리스 록에게 재미있는 게 뭐냐고 묻자, 그는 "재미없는 게 뭔지 알고 싶은가요? 재미에 대해 생각하는 거예요"[36]라고 대답했다. "유머의 의미를 분석하는 것은 개구리를 해부하는 것과 같다. 관심을 갖는 사람은 거의 없고 그러는 사이에 개구리는 죽어간다"[37]라고 말한 E. B. 화이트E. B. White도 동의했을 것이다.

하지만 어떤 농담이 효과적인지 탐구한 베르그송의 책은 다른 책들보다 재미있고 유용한데, 아마 그가 유머를 구체적으로 정의하는 걸 피했기 때문일 것이다. 대신 그의 철학은 개념화보다 직관을 중시하고 수많은 예시를 제공하며 재미있는 것들의 범주를 제공한다.

하지만 내가 보기에 요점에서 벗어난 진술도 몇 가지 있다. 첫째, 베르그송은 "코미디는 엄밀히 말해 인간의 영역 밖에서는 존재하지 않는다"라고 주장한다.[38] 하지만 동물학 연구 결과 영장류가 확실히 유머라는 감정을 느낀다는 사실이 증명되었고, 다른 종들도 유머를 이해할 수 있다는 증거도 있음에도 불구하고 말이다. 인간은 반려동물과 함께 웃음을 나누곤 하는데 반려동물은 아무래도 농담을 알아듣는 듯하다.

베르그송의 두 번째 실수는 유머를 즐기려면 다른 사람의 존재가 필요하다고 주장한 것이다. 웃음은 전염성이 있고 공감이 가능하며 아기들도 어른의 미소나 웃음에 화답하는 경향이 있지만, 혼자 있을 때도 얼마든지 유머를 감상할 수 있으며 심지어 이는 바람직한 일이다. 혼자 웃으면서 자신에 대한 통찰을 얻을 수 있고 기분을 좋게 유지해주는 내면의 자원도 생긴다. 재미있는 구절이 있는 좋은 책을 읽거나 혼자 코미디 프로그램을 보는 것도 진정한 재미를 안겨줄 수 있다. 어떤 작가가 자신과 잘 맞는지 알아보기 위해 다양한 작가를 시도해보는 게 좋다. 내 경우 언제 봐도 기분이 좋아지는 고전 영화가 두 편 있다. 막스 브라더스Marx Brothers의 〈오페라의 밤A Night at the Opera〉과 하워드 호크스Howard Hawks의 〈베이비 길들이기Bringing Up Baby〉다.[39] 철학자 애덤 스미스의 설명처럼, "사교와 대화는 마음의 평온을 회복하는 가장 강력한 치료제이며 …… 자기만족과 즐거움을 누리는 데 꼭 필요한 동등하고 행복한 기질을 보존하는 최고의 방법이다."[40]

베르그송의 말에 따르면, 코미디에는 언어를 사용하는 구두 코미디와 캐릭터와 상황 간의 갈등을 이용하는 상황 코미디라는 두 가지 주요 유형이 있다.

재치의 산물인 구두 코미디는 의도치 않은 말을 하거나, 말장난처럼 단어의 의미나 발음을 가지고 놀거나, 무의식적으로 본심을 드러내는 실언을 하는 등 언어를 이용해서 웃음을 유발하는 능력이다. 재치는 순간적으로 아이디어를 생각하거나 떠올리고 사물의 재미있는 면을 보는 능력이다. 이런 능력은 타고나는 게 아니라 사회적 지능이나 작업 기억 자원을 통해 습득하는 것이다. 전자는 다른 사람들과 잘 어울리는 것과 관련이 있는데, 단순히 본인의 사교성에 의존하는 게 아니라(애초에 사교성이 있다고 가정할 때) 적극적인 태도가 필요한 감성 지능의 한 형태다. 무대 밖에 있는 코미디언을 만났을 때 유머감각이 없는 듯한 모습에 충격을 받을 수도 있지만, 그들도 공연 중이 아닐 때는 휴식을 취하면서 우리가 아는 것과 다른 모습을 보이거나 본모습을 그대로 드러내는 게 당연한 일이다. 하지만 이것은 농담을 하려면 어느 정도 준비가 필요하다는 걸 보여준다. 어떤 공개 행사에서든 웃긴 사람처럼 보이고 싶다면 일화나 농담, 장난을 즉흥적으로 꾸며내는 것도 물론 좋지만 사전에 미리 준비를 해두는 게 바람직하다.

베르그송은 상황 코미디와 관련된 세 가지 주요 자원을 얘기한다.

• 반복. 똑같은 말이나 행동을 터무니없을 정도로 계속해서 반복했을 때 생기는 코믹한 잠재력에 의존하는 것이다. 영화 〈오페라의 밤〉에 나오는 비좁은 객실 안에서 벌어지는 유명한 장면을 기억할 것이다. 그 장면은 이후 작은 공간의 시각적 동의어가 되었다. 밖에서 그루초가 아침식사를 주문하면 치코는 그때마다 "그리고 삶은 달걀 두 개"라는 말을 덧붙인다. 하포가 경적을 울려서 동의를 표하면 그루초는 지겨울 정도로 확인하고 또 확인한다. 나도 누군가가 요청 사항을 줄줄이 늘어놓을 때면 익살맞게 "그리고 삶은 달걀 두 개……"라고 덧붙이고 싶다는 생각이 든다.

- 반전. 상황이 뒤바뀌거나 역할이 예상치 못한 방식으로 바뀌는 경우. 반전의 매우 흔한 형태가 인물 흉내(사칭)인데, 이번에도 막스 브라더스의 영화가 벤치마킹 대상이 된다. 하포, 치코, 리카르도가 뉴욕으로 향하는 원양 여객선에 몰래 올라타 유명한 비행사 세 명을 사칭하는 장면을 예로 들어보자. 그들의 긴 수염과 제복이 최고의 변장 도구였던 것으로 밝혀진다. 덕분에 무사히 배에서 내릴 수 있었지만 결국 계략이 발각되어 당국에 자백해야 하는 상황이 되었다.

- 시리즈 간섭. 또는 희극적 역설이라고도 하는데, 독립적으로 진행되는 두 개의 사건에 동시에 존재하면서 완전히 다른 두 가지 의미로 해석될 수 있는 상황을 말한다. 〈오페라의 밤〉만 봐도 이런 장면이 나온다. 마거릿 듀몬트Margaret Dumont가 연기한 용감한 상속녀 클레이풀 여사가 호화로운 레스토랑 테이블에 앉아 이미 약속시간에 늦은 그루초를 초조하게 기다리고 있다. 클레이풀이 웨이터에게 그루초가 왔는지 찾아달라고 부탁하자, 웨이터는 테이블 사이를 돌아다니면서 그루초의 이름을 외쳤다. 그러자 그루초가 한 시간 전부터 클레이풀 여사 바로 뒷자리에서 매력적인 젊은 여성과 즐겁게 식사를 하고 있었다는 사실이 밝혀졌다.

유머가 무해한 것부터 잔인한 것까지 다양한 출처가 있다는 점을 고려해, 베르그송이 농담을 이해하려고 만든 자원 범주에 세 가지 조언을 추가하고 싶다.

- 첫 번째는 프로이트가 한 말인데, "순진한 농담은 과격한 농담보

다 더 가치가 있고, 사소한 농담이 심오한 농담보다 더 가치가 있다."[41]

• 두 번째는 셰익스피어의 『햄릿』에 나오는 폴로니어스의 말이다. "간결함은 지혜의 정수이고 장황함은 그것의 팔다리이자 겉치레일 뿐이므로 간단히 말씀드리겠습니다. 햄릿 전하는 실성하셨습니다."[42] 혹은 인기 있는 속담에서 말하는 것처럼, "좋은 것이 짧으면 두 배로 좋다."

• 세 번째는 개인적인 경험에서 나온 것인데, 남을 웃기려면 친절해야 한다. 친구와 동료를 재치 있고 사려 깊게 대하면 그들은 당신의 농담에 웃을 가능성이 높아진다. 당신이 리더의 자리에 있다면, 사람들은 당신의 코미디 재능보다 지위에 대한 존경심 때문에 웃을 준비를 할 것이다. 하지만 다른 사람들은 그렇지 않을 것이다.

긍정적인 감정 신호로서의 유머와 이것이 생리학적인 측면에서 어떻게 기능하는지 다시 살펴보자. 이 현상에 대한 연구는 비교적 최근에 이루어졌는데, 그 이유는 앞서 얘기한 것처럼 분석을 해보고자 하는 관심이 커져도 유머를 구성하는 요소에 대해 일반적인 합의가 이루어지지 않았기 때문이다. 와일드, 로든, 그로드, 루크가 2003년에 발표한 논문에서 저자들은 이 연구가 유머의 생리적 기능을 명확히 밝히려는 첫 번째 시도라고 말한다. "웃음 표현은 부분적으로 독립된 두 개의 신경경로에 의존하는 것으로 보인다. 이 중 첫 번째인 '불수의적' 시스템 또는 '감정이 주도하는' 시스템은 편도체, 시상하부 및 시상하부 영역, 배측/피개 뇌간을 포함한다. 두 번째인 '수의적' 시스템은 운동/

이마덮개 영역과 복측 뇌간에서 시작된다. 이런 시스템과 웃음 반응은 배측 상부 다리뇌의 웃음 조정 센터에서 조정되는 것으로 보인다."[43]

웃거나 남이 웃는 모습을 보면 근육을 제어하는 운동 피질, 맥락을 이해하는 데 도움이 되는 전두엽, 긍정적인 감정을 조절하는 변연계 같은 뇌의 여러 영역이 활성화된다. 이 모든 회로가 켜지면 신경 연결이 강화되어 건강한 뇌가 활동을 조율하는 데 도움이 된다.

심리학자, 코치, 교육자는 이런 관찰을 바탕으로 웃음의 신체적, 정신적 이점을 강조하면서 꾸준히 일상적으로 웃으라고 권했다.[44] 다른 사람들과 재미있게 놀거나 농담을 주고받을 수 있는 상황을 놓치지 말자. 이건 스포츠만큼이나 건강에 이롭다.

직장은 진지한 곳이지 웃는 곳이 아니다. 상사나 동료를 소재 삼아 농담을 할 수도 있지만 보통은 그들이 눈치채지 않는 게 좋다. 일을 해야 돈을 벌어 음식을 장만할 수 있는데, 음식으로 장난을 쳐선 안 된다.

일을 할 때 계속 무표정한 얼굴을 유지하는 사람이 많다. 회의나 면접 시에는 웃음을 피하고 노련하게 행동하면서 요점을 파악해야 하고 장황한 서두나 일화, 기타 비생산적일 만큼 완곡한 표현은 피해야 한다. 결국 우리는 일한 시간만큼 급여를 받으므로 경영진이 업무에만 집중하지 않는 것은 확실히 시간 낭비 아니겠는가?

나는 예전부터 진지하고 근면하고 생산적인 모습이 특정한 문화와 업무 환경을 반영한다고 생각했다. 예컨대 앵글로색슨계는 잘 웃지 않고 업무에만 집중하는 반면 라틴계는 게으르고 수다스럽다는 진부한 생각을 공유하는 이들이 많지만 사실 여기에는 오해의 소지가 있다. 우리의 개인적인 경험이 이를 증명한다. 다른 나라 출신인 동료들과 함께 일해본 사람은 그들의 업무 진행 방식이 우리와 다르고 일터에서 유머를 받아들이는 방식도 다르다는 걸 알아차렸을 것이다.

예전에 도쿄의 한 대기업 회의실에서 그곳 사장과 고위 경영진을 만나면서 알게 된 일본의 제도적 프로토콜의 엄격함을 잊을 수가 없다. 우리는 사전에 인사 방법, 연설 순서, 논의 주제 등을 전달받았다. 대화 상대의 표정은 단조로웠고 고개를 끄덕이는 것 외에는 비언어적인 의사소통이 거의 없었다. 당연히 나도 준비된 대본 내용을 그대로 읽었다.

이와 대조적으로 유머감각이 용인될 뿐 아니라 환영받기까지 하는 북미 지역 기관들의 회의에서 활용하는 프로토콜과 지침은 항상 높게 평가해왔다. 내가 운 좋게도 경영대학원 협회인 AACSB 글로벌 이사회의 첫 번째 비영미계 회장으로 선출되었을 때 이 자리에 적응하려고 특별한 준비를 했다. 이사회 관리를 위한 참고용 매뉴얼인 『로버트 회의 진행법Robert's Rules of Order』을 공부하고,[45] 회장의 기본 의무인 듯한 네 가지 임무를 수행했다. 정해진 의제를 고수하고, 모든 구성원을 토의에 참여시키고, 조치나 결정을 공식화하고, 무엇보다도 정시에 회의를 마치려고 애썼다.

또 격식 차리는 분위기인 이사회 회의에서도 유머감각이 바람직한 효과를 발휘할 수 있다는 걸 깨달았다. 특히 서로의 의견 차이를 완화하고, 실수나 오류를 바로잡고, 사과 의사를 전달하는 데 도움이 된다. 일례로 실수로 의제를 건너뛰면 순서를 혼동한 것을 놓고 농담을 했다. 실수로 물잔을 쏟으면 원래 악기도 연주하지 못할 정도로 어설프다는 걸 강조했다. 이렇게 나 자신을 소재 삼아 농담을 하거나 외부 상황만 지적했고, 다른 사람을 들먹일 경우 불가피하게 불쾌감을 줄 수 있으므로 늘 조심했다.

미국인들은 프레젠테이션이나 연설을 할 때 유머를 자주 사용하고 아예 처음부터 유머러스하게 시작하는 일도 많다는 걸 알아차렸을 것이다. 그건 경직된 분위기를 깨고, 사람들의 주의를 끌고, 청중과 공감하고 소통하는 방법이다. 이건 효과적인 리소스지만 제대로 사용하기가 쉽지 않다. 재미있는 말을 하려면 진지한 말을 할 때보다 더 노력해야 하기 때문이다. 게다가 다양한 청중을 웃길 독창적인 농담을 생각해내는 것도 힘들다. 지금까지의 경험을 바탕으로 한 내 조언은, 효과적인 농담을 찾아내면 계속 갈고 다듬어 완벽하게 만들라는 것이다. 코미디언들도 공연을 하면서 농담을 계속 다듬어가며, 그들의 성공은 수년에 걸쳐 가파른 학습 곡선을 극복한 덕분이다. 물론 애초에 좋은 개그 소재가 있었던 것도 중요한 이유겠지만 말이다.

앨리슨 비어드Alison Beard는 2014년에 《하버드 비즈니스 리뷰》에 기고한 글에서, "직장인들은 '웃음 가뭄에 시달리고 있다.' 아기는 하루 평균 400번 정도 웃지만 35세 이상의 성인은 겨우 15번 웃는다. 갤럽이 최근 미국에서 실시한 조사에 따르면, 사람들이 주말보다 주중에 훨씬 덜 웃는 것으로 나타났다. 일은 냉정한 상태에서 진행되는 노력이다"

라고 말했다.[46]

최근 연구에 따르면 유머감각이 있는 리더는 잘 웃지 않는 리더에 비해 다른 사람에게 동기를 부여하거나 감탄을 불러일으키는 능력이 27퍼센트 더 뛰어나다. 그들 밑에서 일하는 직원들은 회사와 일체감을 느끼는 일이 15퍼센트 늘어나고 주어진 문제와 창의적인 과제를 해결할 가능성도 두 배나 높다. 그리고 결국 이 모든 것은 뛰어난 성과와 결과로 이어진다. 이는 직장에 함께 웃으며 농담을 나눌 수 있는 친구가 있는 것이 직무 성과를 대폭 향상시키는 요인 중 하나라는 갤럽 데이터와 일치한다.[47]

회의나 모임에도 유머러스하게 접근하면 리더십이 강화되고 업무도 더 즐거워질 수 있다. 그러나 몇 가지 지침을 따르는 것이 좋다.

• 첫 번째, 회의를 자유발언 시간으로 전환하지 마다. 언제, 얼마나 많은 유머를 활용해야 하는지 알아야 한다. 비어드의 말처럼, "사무실을 돌아다니면서 밥 호프Bob Hope처럼 짤막한 농담을 툭툭 던지거나, 리처드 프라이어Richard Pryor처럼 욕설을 하거나, 리키 저베이스Ricky Gervais처럼 모욕적인 말을 퍼붓는 일은 분명 없을 것이다."[48]

다같이 배꼽을 잡고 웃다 보면 사람들을 하나로 모을 수 있지만, 모든 만남에 그런 카타르시스가 필요한 건 아니다. 때로 미소를 짓게 하는 발언만으로도 충분하다. 재치의 효과는 이미 살펴본 바와 같다.

- 두 번째는 농담으로 다른 사람이나 집단의 기분을 상하게 하지 말아야 한다. 에이브러햄 링컨, 클라크 게이블, 굴리엘모 마르코니 Guglielmo Marconi의 일화에서도 알 수 있듯이, 대중 커뮤니케이션의 대가 데일 카네기가 전하는 가장 중요한 교훈인 "비판하지 말라"는 예나 지금이나 타당한 말이다.[49]

또 같은 사람에게 똑같은 농담을 두 번 해선 안 된다. 지루할 뿐만 아니라 농담의 필요조건 중 하나인 놀람 요소를 충족시키지 못하게 된다.

- 셋째, 농담과 재미가 회의 진행에 방해가 되어서는 안 된다. 유머는 좋은 경영을 위한 도구여야지 이를 방해해서는 안 된다.

매우 심각한 상황이나 역경에 처했을 때 유머를 활용할 것인지 여부는 민감한 문제이며, 모든 상황에 다 들어맞는 조언은 없다고 생각한다. 어머니 장례식을 치른 뒤 가장 친한 친구가 아주 재미있는 말을 하는 바람에 웃음을 터뜨릴 수밖에 없었던 게 기억난다. 깊은 슬픔에 빠진 그 순간에 농담은 안도감을 주고 긴장을 풀어줬으며 덕분에 웃으면서 긍정적인 태도로 어머니를 생각하게 되었다.

간단히 말해, 하루의 3분의 2를 일하는 데 사용하고 있으니 가끔 그 시간을 즐거움과 오락, 학습 기회로 활용하는 건 어떨까?

7

계속 나아갈 수 있는 힘을 찾자

반복해서 신체적, 정신적 고문을 받은 전쟁포로는 얼마나 오래 생존할 수 있을까? 베트남 전쟁 당시 가장 유명한 포로 중 한 명인 제임스 스톡데일James Stockdale은 1965년에 비행기가 격추된 뒤 호아로 수용소(나중에 하노이 힐튼이라는 별칭으로 불렸다)에 갇혀 있다가 8년 뒤인 1973년이 되어서야 풀려났다.

그를 억류한 베트콩들은 가끔 스톡데일의 동료 수감자 중 한 명을 따로 데려가 강도 높은 심문을 하거나 그들이 미국의 베트남 개입과 관련해서 한 역할을 부인하는 강제 자백을 받아내며 그 모습을 촬영하곤 했다.

하지만 스톡데일은 수감 초기부터 이 시련을 이겨내고 가족에게 돌아가려면 정신적, 신체적으로 잘 대비되어 있어야 한다는 걸 알고 있었다. 그는 몇 년 후, 유명한 경영서 저자인 짐 콜린스와의 인터뷰에서 그 과정을 설명했다.

이 이야기의 결말에 대한 믿음을 결코 잃지 않았고, 내가 언젠가 풀려날 뿐만 아니라 결국에는 이겨서 이 경험이 내 인생의 결정적 사건이 되리라는 것을 의심하지 않았습니다. 지금 돌이켜봐도, 그 시간을 바꾸고 싶지는 않습니다.[50]

스톡데일은 다른 포로들에게 고문에 굴하지 않는 방법을 익히고 심문 중에 아무 정보도 주지 않음으로써 통제감을 느끼라고 가르쳤다. 어느 날, 경비원이 녹화 전에 면도를 할 수 있도록 면도기를 건네주자 그는 머리카락을 부분적으로 깎아서 리버스 모히칸 스타일을 만들었다.

스톡데일은 콜린스와의 인터뷰에서, 역설적이게도 곧 풀려날 것이라는 희망을 품고 살았던 낙관주의자들은 혹독한 포로생활을 이겨내지 못했다고 설명했다. 그들은 이번 크리스마스에는, 부활절에는, 아마 여름 전까지는 석방될 거라고 기대하며 기다렸지만 결국 모든 희망을 잃고 말았다.

콜린스는 이 경험을 '스톡데일의 역설'이라고 불렀는데, 이것은 좋은 결과가 생기리라는 흔들리지 않는 믿음과 당장의 어려움과 반복되는 장애물을 극복하려는 끝없는 의지가 결합되어 이중으로 구성되어 있다. 요컨대 회복력의 본질은 미래에 대한 변함없는 확신과 역경에 맞서는 일상적인 투쟁이 결합된 것이다.

회복력은 인격 형성, 반복적인 행동, 정신적인 연습을 통해 키울 수 있다. 많은 교육기관, 특히 사관학교에서는 수년에 걸쳐 이를 학생들에게 주입한다. 회복력은 모든 분야의 리더, 특히 비즈니스계 리더들에게 유용한 자질이며 요즘처럼 불확실성이 극도로 높은 시기에 도움이 된다. 기업가는 곧 연쇄적인 패배자이기도 하기 때문에 이를 매우 잘 알고 있다. 승리는 반복적인 실패 후에 찾아오고, 성공은 패배의 또 다른 얼굴일 뿐이다.

문학은 회복력의 수많은 사례를 제공한다. 가장 초기 사례 중 하나는 성경에 나오는 욥의 이야기인데, 야훼와 사탄이 그의 충성심과 강건함을 측정해보려고 내기를 걸었다. 욥은 가족, 재산, 건강을 다 잃은 뒤에도 계속 신의 계획을 받아들였다. 그러다가 결국 보상을 받고 새로운 가족을 얻었다.

호머는 『오디세이』에서 오디세우스의 모험담으로 우리를 즐겁게 해주는데, 오디세우스와 그의 선원들은 집으로 돌아가려고 애쓰는 동안 신들의 변덕에 따라 움직인다. 그 이후 오디세이 같은 인생이라고 묘사된 삶이 얼마나 많았는가? 본질적으로 우리 삶은 일련의 경험과 갈등으로 이루어져 있는데, 운이 좋으면 그 과정에서 회복력의 힘을 배울 수 있다.

우리는 최근 지구 대부분이 봉쇄되어 있던 시기에서 간신히 벗어났다. 회복력을 시험하고 연습하기에 적절한 단계다. 하지만 스톡데일과 그의 동료 포로들이 겪은 일에 비하면 이 '시련'은 아무것도 아니었다.

회복력은 인내심과 다르다. 그렇게 수동적이지 않다. 단순한 저항이나 참을성도 아니고 무관심은 더더욱 아니다. 목표를 달성하려면 남들보다 앞서 주도권을 잡고 내면의 힘을 발휘해야 한다. 그러므로 지금같은 시기에 술이나 약물에서 위안을 찾는 것은 유혹적이기는 해도 별로 도움은 되지 않는다.

이를 염두에 두고, 앞으로 다가올 많은 나날 동안 멘스 사나 인 코포레 사노(건강한 신체에 건강한 정신이 깃든다)의 방식에 따라 회복력을 유지하고 강화하는 데 도움이 될 만한 권고사항을 몇 가지 제시하려고 한다.

- 데이비드 흄은 에세이 『취향과 열정의 섬세함에 관하여Of the Delicacy of Taste and Passion』에서 "시, 웅변, 음악, 그림의 아름다움을 연구하는 것만큼 기분 좋은 일도 없다"라고 썼다.[51] 읽기 쉬운 이 에세이는 특히 경영자와 행동 지향적인 전문가들에게 유용하다. 이것의 주요 논지는 교양 과목과 인문학을 배우면 행복감을 느끼거나 인생 역경에 맞서는 데 필요한 회복력을 키우는 데 도움이 된다는 것이다.
- 신체 운동과 스포츠, 적당한 식사는 회복력의 핵심인 개인적 규율을 강화하는 데 중요한 역할을 한다. 노래 가사에서 나오는 것처럼 "원하는 것을 조금만 해도 도움이 된다"라는 말은 터널 끝에서 희망의 빛을 보는 데 확실히 유용하다.[52]
- 이런 때일수록 우정과 동료들과의 동지애를 키우고 필요하다면 전문가의 조언을 구하는 것도 좋은 방법이다. 나는 지난 몇 주 동안 옛

지인들과의 인연을 되살리고 한동안 연락이 닿지 않던 사람들과 이야기를 나눌 기회를 가졌다. 일관되고 지속적인 개인적 유대를 구축하면 집단적 신뢰가 강화되고 상담과 격려에 활용할 수 있는 개인의 범위도 넓어진다.

 회복력이 많이 요구되는 힘든 시기에 버락 오바마가 전하는 "우리는 할 수 있다"는 희망의 메시지는 사람들의 공감을 불러일으킨다. 이전 세대가 직면했던 전례 없는 어려움을 인내하고 극복했던 것처럼 우리도 주변에서 벌어지고 있는 재앙을 헤쳐 나갈 수 있다. 그리고 회복력을 증명하면 자신의 존재에 더 큰 깊이와 의미를 부여하게 될 것이다.

주

1장

1. Plato, Apology, 38 a 5-6, in The Last Days of Socrates: Euthyphro; Apology; Crito; Phaedo (ed. H. Tarrant) (London: Penguin, 2003).

2. 회의론과 냉소주의는 우리가 실제로 알 수 있는지에 대해 묻는 두 개의 거대한 철학적 흐름들이다. Vid M. Proudfoot and A.R. Lacey, The Routledge Dictionary of Philosophy, 4th ed. (London: Routledge, 2020).

3. From Xenophon's Memorabilia, quoted by J. Miller, Examined Lives. Form Socrates to Nietzsche (New York: Farrar, Straus and Giroux, 2011), p.7.

4. Plato, op. cit. ibidem.

5. R.J. Hollingdale, Nietzsche. The Man and His Philosophy (Rev. ed.) (Cambridge: Cambridge University Press, 1999), p.25.

6. Diogenes Laertius, Lives of the Eminent Philosophers (Oxford: Oxford University Press, 2020); and Plutarch, The Makers of Rome: Nine Lives (ed. I. Scott-Kilver) (London: Penguin, 1965).

7. J. Greco (ed.), The Oxford Handbook of Skepticism (Oxford, Oxford University Press, 2011).

8. Aristotle, The Nicomachean Ethics (trans. H. Tredennick & J.A.K. Thomson) (London: Penguin, 2004), Ch. 10.

9. N. Warburton, A Little History of Philosophy (New Haven, Conn.: Yale University Press, 2011), Ch. 26.

10. J.P. Sartre, No Exit (New York: Samuel French Inc., 1958).

11. J.P. Sartre, Being and Nothingness (Trans. H: E Barnes) (London: Routledge, 1993), and Essays in Existentialism (New York: Citadel, 1976).

12. J. Miller, Examined Lives. From Socrates to Nietzsche, op. cit., p.268. 13. Ibid., pp.43-72.

13. Ibid., pp.43-72.

14. Plato, Apology, op. cit., 21d.

15. I. Murdoch, The Sovereignty of the Good (London: Routledge, 1979); p.35.

16. T. Baldwin, "There Might Be Nothing". 56 Analysis 4, pp.231-238;

N. Warburton, op. cit., Ch. 3.

17. A. Rand, "Philosophy: Who Needs It?" (New York, NY: Penguin; Signet, 1984); p.5.

18. Ibidem.

19. Marcus Aurelius, Meditations (London: Penguin, 2006); Cardenal Mazarino, Breviario de los politicos (Barcelona: Acantilado, 2007); La Rouchefoucauld, Maxims (London: Penguin, 1982).

20. B. Gracian, The Art of Worldly Wisdom: a Pocket Oracle (New York: Snowball, 2012).

21. S. Ghoshal: "Bad Management Theories Are Destroying Good Management Practices," Academy of Management Learning & Education IV (2005), pp.75–91.

22. N. Machiavelli, The Prince (London: Penguin, 2003).

23. S. Ghoshal, op. cit., p.75.

24. Ibid., p.79.

25. B. Gracián, op.cit., 16, p.38.

26. Ibid., 26, p.138.

27. Ibid., 243, p.265.

28. Ibid., 44, p.66.

29. Ibid., 81, p.163.

30. Ibid., 164, p.186.

31. Ibid., 9, p.31.

32. Ibid., 4, p.26.

33. Plato, The Republic (London: Penguin, 2007), IV, 428e.

34. D. Kahnemann, Thinking Fast and Slow (New York: Farrar, Straus and Giroux, 2013).

35. IQ of American presidents https://www.usnews.com/news/blogs/datamine/2015/05/27/poindexter-in-chief-presidential-iqs-and-success-in-the-oval-office.

36. A. Wooldridge, The Aristocracy of Talent. How Meritocracy Made the Modern World (Penguin: London, 2021).

37. Ibid., p.1.

38. M. Sandel, The Tyranny of Merit. Can We Find the Common Good? (Farrar, Straus & Giroux, 2020).

39. D. Markovits, The Meritocracy Trap. How America's Foundational Myth Feeds Inequality, Dismantles the Middle Class, and Devours

the Elite (New York: Penguin, 2019).

40.   A. Wooldridge, op. cit., Part V.

41.   R. Plomin, Blueprint: How DNA Makes Us Who We Are (Boston: MIT Press, 2019). https://www.psychologytoday.com/us/basics/nature-vs-nurture.

42.   H. Gardner, Multiple Intelligences. New Horizons in Theory and Practice (New York: Basic Books, 2006).

43.   S. Pinker, Enlightenment Now. The Case for reason, Science, Humanism, and Progress (London: Penguin, 2019).

44.   J.W. Goethe, quoted by S. Zweig, The struggle against the devil: Hölderlin— Kleist—Nietzsche (Madrid: El Acantilado, 2021) (Spanish Edition), p.78.

45.   Mathew, 20:1–16.

46.   Matthew, 25:14–30.

47.   Ibidem.

48.   Ibidem.

49.   I. Kant, Groundwork of the Metaphysic of Morals (ed. C.M. Korsgaard, M. Gregor, and J. Timmermann) (Cambridge: Cambridge University Press, 2012).

50.   J. Rawls, A Theory of Justice (Oxford: Oxford University Press, 2005).

51.   롤스의 MAXIMIN(maximum minimorum(최대 최소값))은 어떤 분배에서든 가장 불리한 상황(분배 시 혜택을 가장 적게 받는 개인의 상황)을 먼저 고려하라는 선택 규칙이다.

52.   N. Warburton, op. cit., Ch. 38.

53.   Ibidem.

54.   C. Kukathas and P. Pettit, Rawls: A Theory of Justice and Its Critics (Stanford, CA: Stanford University Press, 1990), and N. Daniels (ed.), Reading Rawls. Critical Studies on Rawls' 'A Theory of Justice' (Stanford, CA: Stanford University Press, 1989).

55.   T. Nagel, "Rawls on Justice", 82 The Philosophical Review 2 (April 1973), pp.220–34.

56.   M. Sandel, op. cit.

57.   Matthew, 25:14–30.

58.   https://www.science.org/doi/10.1126/science.159.3810.56.

59.   M. Sandel, op. cit.

60. https://www.reuters.com/article/us-usa-trump-outsource-idUSKBN1CF1IF.

61. S. Iniguez and P. Lorange (eds.), Executive Education after the Pandemic: A Vision for the Future (London: Palgrave Macmillan, 2021).

62. https://www.edx.org/es/bio/michael-j-sandel.

63. Plato, Apology, op. cit. Ibidem.

64. J. Locke, Some Thoughts concerning Education (London: Kypros Press, 2016), Kindle ed.

65. Ibid., 32, loc. 339.

66. N. Warburton, op. cit., Ch. 15.

67. Homer, The Odyssey (London: Penguin, 2003), Books 12–14.

68. Juvenal, The Satires (Oxford: Oxford University Press, 1991).

69. J. Locke, op. cit., 14, loc. 167.

70. Ibid., 67, loc. 728.

71. Aesop, The Complete Fables (trans. O. Temple) (London: Penguin, 1998); H.C. Andersen, The Emperor's New clothes and Other Stories (London: Penguin, 1995).

2장

1. F. Nietzsche, Thus Spoke Zarathustra (trans. W. Kaufmann) (New York, NY: Modern Library, 1995), pp.12–13.

2. J. Ratner-Rosenhagen, American Nietzsche: A History of an Icon and His Ideas (Chicago: University of Chicago Press, 2012).

3. J. Ratner-Rosenhagen, op. cit., p. 97: "독자들은 점점 더 니체의 소설이 종교와 윤리학 연구에 더 가까운 점에 주목하게 되었다. 그것은 마치 한 평론가가 '윌리엄 제임스의 엄청난 기대'라고 표현한 것과 같았다."

4. R. J. Hollingdale, Nietzsche: The Man and His Philosophy (Cambridge: Cambridge University Press, 1999), p.143.

5. F. Nietzsche, Thus Spoke Zarathustra (trans. R. J. Hollingdale) (London: Penguin, 1974), p.18.

6. https://www.jimcollins.com/concepts/level-five-leadership.html.

7. Definition provided by the Oxford Dictionary of English. https://www.oxfordlearnersdictionaries.com/us/definition/english/charism.

8. M. Weber, The Theory of Social and Economic Organization (trans.

A. M. Henderson and T. Parsons) (New York: The Free Press, 1924), pp.328.

9. https://hbr.org/2012/11/learning-charisma.

10. A. Grant, "Friends at Work? Not So Much", The New York Times, September

    4, 2015. http://www.nytimes.com/2015/09/06/opinion/Sunday/ adamgrant-friends-at-work-not-so-much.html.

11. https://hbr.org/2012/06/learning-charisma-2.

12. https://hbr.org/2021/12/what-time-of-day-are-you-most-charismatic.

13. https://hbr.org/2012/06/learning-charisma-2.

14. https://winstonchurchill.org/resources/speeches/1940-the-finest-hour/blood-toil-tears-sweat/.

15. G L. Patzer, Looks: Why they Matter More Than You Ever Imagined (New York: Amacom, 2008), Kindle ed., loc. 275.

16. H. Arendt, Eichmann in Jerusalem: A Report on the Banality of Evil (London: Penguin, 2006).

17. M. Weber, op. cit.

18. F. Drogula, Commanders & Command in the Roman Republic and the Early Empire (Chapel Hill: University of North Carolina Press, 2015).

19. J. P. Kotter, "What Leaders Really Do," Harvard Business Review on Leadership (Boston: Harvard Business Review Press, 1990), p.38.

20. Stendhal, Napoleon (Madrid: Aguilar, 1989); p.34.

21. F. Nietzsche, Thus Spoke Zarathustra, op.cit.

22. J. Milton, Paradise Lost (London: Penguin, 2016), 221.

23. Genesis, 10:8–9.

24. R. Graves, The Greek Myths (London: Penguin, 2012).

25. Santa Teresa de Jesús, Obras Completas (Madrid: BAC, 1967): "la humildad es andar en verdad".

26. Aristotle, The Nicomachean Ethics (trans. H. Tredennick & J.A.K. Thomson) (London: Penguin, 2004), Ch. 10.

27. https://www.ft.com/content/921df7b1-b100-49c8-b6c0-578b6182dd04.

28. https://www.businesstoday.in/opinion/columns/story/when-

satisfactoryis-unsatisfactory-121545-2018-12-18.

29. L. Carroll, Alice's Adventures in Wonderland and Through the Looking Glass (London: Penguin, 2010).

30. N. Lacey, A Life of H.L.A. Hart: The Nightmare and the Noble Dream (Oxford: Oxford University Press, 2004).

31. R. Power, Mark Twain: A Life (New York: Free Press, 2006).

32. R. Moss Kanter, "The New Managerial Work", Harvard Business Review (No-Dec, 1989). https://hbr.org/1989/11/the-new-managerial-work.

33. All about Eve (20th Century Fox, 1950).

34. G. Law, Graham, "Serials and the Nineteenth-Century Publishing Industry", in L. Brake, M. Demoor (eds.), Dictionary of Nineteenth-Century Journalism (London: Academia Press, 2009), p.567.

35. https://hbr.org/2022/08/restoring-shareholder-confidence-whenyour-stock-is-down.

36. Harvard Business Review on Corporate Governance (Boston, Harvard Business Publishing, 2000). And https://hbr.org/2015/03/corporate-governance-2-0.

37. Is Teamwork Overvalued?, in S. Iñiguez de Onzoño, Cosmopolitan Managers, Executive Development that Works (London: Palgrave Macmillan, 2016), p.187.

38. M. Hamori, "Job-Hopping to the Top and Other Career Fallacies," Harvard Business Review, July–August 2010.

39. I. Kant, Critique of Pure Reason (London: Penguin, 2008).

40. https://hbr.org/1988/11/in-praise-of-followers.

41. W. McBride, Sartre e Beauvoir all'asse del ventesimo secolo; in P. Invitto, La fenomenologia e l'oltre-fenomenologia: Prendendo spunto dal pensiero francese (Milan: Mimesis Edizioni, 2003); p.95.

42. Updates from the #Me Too Moment are published by New York Times gender editor, Jessica Bennet at: https://www.nytimes.com/series/metoo-moment.

43. J. E. Gardiner, Bach: Music in the Castle of Heaven (London: Penguin, 2015).

44. Ibid., p.51.

45.   Ibid., p.65.

46.   Ibid., p.183.

47.   R. L. Marshall, "Toward a Twenty-First-Century Bach Biography", 84 Musical Quarterly 3 (Fall 2000), p.500.

48.   This attribution to edition is questioned: https://www.forbes.com/sites/maseenaziegler/2014/09/01/how-we-all-got-it-wrong-women-werebehind-these-7-famously-inspiring-quotes/?sh=536757b41016.

49.   R. M. Grant, Contemporary Strategy Analysis (New York: John Wiley & Sons, 2021).

50.   A. Schopenhauer (ed. A.C. Grayling), The Art of Always Being Right: Thirty Eight Ways to Win When You Are Defeated (London: Gibson Square Books, 2004.

51.   L. Freedman, Strategy: A History (New York: Oxford University Press, 2015), p.565.

52.   https://hbr.org/2020/11/how-apple-is-organized-for-innovation.

53.   H. Mitnzberg, Managing (Oakland, CA: Berrett-Koehler, 2011).

54.   Heraclitus, The Fragments of The Work of Heraclitus of Ephesus on Nature (Whitefish, MT: Kessinger Publishing, 2007).

55.   J. Moran, If You Should Fail: Why Success Eludes Us and Why It Doesn't Matter (London: Penguin, 2021).

56.   Ibid., Ch. 5.

57.   반 고흐가 가난하지는 않았지만 https://www.vangoghmuseum.nl/en/artand-stories/vincent-van-gogh-faq/was-van-gogh-poor; https://www.artbusiness.com/postprice.html.

58.   J. Moran, op. cit., p.125.

59.   https://hbr.org/archive-toc/BR1104.

60.   https://hbr.org/2011/04/column-entrepreneurs-and-the-cult-of-failure.

61.   R. Cross, "Aquinas on Physical Impairment: Human Nature and Original Sin", 110 Harvard Theological Review 3, pp.317–38.

62.   S. Freud, The Interpretation of Dreams (New York: Basic Books, 2010).

63.   https://americaexplained.wordpress.com/2011/03/18/lucky-in-cards/.

64. https://www.poetryfoundation.org/poems/46473/if%2D%2D

65. Habemus Papam (Sacher-Fandango-RAI, 2011).

66. L.J. Peter, The Peter Principle: Why Things Always Go Wrong (New York: Harper Collins, 2013).

67. https://www.nytimes.com/2020/05/07/learning/the-dunning-kruger-effectwhy-incompetence-begets-confidence.html.

68. Plato, Apology, op. cit., 21d.

69. Andy Molinsky, Reach: A New Strategy to Help You Step Outside Your Comfort Zone, Rise to the Challenge and Build Confidence (New York: Penguin, 2017).

70. https://hbr.org/1985/03/building-strategy-on-the-experience-curve.

71. Plato, Apology, 38 a 5–6, in The Last Days of Socrates: Euthyphro; Apology; Crito; Phaedo (ed. H. Tarrant) (London: Penguin, 2003).

72. https://www.newyorker.com/tech/annals-of-technology/why-yourname-matters.

73. Daniel Kahneman, Thinking Fast and Slow (New York: Farrar Straus and Giroux, 2011), p.61.

74. M. Griffin, All That Heaven Allows: A Biography of Rock Hudson (New York: HarperLuxe, 2018).

75. R.L. Greene, You Are What You Speak (New York: Random House, 2011), Kindle edition, loc. 3241.

76. https://mandarinhouse.com/100-common-chinese-family-names.

77. R.L. Greene, op. cit., loc. 3828.

78. N. Warburton, A Little History of Philosophy (New Haven, Conn.: Yale University Press, 2011), Ch. 14; D. Parfitt, Reasons and Persons (Oxford: Oxford University Press, 1986).

3장

1. D. Kahnemann, Thinking Fast and Slow (London: Farrar, Straus and Giroux, 2011) and 20 and N. Thaleb, The Black Swan. The Impact of The Highly Improbable (New York, NY: Random House, 2017).

2. https://www.britannica.com/event/dancing-plague-of-1518.

3. G. García Márquez, Cien años de soledad (Buenos Aires: Ed. Sudamericana, 1967); I. Allende, La casa de los espíritus

(Barcelona: Plaza y Janés, 1982).

4.   The term was coined by Herbert A. Simon, Administrative
      Behavior: A Study of Decision-Making Processes in Administrative
      Organization (New York, NY: The Free Press, 1997).

5.   B. Caplan, The Myth of the Rational Voter. Why Democracies
      Choose Bad Policies (Princeton and Oxford: Princeton University
      Press, 2008).

6.   S. Freud, El chiste y su relación con el subconsciente (trad. Luis
      López-Ballesteros) (Madrid: Alianza, 2012).

7.   Z. Bauman, Tiempos líquidos. Vivir en una época de
      incertidumbre (Barcelona: Tusquets, 2022).

8.   일반적으로 이 말을 찰스 다윈이 했다고 여기지만 『종의 기원』에는 이런 진
      술이 없다. 그 이유는 아마 허버트 스펜서가 자신의 저서 『생물학 원리(The
      Principles of Biology)』 (Edinburgh: Williams and Norgate, 1864)
      1권 3부에서 언급한 내용 때문일 것이다. "내가 여기서 기계적인 용어로 표
      현하고자 했던 적자생존은 다윈이 '자연선택, 즉 생존을 위한 투쟁에서 유리
      한 종을 보존하는 것'이라고 말했던 것이다."

9.   Aristotle, Eudemian Ethics (trans. B. Inwood and R. Wood)
      (Cambridge: Cambridge University Press, 2013), beginning: "행복
      은 최고이자 최고인 것으로, 모든 것 중에서 가장 즐거운 것입니다."

10.   G. García Márquez, Love in the Time of Cholera (London:
      Penguin, 2022).

11.   E. Porter & G. Fabrikant, "A Big Star May Not a Profitable Movie
      Make," The New York Times, August 28, 2006.

12.   C. Gómez-Centurión, La Armada Invencible (Madrid: Anaya,
      1987).

13.   D. Hume, An Enquiry Concerning Human Understanding (ed. T.L.
      Beauchamp) (Oxford: Oxford University Press, 1998).

14.   S. Iñiguez de Onzoño, Cosmopolitan Managers. Executive
      Development that Works (London: Palgrave Macmillan, 2016),
      10.1.

15.   T. Ohno, Toyota Production System. Beyond Large-Scale
      Production (London: Routledge, 1988).

16.   Y.N. Harari, Sapiens. A Brief History of Humankind (New York:
      Random House, 2011); Kindle ed. 4528.

17.   A. Smith, The Wealth of Nations (London: Penguin, 1991), Vol. I.

18. J.F. Nash, "Equilibrium points in n-person games", 36 Proceedings of the

National Academy of Sciences (1), January 1990, 48–9.

19. King, Mervyn; Kay, John. Radical Uncertainty: Decision-making for an unknowable future (Boston: Little, Brown & Co. 2020). Kindle edition, 2020, loc. 94.

20. A. Korzybski, Science and Sanity. An Introduction to Non-Aristotelian Systems and General Semantics (Brooklyn, NY: Institute of General Semantics, 1933).

21. Described in Plato, Phaedo (trans. R.S. Bluck) (New York: Routledge 2014).

22. T. de Quincey, The Last Days of Immanuel Kant and Other Writings (Miami: Hard Press, 2017).

23. King, Mervyn; Kay, John, op. cit.

24. O. Wilde, The Picture of Dorian Gray (London: Penguin, 2012).

25. K. Von Clausewitz, On War (trans. J.J. Graham) (London: Wordsworth Editions, 1997).

26. J. Austen, Pride and Prejudice (London: Penguin, 2022).

27. D. Hume, Treatise on Human Nature (London: Penguin, 1986).

28. D. Hume, An Enquiry Concerning Human Understanding, op. cit.

29. D. Hume, Treatise on Human Nature, op.cit., Book 3, part 1.

30. C.S. Nino, "Etica y derechos humanos" (Buenos Aires: Astrea, 2007).

31. Plato, Euthyphro (London: Oxford University Press, 20), 10 a.

32. G.W. Leibniz, "Reflections on the Common Concept of Justice" (1702), https://link.springer.com/chapter/10.1007%2F978-94-010-1426-7_60#page-1.

33. I. Murdoch, The Sovereignty of the Good (London: Routledge, 2001); Kindle loc. 807.

34. Ibid., loc. 1501.

35. Sophocles, Oedipus Rex (Cambridge: Cambridge University Press, 2006).

36. Cicero, On the Orator: Book 3. On Fate. Stoic Paradoxes. Divisions of Oratory (Cambridge, Mass.: Harvard University Press, 1942).

37. H.J. Haskell, This Was Cicero (Greenwich, Conn.: Fawcett Publications Inc., 1964), p.296.

38.   R. Rosenthal and L. Jacobson, Pygmalion in the Classroom. Teacher Expectation and Pupil's Intellectual Development (Carmarthen: Crown House Publishing, 2003).

39.   R. Merton, Social Theory and Social Structure (New York: The Free Press, 1967).

40.   K. Popper, Unended Quest: An Intellectual Autobiography (LaSalle, Illinois: Open Court, 1976), p.346.

41.   Matthew, 7: 15.

42.   Lover come back (dir. D. Mann) (Universal Pictures, 1961).

43.   Mad Men (M. Weiner) (Warner Bros, 2007).

44.   W. Isaacson, Steve Jobs (New York: Simon & Schuster, 2011), Ch. 30.

45.   J.F. Kennedy, "Address at Rice University on the Nation's Space Effort", 12 September 1962. https://www.jfklibrary.org/learn/about-jfk/historicspeeches/address-at-rice-university-on-the-nations-space-effort.

46.   https://www.dw.com/en/at-airbus-a-hydrogen-powered-aircraft-takesshape/a-55051579.

47.   Plato, The Republic (London: Penguin, 2021), 7. 514a.

48.   B. Gracián, The Art of Worldly Wisdom. A Pocket Oracle (Jersey City, NJ: Start Publishing, 1991), p. 53.

49.   H.G. Wells, Men Like Gods (London: William Collins, 2021).

50.   W. Shakespeare, Othello (London: Penguin, 2015).

51.   S. Freud, The Interpretation of Dreams (New York: Basic Books, 2010).

52.   Byung-Chul Han, La sociedad de la transparencia (Madrid: Herder, 2013), p.6.

53.   Ibid., p.13.

54.   L.D. Brandeis and S.D. Warren, "The Right to Privacy", Harvard Law Review, IV, 1890–1.

55.   J. Rosen, "The Web Means the End of Forgetting", The New York Times, July 19, 2010.

56.   "What is Cyberbullying", stopbullying.gov., 24 September 2019. Retrieved 2 November 2021.

57.   Quoted in M. Lewis, Liar's Poker (London: Hodder & Stoughton, 2006), p.73.

4장

1. Heraclitus, The Fragments of The Work of Heraclitus of Ephesus on Nature (Whitefish, MT: Kessinger Publishing, 2007).

2. L. Freedman, Strategy (Oxford: Oxford University Press, 2015), p.609.

3. https://www.merriam-webster.com/words-at-play/meaning-of-metaverse.

4. N. Stephenson, Snow Crash (London: Penguin, 2011).

5. https://www.newyorker.com/culture/infinite-scroll/facebook-wants-us-to-live-in-the-metaverse.

6. https://hbr.org/2021/10/microsofts-satya-nadella-on-flexible-work-the-metaverse-and-the-power-of-empathy.

7. T. Hobbes, Leviathan (London: Penguin, 2017).

8. E. Rostand, Cyrano de Bergerac (London, Penguin, 2006).

9. G.W.F. Hegel, Outlines of the Philosophy of Right (Oxford: Oxford University Press, 2008).

10. M. Ball, The METAVERSE, and How It Will Revolutionize Everything (New York: W.W. Norton & Co., 2022).

11. Byung-Chul Han, La salvación de lo bello (Barcelona: Herder, 2015), p.27.

12. G. Hartman, Thought (Princeton, NJ: Princeton University Press, 2016), p.5.

13. H. Putnam, "Brains in a VaT", In S. Bernecker & F. I. Dretske (eds.), Knowledge: Readings in Contemporary Epistemology (Oxford: Oxford University Press, 1999), pp.1–21.

14. W.S., "Machine Learning Won't Solve Natural language Understanding", The Gradient, 7 August 2021 https://thegradient.pub/machine-learning-wont-solve-the-natural-language-understanding-challenge/.

15. A.C. Grayling, Wittgenstein: A Very Short Introduction (Oxford: Oxford University Press, 2001), p.131–3.

16. L. Wittgenstein, Tractatus Logico-Philosophicus (introd. B. Russell) (Garsington: Benediction, 2019); and Philosophical Investigations (ed. A. Ahmed) (Cambridge: Cambridge University Press, 2010).

17. K. Ishiguro, Klara and the Sun (London: Faber and Faber, 2021).

18.   Op.cit., part 3 of this book, n. 33.

19.   A. de Saint -Exúpery, The Little Prince (London: William Heinemann Ltd., 1966), p.68.

20.   https://www.youtube.com/watch?v=1KxckI8Ttpw.

21.   https://analyticsindiamag.com/10-well-known-personalities-fear-rise-artificial-intelligence/.

22.   M. Tegmark, Life 3.0: Being Human in the Age of Artificial Intelligence (London: Penguin, 2018).

23.   A.C. Clarke, 2001: A Space Odyssey (London: Penguin, 2000).

24.   Genesis 1:27.

25.   J.J. Rousseau, Of The Social Contract and Other Political Writings (London, Penguin, 2012).

26.   E.R. Burroughs, Jungle Tales of Tarzan (London: Penguin, 2015); R. Kipling, The Jungle Books (London: Penguin, 2013).

27.   T. Hobbes, op.cit.

28.   https://www.forbes.com/sites/robtoews/2020/12/13/8-leading-women-in-the-field-of-ai/?sh=282877035c97.

29.   https://www.gallup.com/workplace/313313/historic-drop-employee-engagement-follows-record-rise.aspx.

30.   P. Hemp, "Presenteeism: At Work But Out of It", Harvard Business Review, October 2004, https://hbr.org/2004/10/presenteeism-at-work-but-out-of-it.

31.   https://www.ft.com/content/887085b5-00b7-44f4-832c-c8e9d5f9da5f.

32.   https://static1.squarespace.com/static/5cfdf6cb8acf8600012f8920/t/60628737923dcc75455e10e9/1617069883400/WFH_Will_Stick_V7%2C+22+March.pdf.

33.   https://www.wsj.com/articles/covid-19-pandemics-impact-on-business-travel-hitting-local-economies-11610879401.

34.   https://hbr.org/2020/11/our-work-from-anywhere-future.

35.   E. Bea (ed.), Simone Weil. La conciencia del dolor y de la belleza (Madrid: Trotta, 2010), Kindle, loc. 3283.

36.   Ibid., loc. 3289.

37.   https://www.cnbc.com/2022/03/22/great-resignation-continues-as-44percent-of-workers-seek-a-new-job.html.

38.   https://www.pewresearch.org/fact-tank/2022/03/09/majority-of-

workers-who-quit-a-job-in-2021-cite-low-pay-no-opportunities-for-advancement-feeling-disrespected/.

39. https://store.hbr.org/product/job-hopping-to-the-top-and-other-career-fallacies/r1007q?sku=R1007Q-PDF-ENG.

40. https://www2.deloitte.com/us/en/insights/topics/marketing-and-sales-operations/global-marketing-trends/2020/purpose-driven-companies.html.

41. https://www.jstor.org/stable/24540769.

42. The Sleeper (United Artists, 1973).

43. Aristotle, The Politics (London: Penguin, 1981), Book VIII, Part V.

44. J. Dewey, Moral Principles in Education and My Pedagogic Creed (Morham, ME: Myers Education Press, 2019), p.39.

45. Ibid., p. 41.

46. C. and M. Lamb, Tales from Shakespeare (London: Penguin, 2007).

47. J.Dewey, op.cit., p.41.

5장

1. Plato, The Republic (London: Penguin, 2021), 2, 359a.

2. B. Masters, "Bernard Madoff, criminal financier", 1938–2021, Financial Times, August 16, 2021. https://www.ft.com/content/df7263ef-31a5-487e-af76-8df4af8afa2d.

3. M. Friedman, "The Social Responsibility of Business Is to Increase Its Profits", New York Times Magazine, September 13, 1970.

4. N. Machiavelli, The Prince (London: Penguin, 2013), cap. VII.

5. Sun Tzu, The Art of War (London: Penguin, 2009).

6. Ibidem., P. 1.

7. S. Iñiguez de Onzoño, Cosmopolitan Managers. Executive Development that Works (London: Palgrave Macmillan, 2016) pp.223–224).

8. Sun Tzu, op.cit. Ch. 3.

9. Ibid., Ch. 6.

10. Ibid., Ch.12.

11. Ibid., Ch.4.

12. Ibid., Ch.1.

13. R. Safranski, ¿Cuánta globalización podemos soportar? (Barcelona:

Tusquets,), p.20.

14. J. Verne, *Around the World in Eighty Days* (London: Penguin, 2021).

15. R. Safranski, op. cit., p.25.

16. I. Kant, *To Perpetual Piece* (Indianapolis: Hackett Publishing, 2003).

17. R. Safranski, op.cit., p.55.

18. K.A. Appiah, Kwame Anthony. *Cosmopolitanism* (London: Penguin, 1997), p.156.

19. John, 8:7.

20. P. Singer, "Famine, Affluence and Morality", *Philosophy & Public Affairs*, Spring 1972, p.231.

21. P. Unger, *Living High and Letting Die: Our Illusion of innocence* (New York: Oxford University Press, 1996), p.56.

22. A. Smith, *The Theory of Moral Sentiments* (ed. K. Haakonssen) (Cambridge, Mass.: Cambridge University Press, 2002), p.157.

23. S. de Beauvoir, *Les Belles Images* (Paris: Gallimard, 1964).

24. H.C. Andersen, *The Emperor's New clothes and Other Stories* (London: Penguin, 1995).

25. W. Isaacson, *Benjamin Franklin: An American Life* (New York: Simon & Schuster, 2004), p.56.

26. B. Franklin, *The Autobiography of Benjamin Franklin* (New York: Random House, 2005), p.73.

27. W. Isaacson, op.cit., p.57.

28. https://www.hofstede-insights.com/fi/product/compare-countries/.

29. https://www.latimes.com/archives/la-xpm-1989-07-04-fi-3279-story.html.

30. N. Machiavelli, op.cit., Ch. 23.

31. G. Vasari, *The Lives of the Artists* (trans. J. Conaway Bondanella and P. Bondanella) (Oxford: Oxford University Press, 1991), p.226 and 546.

32. Revelation, 12, 9–12.

33. A. Verdross, *The permanent neutrality of Austria* (Vienna: Verl. f. Geschichte u. Politik, 1978).

34. Pliny The Younger, *The Letters of the Younger Pliny* (trans. Betty

Radice) (London: Penguin, 1969).

35.   Ibid., pp.166–7.

36.   Ibidem.

37.   Ibidem.

38.   D. Dunn, The Shadow of Vesuvius. A Life of Pliny (New York: WW Norton, 2019), p.48.

39.   S. Freud, Totem and Tabu (London: Routledge, 2001).

40.   D. du Maurier, Rebecca (London: Penguin, 2003).

41.   Aesop, The Complete Fables (trans. O. Temple) (London: Penguin, 1998), p.52.

42.   A. Schopenhauer, El arte de hacerse respetar, expuesto en 14 máximas (Madrid: Alianza, 2011), p.11.

43.   B. Gracián, The Art of Worldly Wisdom. A Pocket Oracle (Jersey City, NJ: Start Publishing, 1991), p.53.

44.   A. Schopenhauer, op.cit., p.26.

45.   Quoted in M. Lewis, Liar's Poker (London: Hodder & Stoughton, 2006), p.73.

46.   Downton Abbey (creat. J. Fellowes) (Carnival Films, WGBH-TV, 2010).

47.   https://www.oxfordlearnersdictionaries.com/definition/american_english/lie2_1.

48.   R. Feldman, Liar: The Truth about Lying (London: Virgin Books, 2010).

49.   https://www.businessinsider.com/how-to-tell-someones-lying-by-watching-their-face-2016-1.

50.   https://www.britannica.com/topic/lying/The-morality-of-lying.

51.   H. Varden, "Kant and Lying to the Murderer at the Door···One More Time. Kant's Legal Philosophy and Lies To Murderers and Nazis", 41 Journal of Social Philosophy 4 (Winter 2020), pp.403–21.

52.   Ibidem.

53.   Sun Tzu, op. cit.

54.   W. Isaacson, Steve Jobs (New York: Simon & Schuster, 2011), p.117.

55.   O. Wilde, The Importance of Being Earnest (London: Penguin, 2011), First Act.

56.   L. Symons, Only 11% of Top Business School Studies Have a

Female Protagonist, Harvard Business Review, March 9, 2016. 저자는 다음과 같이 말한다. "정보 처리 기관은 다양한 인물이 등장하는 사례를 홍보하고 보상해야 한다. 측정할 수만 있으면 변화를 시작할 수 있다. 이 분야의 데이터는 매우 중요하다. 케이스 센터나 하버드 같은 정보 처리 기관은 이 주제를 적극적으로 공개하는 방법으로 도움을 줄 수 있다. 주인공의 성별과 인종을 추적하고 이 정보를 웹사이트에 공개하는 것부터 시작하면 된다." 비즈니스 및 분석 분야에서 활동하는 여성들에 대한 데이터를 제공하는 흥미로운 자료: C. Criado Pérez, Invisible Women: Data Bias in a World Designed for Men (New York, NY: Abrams Press, 2019).

57. Ghoshal, S., "Bad Management Theories Are Destroying Good Management Practices", 4 Academy of Management Learning & Education (2005), 75–91.

58. Iñiguez de Onzoño, S. The Learning Curve: How Business Schools Are Re-Inventing Education (London: Palgrave Macmillan, 2011), p.126.

59. W.B. Gallie, "Essentially Contested Concepts", 56 Proceedings of the Aristotelian Society (1955–6), pp. 167–198.

6장

1. Aristotle, Eudemian Ethics (trans. B. Inwood and R. Wood) (Cambridge: Cambridge University Press, 2013), beginning.

2. J. Sellars, Epicurus and the Art of Happiness (New York: Penguin, 2022) p.15.

3. Marcus Aurelius, Meditations (London: Penguin, 2006); p.35.

4. https://archive.schillerinstitute.com/transl/schiller_poem/ode_to_joy.pdf.

5. A. Smith, The Theory of Moral Sentiments (ed. K. Haakonssen) (Cambridge, Mass.: Cambridge University Press, 2002), p.59.

6. Deconstructing Harry (Hollywood Pictures, 2007).

7. J. Huizinga, The Autumn of the Middle Ages (Chicago: University of Chicago Press, 1997).

8. U. Eco, The Name of the Rose (New York: Vintage, 1992).

9. Aristotle, The Nicomachean Ethics (London: Penguin, 2004).

10. Aristotle, Eudemian Ethics (trans. B. Inwood and R. Wood) (Cambridge: Cambridge University Press, 2013).

11. J. Pfeffer, "The Narcissistic World of the MBA Student," Financial

Times, November 7, 2010.

12. S. Iñiguez, In an Ideal Business (London: Palgrave Macmillan, 2020), Chapter 6.

13. C. Wilson, "Leibnizian Optimism", 80 Journal of Philosophy 11 (November 1983), pp.765–83.

14. Voltaire, Candide: Or Optimism (London: Penguin, 2009).

15. Ibid., p.149.

16. D. Kahneman, Thinking, Fast and Slow (New York: Farrar, Straus and Giroux, 2011), p. 255.

17. J.H. Carter, Never Met a Man I Didn't Like: The Life and Writings of Will Rogers (New York: William Morrow, 1991).

18. Plato, Apology, 21d, in The Last Days of Socrates: Euthyphro; Apology; Crito; Phaedo (ed. H. Tarrant) (London: Penguin, 2003).

19. https://www.poetryfoundation.org/poems/43281/the-lake-isle-of-innisfree.

20. K. Clark: Landscape into Art (London: Penguin, 1961), pp.15–16.

21. B. Kara: "Landscape Design and Cognitive Psychology Procedia: World Conference on Psychology and Sociology 2012," Social and Behavioral Sciences, Vol. 82 (2013), pp.288–291.

22. M.D. Velarde, G. Fry, G. and M. Tveit, "Health Effects of Viewing Landscapes: Landscape Types in Environmental Psychology." 6 Urban Forestry and Urban Greening (2007) 199–212.

23. J.J. Rousseau, Reveries of a Solitary Walker (London: Penguin, 1980).

24. Ibid., p.91.

25. Ibidem.

26. C.S. Lewis, A Grief Observed (New York: Harper Collins, 2015).

27. Breakfast at Tiffany's (Paramount Pictures, 1991), based on T. Capote, Breakfast at Tiffany's (New York: Vintage, 2012).

28. J.J. Rousseau, op. cit., p.109.

29. https://qz.com/1468694/broadways-first-traffic-jam-was-due-to-a-henri-bergson-philosophy-lecture/.

30. I refer to the Spanish version: H. Bergson, La Risa (trans. R. Blanco) (Buenos Aires: EGodot, 2015).Kindle.

31. Aristotle, Politics; Book VIII, Part V.

32. Quoted in H. Bergson, op. cit., loc. 769.

33.   S. Freud, Jokes and Their Relation to The Unconscious (ed. J. Strachey) (New York: WW Norton, 1990).

34.   S. Freud, El chiste y su relación con el subconsciente (Buenos Aires: Greenbooks Editore, 2020), Kindle ed., loc 98.

35.   M.M. Hurley, D.C. Dennet, R.B. Adams, Inside Jokes: Using Humor to Reverse-Engineer the Mind (Boston: MIT Press, 2013), p.13.

36.   D. Solomon, "The Funny Formula", The New York Times, November 12, 2006.

37.   https://www.ncbi.nlm.nih.gov/pmc/articles/PMC2269245/.

38.   H. Bergson, op. cit., loc. 146.

39.   A Night at the Opera (Metro Goldwyn Mayer, 1935); and Bringing Up Baby (RKO, 1938).

40.   A. Smith, op. cit., Kindle loc. 522.

41.   S. Freud., op. cit., loc. 352.

42.   W. Shakespeare, Four Tragedies (ed. T.J.B. Spencer) (London: Penguin 1995); Hamlet, Act II, Scene 2.

43.   https://pubmed.ncbi.nlm.nih.gov/12902310/.

44.   Janet M. Gibson, An Introduction of the Psychology of Humor (New York: Routledge, 2019).

45.   H.M. Robert, D. Honeman, T.J. Balch, D.E. Seabold and S. Gerber, Robert's Rules of Order, 12th ed. (New York: Public affairs, 2020).

46.   A. Beard, "Leading with Humor", Harvard Business Review, May 2014. https://hbr.org/2014/05/leading-with-humor.

47.   Ibidem.

48.   Ibidem.

49.   https://dalecarnegieboston.tumblr.com/post/20350676146/dont-criticize-condemn-or-complain.

50.   Collins, J., "The Stockdale Paradox". JimCollins.com. Retrieved on 2008-07-02 from http://www.jimcollins.com/lab/brutalFacts/.

51.   www.davidhume.org/texts/etv1.html.

52.   https://monologues.co.uk/musichall/Songs-L/Little-Of-What-You-Fancy.htm.

철학으로 경영하라

1판 1쇄 찍음 2025년 11월 10일
1판 1쇄 펴냄 2025년 11월 17일

지은이   산티아고 이녜스
옮긴이   박선령
펴낸이   조윤규
편집   민기범
디자인   홍민지

펴낸곳   (주)프롬북스
등록   제313-2007-000021호
주소   (07788) 서울특별시 강서구 마곡서로 152, 두산더랜드타워 상가 A동 320호
전화   영업부 / 기획편집부 02-3661-7283 | 팩스 02-6455-7286
이메일   frombooks7@naver.com

ISBN   979-11-94550-10-5 (03320)